作者近影

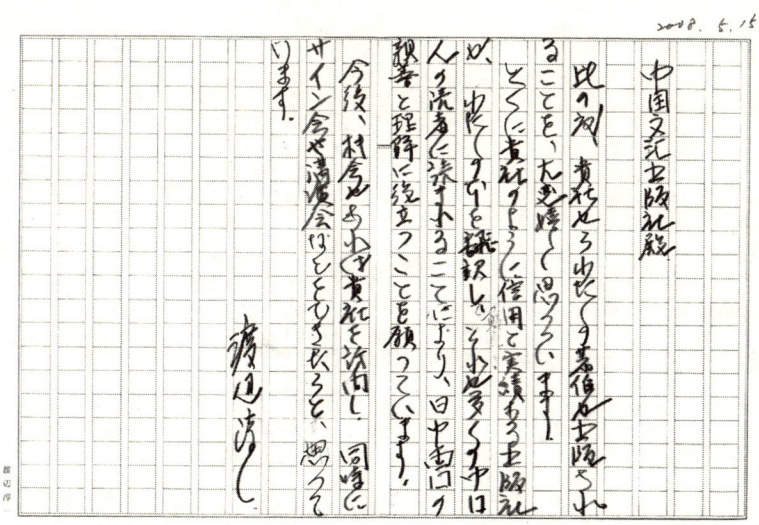

作者致文汇出版社

文汇出版社:

　　此次我的著作得由贵社出版，我感到由衷的喜悦。

　　我期待着，有贵社这样诚信且拥有不俗业绩的出版社，组织翻译和出版，让更多的中国读者进一步接触和了解我的作品，从而为增进两国人民相互理解，促进日中友好起到不容忽视的作用。

　　我憧憬着今后能有机会亲访贵社，并且举行签名会和演讲等，我将感到不胜荣幸。

渡边淳一

女优

[日] 渡边淳一 著
Watanabe Junichi
陈辛儿 译

文汇出版社

目录

序	I
第一章　诞生	1
第二章　崭露头角	53
第三章　恋火	93
第四章　新生	191
第五章　成熟	243
第六章　孤立	301
第七章　淡雪	335
单行本　后记	387
参考文献	388
解说	389

序

　　此刻在我手中有三张唱片，它们都是现在店铺里早已销声匿迹的胶木唱片。其中的两张中央贴标签处都呈红色，而另一张则呈灰色。这三张唱片都因年代久远而显得相当陈旧了，其中灰色标签的那张，从右至左印着"东洋唱片"，而下方从右至左印有"复活"、"艺术剧院"、"松井须磨子"的字样，中央部分浮现着一幅骆驼和少年的图画，令人联想起"月下沙漠"。反面也和正面基本相同，只是"复活"的部分印着"复活之歌"。

　　红色标签的那张在外侧印有**NIPPONOPHONE**，标签上同样也从右向左印着"流浪之歌"、"艺术剧院"、"松井须磨子"的字样。背面印着"我们是好友"、"森林女孩"、"田边若男"的文字。同样贴着红色标签的另一张唱片的正面印有"水草之花"，背面则印着"火粉、山羊"，它们都是松井须磨子所唱的歌曲。两张唱片的外套上都印着雄鹰标志，上面也记载着"日本留声机商会"和当今日本哥伦比亚唱片公司前身的公司名称。

　　正因为有了这三张唱片，使我有机会听到松井须磨子全盛时期的歌声。这几张唱片都是胶木唱片，现今的唱机无法播放，因此我要求本书的编辑为我准备了一个在以前的照片中常常可以看到的那种带有一个大喇叭的手动留声机。我将唱片放在留声机上，用手转动起曲柄，让从前的铁唱针在唱片上一圈圈地走过。

　　《复活》是大正三年（1914年）三月在艺术座的第三次公演时上演的，毋庸置疑那是根据托尔斯泰的小说改编而成的话剧，改编和导演是

I

须磨子的情人岛村抱月。

剧中须磨子出演了主人公喀秋莎，在第四幕中须磨子演唱了著名的《喀秋莎之歌》。贴有灰色标签的唱片正面即是须磨子所演唱的这首歌曲，反面有第三幕须磨子所饰演的浪荡女的独白。

《复活》在东京首次公演中大获好评，翌月大阪的浪花座也立刻上演了此剧，此后又从京都的南方座演到中国和九州地区，剧场始终爆满。从此《复活》成了艺术座的主打剧目，直至艺术座解散为止，总共上演了四百四十四场。

在话剧大受好评的同时，《喀秋莎之歌》也立刻风靡全国，据说卖出了四万张唱片。从当时留声机的普及程度而言，这一销量堪称奇迹，几乎所有拥有留声机的人全都买下了这张唱片。这首歌由岛村抱月和相马御风共同作词，中山晋平作曲。这首代表了二十世纪初期充满罗曼蒂克悲情调子的歌曲风靡一时，读者中想必也有不少人对这首歌留下了难忘的记忆。

现在如果要言简意赅地介绍松井须磨子的话，也许说她是"首次演唱了《喀秋莎之歌》"的演员是最为恰当的了。

另一张唱片中的《流浪之歌》是大正六年（1917年）十月公演的《活尸》中的插曲，也是继《喀秋莎之歌》后而流行全国的。

或许有人还会记得这首歌的开头吧：

"是去还是留，在那极光之下，
俄罗斯在地球的北部，无边无际……"

还有一张唱片是《水草之花》和《火粉、山羊》，它们都是在大正七年（1918年）九月公演的《沉钟》中的歌曲，其中须磨子出演了森林女孩和水精灵的妻子。

然而遗憾的是，最初的那首《喀秋莎之歌》可能是因为被人听过太多次的缘故吧，唱片有些磨损，不断会听到小波浪似的杂音，有些地方的发音也有些微的模糊。虽说当时的录音技术和唱片的音质还不够好，但和其他两张相对比较清晰的唱片比较起来，《喀秋莎之歌》就显得特别差一些。

虽说须磨子的声音被评论为"铿锵而尖锐"，但仅从这几张唱片而言，我倒并不这么觉得。确实像《水草之花》和《火粉、山羊》这样的歌听起来是有些喧闹和尖锐，但因为歌曲本身所表现的是林中精灵和动物的声音，因此在演唱时她是意识到了这点。相对而言，在演唱《喀秋莎之歌》《流浪之歌》时，作为一名女演员，她使用了压抑而单调的手法进行了演唱。但这种单调的演唱方式是当时所有歌曲的共同倾向，并非须磨子个人有什么特殊。

可说实话，须磨子的歌唱得并不怎么样，和现在的歌手比起来也许要逊色很多，尤其是须磨子的发声没有收的时候，全是放声高歌的，听时令人似乎感觉缺少了那么一点含蓄。

但这种毫无含蓄之处，将一切都向外表现无遗的特点可以说正是须磨子的性格。对任何事情都直截了当、毫不虚饰的性格在她的歌声中也得到了体现，同时从她那毫不含蓄的歌声中也可以窥见她生前那倔强的性格曾给她身边的人带来了多少苦恼。

即使如此，须磨子是作为一名女优而非歌手出名的，因此虽然她不擅长唱歌，却也不至于遭到非议。当时在话剧中常常会插入歌曲，而她作为一名女优，即使不擅长却也不得不唱了。

与此比较，《喀秋莎之歌》背面的《复活之歌》中收录着她在舞台演出时所说的台词，这才是她的本行。果然声音明快清澈。那是她在诉说自己的爱情有多么不幸的一场戏，不过声音却带着几分媚气，很有点须磨子特有的做作。虽说略有装模作样之嫌，但此种表现方式是当时新话剧本身所有的倾向，因而也实属无奈。

在这个录音里洋溢着当时一名头号女演员的气概和自信。

借给我这张唱片的是须磨子的养女，也是她的侄女小林胜子。

须磨子的本名叫小林正子，出生于长野县的松代。胜子是须磨子的长兄放藏氏的女儿。长期以来她承袭了小林家的姓氏，现在居住在东京的樱上水。

从新宿往甲州街道走去，在樱上水天桥前往左拐，立刻可以看到一所住宅。我不禁纳闷，在都市里怎么会有如此安静的住处呢。

那是一幢木结构的住房，虽已古旧却显得相当结实。穿过宽敞的大门来到会客室，房间里装点着须磨子的照片。在长条椅子的一侧须磨子身着和服微侧着脸颊。估计那是大正二年（1913年）和抱月一起创建"艺术座"时期的照片，那时的须磨子看起来二十七、八岁左右吧，脸部轮廓圆润，瞪大着双眼，看上去颇为要强好胜。

胜子已将近七十，倘若须磨子还活着，大概也差不多这个模样吧。无论是双眼圆睁的样子也好，还是脸部柔和的轮廓也好，都很有几分相似。

胜子在八岁时过继给了须磨子做养女，关于这段事的原委，胜子是这么告诉我的。

"刚到东京时我称她为'阿姨'，可不久她让我叫她'先生'，此后我就一直叫她'先生'了。对岛村我也是称呼'先生'的，虽说叫法一样，但也不知为什么却也从来不会搞错。我是作为养女，在户籍上也登录了的,不过我却没有被当做女儿而受到宠爱的记忆。先生让我做她的养女,与其说是为了让我继承家业,倒不如说是她想要一个合她意的孩童角色吧。因为当时剧团刚成立,还没有孩子角色,演出时不得不到歌舞伎剧团或者到普通人的家里去借孩子,但总是用得不顺手,因此我觉得她是想要自己来培养孩子角色。

我到艺术座时还是一年级小学生,还要去学校上课,可先生却说你必须训练,学校就请假吧。在她的脑子里只有演戏,因此常和我父亲发生争吵。

就这样我一到东京她就立刻让我练习跳舞、演戏什么的。不过光有我一个人还是不够的,于是她又将一个比我小一岁叫木村若的女孩收为了养女。小若是第十四代日本象棋名将木村义雄的妹妹。

总之她就是这样,只要为了演戏,不论给旁人带来多大的麻烦她都毫无顾忌,一意孤行地推行她想要做的事,这也说明她对演戏是多么热衷。"

胜子语气恬淡,还时不时露出微笑。从她的脸部侧影中透露出须磨子的照片所无法传达出来的栩栩如生的表情。

胜子和小若是在大正七年(1918年)九月上演的话剧《沉钟》中担任了孩子角色而走上了舞台的。可是仅仅在此后大约半年左右的一九一九年一月五日,须磨子却为了追随死去了的抱月,在艺术座的后台,用自己所爱的人抱月送给她的红色和服腰带上吊自尽了。

"和先生在一起的时间非常短暂,而且又是在我很小的时候,所以我对她和岛村先生之间的私人感情问题一无所知。先生并非有什么特别令人畏惧之处,只是一到排练时,她就宛如变了一个人,表情极为严肃。虽说是养女,可她也绝对不会因此而对我们有什么照顾。她平时的日程非常繁忙，也没时间和我们多说什么话，可有时却会突然对我们爱怜有加，这时她会什么都给我们买，和服啦等等。她的这种'突变'反倒叫我们不知所措。与她相比，岛村先生总是显得特别安静沉稳，似乎总是在沉思着什么。我不记得自己曾和他直接说过什么话。"

听着胜子的话，自然而然地在我的脑海中浮现出须磨子和抱月两人完全不同的身影。

除了胜子以外有一个叫小林久子的，也是须磨子的侄女，现在依然健在，还住在须磨子的老家松代。

我是在四月中旬一个风和日丽的下午去松代的。

松代现在属于长野市，从长野往东南方向穿过川中岛古战场，再越过千曲川，可以看到三国山脉往东突出着，而在山脉的尖端处便是松代地区。这里曾经是真田氏十万石之城下町，明治初年成为制线工业的中心。进入昭和年代后又因地震频繁而闻名，因此在南部一角设立了日本最大的地震观测站。除了北部可以通往长野以外，其余地区全都被群山包围，以前曾因为太阳只能在这里照射半天，因此也被称作"太阳阴影村"或者"半天村"。可我去的那天却是春光明媚，并未见多山地区所特有的那种阴沉。

须磨子老家位于这个地区东北部一座叫小丸山的山麓。这一带被称为清野，须磨子的祖父曾拥有清野一带广阔的领域，是当地的大户，幕府晚期被真田家族授予士族待遇。一直到她祖父这代小林家始终保持着旧式的礼法规章。直至现今小林家依然拥有从小丸山麓到南部象山口地区一带的田地。到须磨子父亲，他因从事股票买卖、做蚕丝及大米的投机生意，却都以失败告终，于是不得不逐步放弃了一部分土地。但即使那样，须磨子的老家包括连接着后山的庭院依然显得相当宽广。从环绕山麓的宽广公路往山上爬一百米左右，那里可见保留着一扇两侧曾有着长条房屋宅邸的古老大门，依然留存着往时的迹象。须磨子出生时的茅草屋已全无了踪影，现在的家是以后新建的。

我去拜访时，久子的丈夫刚好住院，久子便独自在家等着我的到来。

第一眼见到久子时我就觉得她和须磨子长得极为相似。久子今年（1977年）76岁，作为明治时代的女人，她显得颇为高大，似乎也很好地表现了曾被大家说成"大个子"的须磨子形象。

久子是须磨子第五个哥哥的孩子，和东京的胜子是堂姐妹关系。胜子继承了须磨子柔和的脸部线条，而久子从眼睛到鼻子的线条和须磨子颇有些相似。

须磨子成了一名女演员后，曾回过一次自己的老家。虽说那时的老家已不是现在的这座屋子了，但也在同一片土地上。当时她来长野公演时，顺便到自己家里住了一宿。那时她已经成了一名大牌女优，曾和家里断绝了的关系也基本得以恢复。据当地"须磨子会"的会长斋藤勋氏说，那时松代举行了盛大的欢迎仪式。村长是欢迎会的委员长，据说当时有人因村长亲自当了戏子的后援人而感到愤慨。这一地区遗留了旧时浓厚的封建色彩，依然有不少冥顽不化的人。

对于当时顺便回家的须磨子，久子是亲眼目睹的。

"我只看到她和祖母（须磨子的母亲）说话的情景，虽然那时有人贬低她说'长得真丑'，可我却觉得她既优雅又美丽。"确实当时在东京的话剧圈内有人评价须磨子，说她宛如一个"粗野的乡巴佬"。但在对子女教育相当严厉的松代村，须磨子的曾祖父是具有很高声望的儒者，承继了这种血脉，因此我并不认为久子说她"既优雅又美丽"只是出于对她的袒护。

实际上，从在斋藤家放着的须磨子去东京前还是姑娘时候的照片看，她确实长得端庄而漂亮。

"家里已经没有任何可以值得纪念的东西留下来了。"

久子显得颇为不好意思。在须磨子死后经过了60年，家里发生了一些变化亦不足为怪。况且可以被称为资料的东西全都被养女胜子所收藏了。

我以为老家一带的景致大概也和当时发生了不少变化吧，可久子却告诉我说"几乎和从前毫无二致"。

从山腰上的家门处往下俯瞰清野一带，庄稼地和黄瓜地、山芋地、莲藕池塘连接成片。和当时相比住家也并未有所增加。如果硬是要说有什么变化的话，恐怕只有这些用于栽培蔬果的白色塑料布了，它们在阳光下发出耀眼的光芒。

我再次将视线穿过客厅眺望着庭院。朝南的院子里种着一排排各色杜鹃。花丛中流过的山涧带着一股清流到此处变成一条瀑布流入了院子的水池里。

"从前这个水池更大些，小时候我常在这里玩水。"

杜鹃花的那头种着梅花和樱花，郁郁葱葱的小竹林布满了小丸山的一大片斜面。

"今天阳光很明媚，不过因为周边群山的笼罩，这里的天色很快就会暗下来的。"

久子显得有些忧郁地说。

我道了谢，辞别了须磨子的老家。出了门，我又往山上爬了近两百米左右。周边是桑田，尚未长叶的树木整整齐齐地排列着。桑田的前方种着巨大的樱花树，四周便是小林家的墓地了。须磨子的墓几乎在正中间，朝着斜坡的北面，俯瞰着整个清野地区。

"贞详院实应须磨大姐"，墓碑上刻着这么几个字。旁边刻着"大正八年（1919年）一月五日"，那是她去世的日子。此时下午三点已过，太阳西斜了，从小丸山延续到妻女山的山影就要悬挂在须磨子的墓碑上了。

从墓地我又沿山走了一公里左右，我拜访了林正寺，里面安放着须磨子的话剧生涯纪念碑。那是在一九五三年当地的志愿者为了纪念须磨子曾经如此华美的一生而建造的纪念碑。

在那呈灰色的花岗岩石面上，刻着须磨子的亲笔诗句：

"喀秋莎

真可爱

离别多惆怅

趁淡雪未融

向上帝求个情吧

啦啦啦

须磨子"

第一章 诞生

一

虽已四月中旬，但也许是樱花时节天气和煦的缘故吧，黄昏五点已过却也并不感到有丝毫凉意。早稻田大学的水稻荷神社的院落内，樱花盛开在晚雾笼罩之下，有些已开始凋零。

穿过院子，一片茶园铺展在眼前，前方早稻田大学的校舍在夕阳下熠熠生辉。正子在茶园中间的小道上向着学校方向走着。昨晚丈夫诚助帮她画了一幅去大学的路线图，可一旦走起来没想到还挺费时间的呢。

考试六点开始，虽说时间还有富余，但到学校后她想对着镜子梳理一下自己的头发。她本想化个淡妆的，可考试通知单上写着"来考试时请勿化妆"。

于是正子只得按通知单上所要求的没有往脸上涂粉，只稍稍抹了一点口红，她选了一件竖条纹的和服，腰间系了一条白底的和服腰带。那是六年前嫁到木更津时妈妈给的，显得很朴素，还一次都没穿过呢。与和服相比虽然腰带显得略为扎眼了一些，但正子觉得自己是打算做女艺人的，这点华美还是需要的。至于发型，经过一番斟酌，她梳了一个椭圆形的发髻，又将四周的头发鼓起。即使从履历表上可知她今年二十四岁，且已婚，但正子还是希望自己看起来更年轻一些。

出门前丈夫诚助看着正子说"真漂亮"，并拍着她的肩说"你一定会被录取的"。听他这么一说正子也觉得自己似乎是没问题的了。可随着学校在眼前逐渐接近，她的自信也开始动摇了。

一般而言是很难推断培养演员的学校入学考试会提一些什么样的问题，丈夫诚助对正子说"问你什么你真诚地回答就可以了"。可提问的全都是些大学教授或者是从欧美留学回来的了不起的人物。

莎士比亚是英国人，易卜生是挪威有名的剧作家，这些都是丈夫临阵磨枪教给自己的，但要说他们都有些什么作品，正子可就一无所知了。对于日本的戏剧，虽然她偶尔看一看，也从丈夫那里听到过一些，但除此之外就毫无所知了。

当正子决定去报考以后，文艺协会寄来了"演艺部规章"，里面这样写着：

一、本会的演艺部里设话剧研究科，其成员及一般报考者应研究有关话剧技巧及其理论。

二、研究科学习年限为两年。

三、新学期每年五月开学，到第二年四月结束。

四、入学时缴纳三日元学费，此后无论是否听课每月都必须缴纳三日元学费。

五、普通报考者资格如下所示，并须通过考试。

学历：中学或者高等女子专科毕业程度。

容貌：适合舞台表演者。

声音：音量及音质无缺陷者。

天赋：具有模仿表情的天赋。

健康：强壮，能接受艰苦的训练。

品行：品行良好，有顽强的毅力。

论学历正子毕业于芝之户板裁缝女校，因此拥有考试资格。但据说考试中好像还有剧本朗读和英文翻译及朗读。日语剧本朗读的话还凑合，总不会有太大问题的。至于英文嘛，可就自信全无了。在裁缝学校正子虽然学过一点简单的初级英语，但现在也就只会背一背ABC二十六个字母而已。

不过说到第二、第三的容貌和声音，多少还是有点自信的。

丈夫诚助说"你个子高，站在舞台上挺惹人注目的"，还鼓励说"你声音也不错呀"。正子对自己的容貌也是有自信的，在和诚助结婚前，曾在姐姐夫家的东京赤坂的西式糕饼店做过，还相当有人缘呢。那家店名叫风月堂，在赤坂一带赫赫有名。那时只要正子一出现在店里，顾客就会增加，有的客人没事也要和她聊上几句，或许是献殷勤吧。店里有小伙计曾说："只要小姐您一站在店里，男客人就多了。"

其实嫁到千叶也是在这家店里打工时，一位在木更津的叫鸟饲的经营日式饭店兼旅馆的大少爷对她一见钟情。虽然从未到过木更津，正子内心诚惶诚恐的，但在他万般恳求下也就嫁了过去，可那次婚姻却以失败告终。

丈夫倒是个心地善良的人，可正是因为如此正子觉得他靠不住。也许是因为经营饭店这个行当吧，丈夫将工作全都托付给他母亲和掌柜了，自己则常常外出不归。虽说正子被人称为"老板娘"，也不缺钱花，可生活单调无聊。对于曾一度体验了东京生活的正子而言，木更津的生活就显得太乏味了。

如果就此被埋没在这种乡下地方的话，也就失去了特意从信州老家出来的意义了。

索性有了孩子的话也算可以解个闷，但孩子也一直没有怀上。不仅如此，刚嫁过去不久，正子下身就染上了病，苦恼了半天终于还是去医院看了。结果得的是妇科病，用现在的话说是淋病，显然是从丈夫那儿传染的。当时的淋病不像现在有抗生素可医，一旦染上以后就会迁延成慢性病，而且几乎都会导致不孕。医生也对她说"你恐怕生不了孩子了"。

　　正子既怀不上孩子，下半身又感到很不舒服，脸色也毫无生气。她差不多整天躲在家里，闭门不出。

　　虽说病是丈夫传染给自己的，但不健康的女人作为媳妇是不够格的，而正子也没有为了丈夫而忍受疾病的决心，因此对于丈夫也好，对于木更津也好，她已没有什么可留恋的了。

　　结婚一年，正子就对外号称肺病，和丈夫离婚，走出了鸟饲家。当时如果她还想呆在这个家的话也并非不可，其实说是正子自己不想继续呆在这个家里的话更确切一些。

　　她回到东京，在医院把病治好后又去了姐姐的店里。

　　再次回来，正子丝毫没有无精打采的样子，反倒因摆脱了夫家的束缚，显得生机勃勃。正子的性格本身就是个对任何事情都不会往坏里想的人，为了适应当时的状况，再烦恼再苦她也能往肚子里咽。

　　曾经少女模样的俏姑娘，如今变得风姿绰约，重又站在店堂里了。

　　"大家都说是她是风月堂的正子，或者说店堂是正子的风月堂呢。"

　　姐夫苦笑着说。

　　"不要开玩笑了。"

　　正子一本正经地抗议，可她听了这话也并不觉得讨厌。

　　确实每当正子在店堂里一站，男顾客便随之增加。有的客人在正子将糕点包好递过来以后，依旧痴呆呆地站着一动不动。她肌肤洁白，浑圆的脸庞上眼睛滴溜溜的，男人们大概从她那身材高大又显得富态丰腴的体态中，同时感受到了女人和母亲的风韵吧。

　　但即使如此正子并不觉得自己是个美人儿，反倒觉得自己鼻子低矮，眼睛也多少显得有些细小。她希望自己的脸颊的弧线更朝上一些，面庞更小一些。不过只要精心化个妆，从远处看还是挺好看的呢。站在舞台上自己也觉得不会输给其他女子。

虽说正子自己不很清楚自己的声音如何，但也觉得似乎有点尖尖的，店里的领班说她在说"谢谢啦"时，因为听起来语尾上扬，很像是个外行的样子，感觉反倒挺不错的呢。

起初她在要说"谢谢"时，总是扭扭捏捏地怎么也说不出口，现在已经说得很顺口了。暂且不说音质如何，至少一整天在店里应对客人，她的嗓音也不会嘶哑。正子曾一度到穴八幡神社的林子里扯开嗓门大叫过一次，她自己也对居然能发出如此大的声音吓了一大跳。

第四条的天赋（具有表情模仿的天赋）这点嘛，完全靠对方怎么看了，正子无从知晓自己是否有表演天赋。诚助曾说"无疑你是具备的"，理由是在你生气、伤心的时候表情是那么生动，因此他说"你的心情只要符合当时的场景，表情自然就出来了"。确实当她想像着自己如何命运多舛时就真的想掉眼泪，而在笑的时候就想着以前高兴的事。这些表情，她独自对着镜子练习过好多遍了。

对于第五点的健康她自信自己是没有问题的。在木更津时虽然生过病，但已经完全治愈了，这几年就没再生过什么病。有时正子还为自己实在健康过分了而有些忧郁呢。妙龄姑娘有时会缺乏食欲啦，睡不着觉啦什么的，可她什么都没有。马上要参加考试了，可今天她依然饱饱地吃了一顿饭，昨晚也照样睡得很踏实。即使有些累的话，只要靠在墙上就能睡着，过后自己都觉得吃惊。

总之，对于健康这点正子是信心百倍的。

其次的品行这点，如果仅局限于男女关系的话，正子曾一度离婚，现在又和诚助结婚了。仅以二十四岁就已经结了两次婚这点来看，也许会被认为是有问题。可是至今除了和丈夫以外还没有和其他任何男人过分接近过。在风月堂上班时，男性顾客和自己说个话什么的，自己也都把他们看作客人应对而已，从没有更深的交往。

正子觉得自己虽说结了两次婚，但从"品行端正"这点也不会输给别人。

祖父是松代真田藩的士族，家里对孩子的教育极为严格。当地是被大家认为"要娶妻，去松代"的地方。不过如果用更封建一点的眼光，即"严守礼节规章，顺从丈夫"这点衡量，也许正子就多少有些问题了。

正子本来就好胜要强，嫁到木更津后更是发现一味顺从男人是毫无意义的。顺从了男人和家规也未必就会使女人得到幸福。幸福是要靠自己去争取的，现在她清楚地感到这点。

虽说从顺从这点讲，正子或许是有些问题，但从正气这点而言也不会输给其他人。

至于"有顽强的毅力"这点，如果不是指一般的毅力，而是指面对演戏而言的毅力的话，她认为自己也是不会输给别人的。一旦自己立志做一名演员，那么无论有多大的困难也做好了一定要克服的心理准备。

如果考官能够准确地看出我的这些想法，录取应该是没有问题的。但如果仅要求学历怎么样或者要求有女人味的话，或许就有些难了。

考试会场在早稻田大学的文科会堂，进了正门往右拐的第三间教室门上贴着"第一考场"。首先在这里进行书面考试，接着到往里走过去的第五教室再对考生逐个进行面试。

在考试前两个月，也就是一九零九年二月，坪内逍遥被推荐为文艺协会会长，于是他立刻着手进行演员培训和话剧研究的工作。

逍遥首先提出为了建立话剧研究所，无偿提供位于东京新宿区牛込余丁町的自家宅邸内的土地，并决定在四月招生，五月正式开始授课。

按这个计划，三月在逍遥家的宅地上开始动工建造校舍，五月就要在这里开课的话是来不及的，于是只得暂时在附近借了一户民居，作为临时研究所。可是到四月考试的这天，临时研究所也来不及准备，于是逍遥和抱月等便借了他们自己工作所在的早稻田大学的文科讲堂作为考试会场。

考试定在傍晚六点，这似乎有些奇怪，那是因为他们考虑到有些考生白天要上班的缘故。

正子先到了休息室，里面已经有十名左右的考生在等候了。这里面有学生模样的、有的像教师、还有的看上去像是游手好闲的人，似乎形形色色的人都有。其中有一名女性，并不怎么漂亮，可能有人还会觉得她长得像个仆人，不过她却手拿着一本英语书，还时不时地看上几眼。男人们都身穿和服，下面穿着和服裙裤，其中只有两个人身穿普通的日常便服。里面也有相互认识的人结伴在叽叽咕咕地低声讲着话，也有人交叉双臂独自凝望着暮色将临的窗外。从年龄上看估计都在十七、八岁到二十五岁左右。

正子在教室的一个角落坐定。她从布包袱里取出镜子照了照自己的脸，觉得脸色有些苍白，或许是因为面临考试而有些紧张的缘故吧。

不一会儿她又从镜子里抬起头，发现自己周围已有近二十名左右的考生了。

六点整到了，终于一个留着小胡子、细长脸的男人出现了，他开始给大家说明考试规则。事后正子才知道这个男人就是研究所主任东仪铁笛。他告诉大家考试的前三十分钟是"作文",后半个小时是"英语翻译",过后再进行口试。

　　作文的题目为《我所理想的话剧》。正子考虑了半天,决定从自己去高等演艺场那时候的事开始写起。

　　正子和第二任丈夫前泽诚助结婚的契机是她从木更津出来后,曾一度在东京町田一个叫犀仙的人家里疗养。当时诚助是那家的家庭教师,常来,于是他们认识了。当时前泽二十六岁,从高等师范学校毕业后,他本打算做教师的,可因为师从严谷晓波而对童话剧相当感兴趣。在家庭教师工作做完以后,两人不知不觉地开始聊天,渐渐就接近起来。不到半年前泽就向正子求婚了。正子也因刚离婚不久而心情孤寂,加上她和前泽同是长野县人,于是他们便在三田成了家。

　　当时正值明治四十年初(即 1907 年初),在牛达神乐坂上有一家高等演艺场后来被称为牛达馆。那是从美国归国的哲学博士荒川重秀创立的,新派演员藤泽浅二郎等人也曾一度在那里演过戏。

　　这个演艺场成立之初,经常上演童话剧,诚助对此很有兴趣,因此常出入于此。而正子也是受了丈夫的影响才想起要当演员的,随着他们常去演艺场看戏,正子也开始希望自己能在大家面前表演了。

　　当初"女优"这个词仅在话剧界很少一部分人之间使用,一般都称为"女艺人",而且被称为女艺人的也是极少数,新派话剧中仅有川上贞奴一个人。

　　正子不请自来地去了荒川氏他们的排练场地,她请求说"让我做一名女优吧"。可当时希望当女艺人的女性还相当稀少,荒川他们以为她不过是想玩玩而已，于是就拒绝了她。可正子再三再四地来，终于被她的热忱所打动，于是他们便在一个剧中给她安排了一个角色。

就这样正子曾一度站在演艺场的舞台，参加了一个童话剧的演出。本来她所演的角色只是一个过路人，戏本身也只是一部幼稚的童话剧。

在文艺协会初次设立话剧研究科时，正子立刻就去报名，也是因为她曾有过如此经验的缘故。

正子根据自己的这些经验，关于新时代女优这个主题，她写了如下内容的作文。

"以前戏台上始终回避女演员，歌舞伎等传统剧更是全面排斥女性。

自白拍子以来，女性艺人有的卖弄风情，有的甚至做出一些无异于娼妇的行为来，因此被人们看成是有伤风化的人物。事实上这类女艺人现在也为数不少，因此不少人以为只要说到演戏的女人就以为她们等同于卖身的女人。

但是我认为女艺人始终甘愿处于这样的地位是很不正常的。女性也同样可以仅仅靠演戏而成为一名了不起的演员。在欧洲有很多非常了不起的女性演员，听说她们被称为"女优"，日本也应该尽早培养这种真正意义上的女优。

像歌舞伎中由男性扮演女子角色，在我看来无论如何都是不自然的事情。他们的女性造型再怎么漂亮，也不过是男子。他们不可能表现出真正女子的优美姿态和声音来。所以女性角色一定要由女子来扮演。"

这篇作文的内容虽然和要求的命题《我所理想的话剧》有所偏离，如果仅看这点的话或许会认为她没有很好地理解题目的意思，不过对于正子而言，或许理想的话剧就是以女优为中心的吧。

　　本来文章的内容几乎是以前从诚助那里听来的话的翻版，什么白拍子以来女艺人的历史啦，欧洲的情况啦等等她本来也是一无所知，但是女性角色应该由女子来扮演这个想法恰是正子所期盼的，就这点不是她从其他什么地方抄袭来的，而是她很早以前就这么想的。

　　这篇文章所写的内容虽然略微偏离了主题，但和坪内逍遥他们的想法刚好一致，他们想培养的不是旧式的女艺人，而是新时代的女优。正是因为有如此想法，因此他们才实行了男女平等招生。

　　逍遥和抱月都很赞赏这篇作文。一个很有意思的并有着做演员热情的女性引起了他们的兴趣。

　　然而此后英文翻译的结果却很惨。这就不是听了什么人的话然后将其写成文章就可以了事的了。那是从莎士比亚剧中节选出来的三个短小文章的英文翻译。正子完全一头雾水。

　　但她觉得交白卷太可惜了，于是就在英文字母A的下面写了一个日语的发音："诶-"，B的下面写了一个日语发音："比-"，将所有的字母都标了日文发音，然后在"and"下面标了"诶-嗯德-"。她想这样他们至少可以知道我是会念这些字母的吧。

　　笔试后考生逐个被叫去接受面试。

　　正子走进教室。只见教室中间空荡荡的，里面放着一把椅子，椅子对面坐着三个考官。中间那位五十岁左右，戴着一副无框眼镜，留着大胡须，一看就让人觉得为人沉稳，正子立刻就猜到他就是会长坪内逍遥。而他的右侧坐着一位刚才来发考卷的长脸男子，左侧坐着一位也是嘴边留着胡须，脸颊有点尖尖的，双眼凹陷的人。此时他的双眼宛如青年人似的直率地注视着正子。

这就是正子和抱月的初次相遇。

二

正子在三个考官的注视下特别紧张。不用说这样的考试，就连和大学教授说话在她还是生平第一次呢。正子对自己说"要冷静"，然后收紧了小腹。

"你放松一点"

第一个开口说话的是那位坐在右边的大高个，也就是最初笔试时来发考卷的人，他自己介绍说是这个学校的主任叫东仪铁笛。

"你的出生年月呢？"

"明治十九年（1886年）七月二十日"

"出生地呢？"

"长野县埴科郡清野村七十四号"

"现住址呢？"

考官们前面似乎放着从每个考生的报名表上抄录下来的资料，他们一边看着这些资料，一边似乎在确认。

"你和保证人桝本清很熟识吗？"

桝本是丈夫诚助的熟人，去年在藤泽浅二郎创设的东京演艺学校做讲师。本来正子也想进那所学校的，可他们不招女生，没法子。这次考试因为需要保证人，而正子觉得多少在演艺界里还有些面子的人介绍会比较合适，于是请求桝本做了她的保证人，但正子自己只见过他一面。

"那么说是桝本先生推荐你来的了？"

"不，是我自己想来的。"

坐在中间的坪内教授戴着无框眼镜，眼神柔和，但左边的那位男子则双目炯炯有神，虽然留着胡须，但估计还不到四十岁的样子。正子突然觉得对自己的脸诚惶诚恐起来。

半年前正子刚做了隆鼻术。

起初告诉她有这种手术的就是桝本，当时他来到正子在三田台町的一家文具店二楼租的房子里，他告诉正子说最近有个医学博士从欧洲留学回国，他能做隆鼻手术，还说已经有一个女艺人做了这个手术后变得漂亮了很多。

"将来的女优都必须鼻梁高挺，这样站在舞台上才显眼、漂亮。"

听了桝本的话正子立刻就想做这样的手术了。

"是怎么弄高的？"

"好像是往鼻梁里注射石蜡。因为是从鼻子里面注射进去的，几乎不会留下任何伤痕。那个女艺人做完手术后从表面一点都看不出来。"

"不知道他肯不肯给我做。"

"那个嘛，只要你去请他做，恐怕是没问题的吧……"

那位国外留学归来的医师就是那个在茶之水开了诊所的田中医学博士。

桝本回去后，正子立刻和丈夫商量了此事。

"听说明年春天，文艺协会要招女优，所以在这之前我想去整高一下。"

虽说正子的鼻子并不算很低，在日本人里也够得上平均高度吧，但因为她的脸颊比较宽阔，因此鼻子看起来也就多少显得有些低矮了。

在赤坂姐姐的店里帮忙那会儿，正子曾见到过几次来店里的外国人，她可羡慕他们那美丽的高鼻子了。如果想演新的外国话剧的话，自己的脸和外国人相似一些会好些。

丈夫对于正子的热切期望也只好勉强答应了。

当时的隆鼻术是从鼻子内侧注入石蜡，这和战后不久所采用的方法没有什么变化。这本来也不是什么了不得的手术，并非必须在手术室内进行，那时患者只要在椅子上坐下，然后将鼻子往上抬起，鼻孔朝外露出来就行了。

在接受鼻腔黏膜的局部麻醉时，正子不禁痛得往后仰起了身子，结果将座椅的扶手都撑坏了。

不过总而言之，她的鼻腔里注入石蜡后鼻子垫高了很多，不过她的眼神看起来却因此变得有些严厉了。

起初诚助还看不习惯，但看惯了以后发现鼻梁挺起来后还真漂亮呢。

那时接受隆鼻术的女性多得出人意料，比如与谢野晶子也是其中之一。在以新时代女性自居的女子中，这种手术相当受欢迎。

正子去文艺协会考试时，已是术后半年过去了。虽然肿胀已完全消失，但在不施任何脂粉的脸上，鼻梁上可以看到浮现着一条白色线条，注射了石蜡后皮肤也绷紧了。

正子曾担心考官会不会发现自己的鼻子曾整过形，但看来他们似乎没有注意到这点。即使万一他们有所察觉的话，也可以回答说：那是为了更好地做一个女优才这样做，想必他们一定会理解。

正子拿定主意正回答着考官的问题时，突然觉得三个考官们似乎都看着她入了迷。

东仪主任咳嗽了一下，问道：

"你结婚了，对吧？"

正子轻轻点了个头。坐在中间的坪内教授又问：

"那你报考这所学校，你丈夫知道吗？"

"当然知道。"

"他没反对吗？"

"没有，他说很希望我来报考，还鼓励我要好好努力呢。"

"那么你自己为什么想当女优呢？"

"也没有什么特别的理由，就是想当。"

"那么说是很羡慕女优了？"

"也有这个原因，但我觉得像歌舞伎中由男性来扮演女子角色太不自然了。我觉得女子角色还是应该由女性来扮演。"

坪内教授双手依旧插在怀里，只点了点头。东仪主任将身子往前探出。

"那你以前曾学过演戏吗？"

"没有专门学过。"

正子本想说自己曾在一个童话剧中扮演过一个小角色的事，但她怕被讥笑，于是也就没说什么。

"但听我丈夫和其他人常谈起有关话剧的各种事情。"

"你唱歌跳舞怎么样？"

"也没有正式学过，不过我一定会好好努力的。"

"但你要是太努力了，你丈夫不会抱怨吗？"

"我才不管呢。"

"劲头还不小啊。"

三位考官同时笑了起来。

"总之我就是想当女优，求求你们了。"

正子双手端放在膝头，点头行了个礼。

"那你把这个念一下吧。这是英国一个叫莎士比亚的剧作家写的《麦克白》中的一个场面。念台词时要尽量充满感情，站起来念也行。"

坪内教授从自己的桌边递过来一张从书上剪下来的纸。

当时坪内逍遥为了开创日本近代话剧，首先就是从"朗读术"着手的。

以前虽然在日本的话剧界有"朗读书本"的习惯，但那是狂言作者或狂言演员将剧本通念一遍，目的是让出演者了解剧情的大意。而逍遥将欧洲话剧的念台词法和日本传统式的台词表现方法相结合，创造了一种独特的朗读术。在当时他的创新被认为具有划时代的意义。可现在看来也并没有什么特别，这种方法主要就是将剧本放在剧情的背景和气氛中，让自己完全进入角色进行朗读。

逍遥常常在大学的讲堂里进行这样的朗读。他的脸庞长满威风凛凛的胡须。身穿和服裙裤，手摇扇子，逐个扮演着《理查三世》、《李尔王》、《威尼斯商人》等等。这样的朗读大多在课外时间，在大隈讲堂进行。他总是采用一种独特的姿势进行朗读。只见他对着讲台，左手持教科书，右手执扇，略微倾斜着身子，并将下巴向外突出着。

逍遥的嗓音并不算大，可却抑扬顿挫，口齿相当清晰。念的时候他会随着主人公的感情起伏跌宕，有时激越，有时又带着哭腔，有时又采用假声。兴致上来时他还会用扇子敲打着讲台，念到奥菲莉娅时，还会发出女声都无法与其相比的声音，同时哭泣起来。虽说此时的他与一位勤勉的大学教授形象有所出入，但他本人却是相当认真的。学生们也是屏声静气地听得出神。教室后方文学系的其他教授们也常常会来这里聆听他的讲座。

逍遥喜欢在大家面前进行这样的表演性朗读，每当那时他总显得情绪极佳。

正子拿到的是《麦克白》中的一段，那是勇猛果敢的麦克白受到妻子的鼓励决心杀害国王的一段场面。面对畏惧而踟蹰不前的麦克白，夫人坚决而冷冰冰地要他当机立断。

正子当然不了解这个情节，只是因为剧本片断中写着"麦克白"和"夫人"，因此她觉得只要在夫人的地方用自己的女声自然地朗读就行了。她先是将片断看了一遍，发现没有不会念的字，于是安心了许多。虽然汉字很多，但上面都标注着读音。

正子在心里先念了两遍，于是从座椅上站起身子。她觉得不站起来就无法进入状态。她咳了两三声，接着就用她那略微尖锐的嗓门念了起来。

正子在读最初那段没有会话的描写部分时，几乎毫无抑扬顿挫，念得平淡无味，她只是一心想着不要读错。后来在念到对话部分时，她突然放慢了速度，宛如在念歌舞伎台词似的。

在念到"你要装成一朵圣洁的花……"时，突然变成了"你要—装—成——朵—圣—洁—的—花……"

读完以后正子的额头渗出了汗水。虽说只有四、五分钟的时间，可她自己却感到好像读了一本篇幅很长的书。

考官并没作出任何关于好还是不好的评价。只是东仪主任说：

"可以了。今天你就先回去吧。"

正子站起了身子。

"十天后结果会公布在文学系的布告栏上的。"

正子连忙鞠了一躬，然后看着考官们说："我会拼命努力的，请录取我吧。"，接着又鞠了一躬。

走出考场已是八点半了。她深深叹了一口大气。

这就考完了。且不说成功与否，至少该做的都做了。

外面天色已暗了下来，正子避开茶园，从文学系的正门朝着大路走去。在春天暮色初降的温和空气中，缕缕凉风掠过她的脸颊。不知是否在神坂乐有什么庆祝活动吧，只听得远处传来阵阵笛声。大路拐角处，只有在夜间才会出动的荞麦面摊位上方悬挂着的方形纸灯笼随风微微晃动着。

正子加紧了脚步，脑海里浮现出今天三个考官的脸庞。中间的坪内教授确实上了点年纪，且很有威严。他旁边的两位虽然这点上比他差一些，不过看上去却相当和善，出乎正子的意料。尤其是那个没说什么话的考官，似乎对我还挺有些好感呢。和他相比右边坐着的叫东仪的男人虽然问了各种问题，总觉得对他倒不能疏忽大意的。表面上对你友善的人，却其实为人冷淡也未可知呢。

左面的那个考官究竟是个什么样的人呢？他其实未发一言，双手始终揣在怀里保持着沉默。

真是个沉郁的人……

他那消瘦的身子裹在和服里，不过眼睛却牢牢地凝视着自己。此时的正子还不知道他就是岛村抱月，就是那个从国外留学归来并备受早稻田大学期待的俊才教授。

考试结果正如东仪铁笛所说，在十天后的一个中午公布了出来。

合格者的名单公布在文学系布告栏的一角，白纸黑字张贴了出来。在所有合格的十二名中有两名是女性，其中有个名字就叫小林正子。

正子看到后，立刻一路跑着回了家。她进门后一下子抱住了正在看书的诚助的脖子。"我合格了，合格了，在大学的布告栏里清清楚楚地写着我的名字呢,你也快去看吧。"正子说:"我厉害吧",并说要去告诉房东。又一路小跑地下了楼。

可其实正子合格也并不那么顺利。虽说合格了,可还留着不少问题。第一是她完全不会英语。正子试卷上只写了"诶-、比-、西-……"对字母一个个标了音,当然这些不可能算得分。

给英文打分的正是抱月,正子得了个正正宗宗的零分。虽说做演员并不一定需要会说英语,但文艺协会当初就是准备演英语翻译剧的。要演莎士比亚的剧目没有中学程度的英语可不行。

坪内逍遥等人所要求的不是从前那种只懂演技的艺人,而是适应新时代要求的有知识的演员。因此为了符合这一要求,来报考的多半是学生或者大学毕业后做了教师的,还有新闻记者之类的知识分子。和他们相比,正子的文化知识就显得非常浅薄了。不仅是英语,国语成绩也不怎么样。作文中错字连篇,语法也错了很多。关于正子的录取问题,岛村抱月和东仪铁笛起初都是反对的。如果单从学习成绩而言她当然应该落第的了。

但逍遥的意见有所不同,考生中仅有两名女生,其中五十岚芳野是日本女子大学英语系的学生,在考试成绩上完全没有问题,顺利通过了。

"和男性考生比较,女性太少了。我们不打算使用男演员来扮演女性角色,所以还是多招一些女性为好。"

当时演员还是个被称为戏子的时代,因此想当演员的女性并不多见。这种时候如果对学习成绩这个那个地要求过多的话,女性更不会来了。

"确实这女孩学习成绩是差了点,但她看起来很努力,而且当女优的劲头很足。这篇文章也写得很有趣。"

虽说文章中错别字连篇,但逍遥却似乎对她的这篇文章挺中意的。

"而且她的保证人又是桝本清君,他特意推荐了她,我们如果毫不加考虑就拒绝也不好吧。"

"但那个女人看上去也实在太粗野了，又显得没有条理。"

东仪说，抱月也点了点头。只有逍遥依然庇护着她。

"即使外貌看着粗野，但如果她是个有当女优劲头的孩子就应该让她进来。我们的任务就是让那些现在还是一块粗石的孩子磨砺出光芒来。"

"……"

"本校的特征就是本着男女平等的原则对女性也自由开放，如果一开始就要求女性也和男子有同等成绩的话是不现实的。目前的现状是女优缺乏，因此女性多招一个是一个。"

逍遥既然说到这种地步，抱月和东仪也都不便反对了。

这一原委正子当然无法知晓了。

如此这般到了明治四十二年（1909年）五月一日，文艺协会举行了第一期新生开学典礼。

研究所依然尚未在坪内家的宅邸内建造起来，于是便在牛込余丁町租了一幢有四间屋子的古旧平房作为临时研究所。租金为十日元五十钱。

当时汇聚于此的就是将成为新时代演员的十二名成员，其中有两名为女性。

以下摘录了《日本新剧史》中对这些人具体姓名的记载，仅供参考。

"掬月晴臣（当时为早稻田大学政治经济系在校学生，之后为台北监狱教诲师）、林和（江见水阴的学生，之后做了文艺剧院干事）、九里四郎（东京美术学院在校生，西洋画家）、三村丰治、志田德三（京都府立一中毕业）、吉田俊一、柳下富司（此后为本所相生警察巡查部长，大地震中殉职）、小林正子（此后的松井须磨子）、五十岚芳野（日本女子大学英文系在校生）、伊藤理基（早稻田大学英文系在校生，此后为《万朝报》记者）、佐佐木百千万亿（早稻田大学英文系在校生，此后的夏川静江之父）、太田盛男（海城中学毕业）"。

因为考虑到此次招收进来的学生中有的是其他学校的在校生，有的白天有工作，因此开学典礼安排在傍晚六点举行。当天出席的讲师有：伊原青青园、东仪铁笛、土肥春曙、岛村抱月、金子筑水，外加让协助员和池田主任。

所有成员到齐后，首先由东仪主任致开幕词，然后坪内所长上台作了训话。

受到照顾才得以入学的正子自己却毫不知晓地排在最前列，她目不转睛地听着坪内所长的训话入了神。

三

说开学典礼也不过是在租赁来的有四间屋子的旧平房里举行的。他们将八铺席大的屋子和六铺席大的屋子中间的纸隔门移走，然后在八铺席的屋子里安置了一张桌子，教师们就坐在桌子前面，在六铺席大的屋子里学生们围成一个半圆。教师们身后挂着一块黑板。

首先东仪主任站了起来，讲述了文艺协会成立话剧学校的经过，其次由坪内所长讲话。

他主要讲了目前日本话剧界没有好的剧本；艺术风格平庸雷同，毫无新鲜感；再就是演技本身没有品位这三点。然后他说为了克服这些缺陷，创作出新时代的话剧，大家必须同心协力共同努力。"

听了这番话须磨子简直觉得自己此时此刻似乎已经成了话剧改革的主角了。

讲话过后，茶水和点心端了上来，然后又将新生逐个作了介绍。会议在相当和睦的气氛中进行着，大家情绪高涨。

此后五月三日，终于开始正式上课了。

开学时在先招收的十二名学生中又追加进了四名学生，共成了十六名。追加的人员中有后来成为日本新派话剧演员骨干的武田正宪和一名女性上山浦路等人。

上课从晚上六点到九点，一节课时为一个小时，共三节课。比如星期一的课程为：第一堂课：艺术论（讲师：金子筑水）；第二堂课：实践心理学（讲师：坪内逍遥）；第三堂课：莎翁剧（讲师：坪内逍遥）。其他还有伊原青青园的国剧史、东仪铁笛的声乐和写生、岛村抱月的英语会话和近世剧、土肥春曙的话术和朗读，还有小早川精太郎的狂言等。

从星期一至星期五每天三堂课，只有星期六是两堂课。面对仅有的十六名学生却排出了如此杰出的教师阵容，可见这个学校的条件是够优越的了。

上课也和开学典礼时那样，将八铺席大的房间和六铺席大的房间打通后，在榻榻米上放着可围坐三人的长条桌，分成三排，学生面对老师坐下，有时还会上黑板写些什么。

这里与其说是学校倒更像是私塾。

正子因为是女性，因此和五十岚芳野一起坐在最前列。

虽说像私塾，但从课程内容看，程度却并不低。坪内逍遥最初的一堂课就是讲解莎士比亚的《威尼斯商人》。首先他将日语的译文用他那特有的朗读法朗读后，接着再学习原文。岛村抱月的近世剧更是从一开始就学易卜生的《玩偶之家》。英语会话课时，抱月首先直接用英文和大家打招呼，然后就将剧中所需要学习的单词一个个罗列出来。

对英文一窍不通的正子顿时傻了，本来他们所学的内容大致相当于当时的大学程度，因此罗列出来的这一个个单词就已经令正子干瞪眼了。

不肯服输的正子通过丈夫找到了一个演艺学校的学生、也是学校事务员的田中荣三为她个人教授英语。

那时正子只能勉强念一念字母，可田中却立刻教她念《威尼斯商人》的原著了。

当时他采用的方式是首先将"it"这个单词用日语标上发音"伊特"，让正子硬记，然后再要她记住字母的拼法，再教她单词的意思是"它"。他根本不采用像这个词是代名词、动词或者宾语之类的教法，因为实际上如果那样教的话根本就是来不及的。

就这样正子在教科书中的英文下方密密麻麻地标上了日语读音。

现在看来，这种教授方法简直可说是胡来，不过正子靠这种方法还真记住了不少呢。总之田中教正子英语时，任何东西都让她首先死记硬背下来，而不是让她先理解语法、句子结构什么的，并且不断反复多次地如此灌输给她。田中在此后提起这件事时说"须磨子简直是把英文囫囵吞枣吞下去的……"他半是惊愕、半是佩服地说。因为她几乎把整本教科书都背了下来。

"写生"课也让正子辛苦了一番。这里的所谓写生课并不是指画图上说的写生，而是指将一定状况下的人物用能进行表现的态度和声音将其扮演出来。讲师是东仪铁笛。

上"写生"课时，往往先要决定一个课题，比如"医生"或者"女仆"，然后各自凭借自己的想象将其表演出来。起初让正子演的是女仆角色,可她几乎完全不会演。女仆在千叶的夫家、在赤坂的店里都见过,可一旦自己要扮演时,身体却硬邦邦的,宛如一根大木棍,她完全不知道手脚该怎么动才好。

下面以讲师为中心,学生们正团团围坐着。面对这么多视线,正子发出来的声音也缩回去了一大半。

于是她挨到了训斥:"再大胆放开点!"

正子再看看其他人,发现五十岚芳野大概是大学生的缘故吧,摆出架势来也是一副充满自信的样子,而上山浦路的演技大概是因为年龄相对大一些的缘故,显得非常沉着。在演技上正子和大家相比也显得相形见绌。

不过正子竭尽了自己的全力。一回家,她便立刻出去买回来两面大镜子,然后一边对着镜子,一边想像着各种角色,并发出很大的声音使劲扮演起来。丈夫诚助回到家,看见镜子前摆着奇怪姿势的正子,吓了一大跳。

可正子却是一副极度认真的模样,她走到丈夫面前"啊呀,你回来啦。"然后将双手的三个手指撑地跪着迎接丈夫回家。诚助还从未见过她这副样子,还以为她是不是疯了。那是正子在对丈夫扮演着新娘的角色呢。

诚助感到不悦,对她说了声:"去你的吧",可正子还是不依不饶。有时正子会硬拖着诚助演到深更半夜。他们曾经被偷窥过,被周围邻居指指点点说"这对夫妻是疯子"。

在正子进文艺协会前,诚助也没能提出反对。虽说他感到有些为难,可却也佩服正子的热衷程度。

进入文艺协会后的正子,生活突然变得充实起来。以前始终呆在家里,自从进入文艺协会后,所见所闻都令她感到无比新鲜。犹如一张白纸上慢慢渗进了墨汁，正子贪婪地吸收着。原本连一知半解的知识都不具备的她，对于讲师们所说的一切全都一股脑儿地接受了进来。

六月末，一个学期算是结束了。研究所放暑假了。

以前每年这个时候正子都要死乞白赖地让丈夫带自己去海边，或者去其他什么凉快的地方。可这个夏天正子却没说要去任何一个什么地方。她一心一意地背着英文单词，埋头读着西洋戏剧史、心理学等等难懂的书籍。遇到不会念的字，就让诚助帮她标上发音，并为她解释词语的意思，因此搞得诚助也无法悠闲。

而且让诚助感到更头疼的是，自去了文艺协会上课后，正子就再也不做任何家务事了。

本来正子就不是一个喜欢做家务的女人。只有裁缝，因为是从裁缝学校毕业的，因此衣服上有个小破洞什么的还算会缝补一下。可说到打扫卫生、做饭就完全不行了。尤其做饭，她更是不擅长。有时晚饭只有酱菜加大酱汤。与其说她不擅长做饭，倒不如说她对这些不怎么感兴趣。自去了协会后就更是变本加厉了，有时索性用赤坂店里拿来的樱花糯米团充当晚饭。

协会是晚上六点开始上课，因此诚助觉得多少也有点无可奈何，而且总是忍着，可次数多了他也开始发脾气了。

"又只有大酱汤啊！休息天都不能好好做顿饭吗！"

诚助忍无可忍地说道。可正子也是毫不作答，装聋作哑地只管看她的英语书。

"喂！你不是为人妻的吗？是妻子能不能做得像个女人一点啊！"

如果再大声训斥的话，她就会一把将书往这边扔过来了。有一次诚助将她扔过来的书拾起来一看，是易卜生的《玩偶之家》。

"我可不是玩偶！我是要演近代话剧里的新女性的。"

"演戏和家庭生活有别吧。"

"不，要演好戏，只有在家里也完全变成那个主人公才行。"

"你在说什么蠢话。你将协会那些家伙所说的话当成什么圣旨啦。我看是你中了那些近代话剧的毒太深了。"

"你是在贬低坪内先生他们吗？！"

"连一个学生都无法好好教育，还什么坪内的。"

"无论是坪内先生，还是岛村先生，你是根本无法和他们相提并论的，不管论学问，还是论本事他们都远远在你之上。"

"上就上无所谓。这种糟糕的东西怎么能吃！"

"不喜欢就别吃！"

说完正子突然拿起碗将大酱汤一下倒在了诚助的头上。

"你干什么！"

正子对诚助的怒吼毫不理会，拿起英语课本就走出了房间。

"你去哪儿？！"

正子也不回答，猛地打开了格子门就往外走。

她去的无非是她姐姐在赤坂的家，对这点诚助是很清楚的。因为以前几次吵架她都是如此出走的。诚助觉得这次又要让他追出去也是窝火得很，首先他满头被浇上了大酱汤也无法出门。于是诚助无奈，只得脱下衬衣，然后到洗脸池边将头洗了一遍。

真是个不服输而又性格倔强的女人，简直任性透了，和这种女人住在一起心里怎么可能得到安宁呢？！

诚助叹了一口气。其实说来，他也正是被正子如此激烈的性格所吸引的。她一旦想要做一件事情就会不顾一切横冲直撞地往前跑。这点死心眼也正是正子的长处。

而诚助自己毕业于高等师范学校，虽说拥有的学识也不会输给任何普通人，可自己却还是要演个什么童话剧啦，去个演艺学校啦等等，总也不安定，而且自己对高等女子学校教师这一工作也有所不满。诚助觉得自己还应该可以做更大一点的事情，可至今却什么都没做。相比正子的人生态度倒是更加干脆利落。诚助不得不佩服正子，她不仅将一切教给她的东西全盘接受，并且执行得也是那么彻底。

反正她在她姐姐那里住一天，明天又会若无其事地回来的。

诚助边洗头边这么想着。但又觉得如果这种状态再如此反复多次的话，也许总有一天正子再也不会回来了。想着想着，诚助又忐忑不安起来。

暑假结束了。九月初，下半学期开学了。

此时研究所又新增加了7名同学，他们都是在暑假补缺招生时招来的。其中有以后因和须磨子同台演出而一举成名的上山草人，还有日本女子大学在校生的河野千岁等人。还有几个东大和中央大学的学生等，都属于知识阶层，和以前大家对艺人的印象有所不同。

新学期开学的同时，校舍也从以前借的民居搬到了位于坪内宅地内刚建的新校舍里了。这是一幢全都使用本色原木建成的平房，建筑物正面宽度有六间（相当于11米左右），深度有五间半（相当于10米左右）那么深，窗户全涂成白色，与其说像学校倒不如说更像一幢漂亮的小洋房。

房子正面有一扇格子铁门。走进大门，右侧是办公室和讲师室，左边是值班室和学生休息室。隔着中间走廊，里面是排练房，左边有教室，再往里是卫生间。房间里除了值班室以外都铺着地板。教室里放置着四张可坐三人的长条桌，排成两排。建筑费用总共花了三千两百日元，其中大部分都由坪内逍遥一人负担。

研究生的人数额度为二十五人，一旦出现人员不足，就临时招收补缺生，随时加以补充。此后招进研究所的有后来成为早稻田大学教授的市村繁俊，还有后来成了伊藤理基妻子的伊藤荣子等人。

新学期伊始，课程上有了一些变化，增加了日本舞蹈课，由藤间歌舞八当讲师。另外坪内逍遥的莎翁剧也改成了《哈姆雷特》，还有《史剧十二曲》等。十一月开始又新增了《剧本》的新课程，讲师是留洋归来的松居松叶。研究所的体制终于完善起来了。

那时坪内逍遥最担心的就是男女之间风纪混乱的问题。当时还是一个"男女七岁不同席"的风潮相当浓厚的时代，而那时研究所里二十岁前后的男男女女共同在一起排练，演的又是一些爱啦，恨啦什么的东西。虽说还算不上是一所正规学校，但在当时的日本是唯一一个男女可以共同学习的场所。

事实上，社会上的人对研究所的好奇心并不是冲着他们如何学习演戏而来，他们主要对学生之间的男女之事充满了好奇。确实也有心术不正的人觉得只要进了研究所，就可以自由地和女学生讲话了。

坪内逍遥拜托土肥春曙的严父樵石将自己亲自制定的《约法三章》写在一块牌子上，并挂在学校门外的墙壁上。

校规

1、本所研究生应在我们的新壇剧，在为复兴新艺术的同时，摒弃一切纠缠在以往话剧艺术及艺人之中的陋习，应以提高自身在社会上的地位为目标。

2、本所研究生对于艺术应始终持有真挚和严肃的态度,严戒轻佻行为,以学而有大成作为自己毕生的追求目标。

3、本所研究生应以本研究所在其地位、组织和精神上成为我国话剧研究机构的领头人为自己的责任,自重其身。

校规的内容可说相当严肃庄重,其宗旨就是要从以前的话剧界脱胎换骨,创造出一种全新的充满智慧并具有良好品性的话剧界和演员。这里所说的"纠缠于以往艺人之中的陋习"主要是指江户时代以来一直持续的收买艺人以及艺人和花柳界纠缠不清的关系。校规的内容明确宣布了他们和以往的那些东西无缘。

可即使如此学校方面依然觉得不能够安心,于是在翌年三月又贴出了"研究生须知"的告示。

1、研究生无论在校内校外,在不得不进行男女共同研究时,须事先和干事联系,并在讲师的指导下进行。

2、授课时间外须使用校舍时,应得到干事的许可,但每天下午四点以后(除了周日)允许利用教室进行个人自修,学习后应立即离校。

3、校内必须穿上室内用的草屐。

如此这般的详细规定实在有点像小学生规章,但在男女同校,并且是在夜间授课的学校里,这点严格规矩是必需的。实际上,即使制定了如此严格的规定,学校里依然出现了风纪问题。

坪内逍遥他们对违反校规者采取了可以说过分严厉的态度。比如说,从研究所到同一个院落内的坪内住宅时,如果男女共用一把伞的话,当事人就会立刻被叫到办公室,并当即予以退学处分。还比如,上山草人、五十岚芳野、正子三人到同是研究生的加藤精一家里,只是去喝了酒,就立刻受到了训斥,并以从此不再犯同样的错误为前提,三个人才勉强被免去了退学处分。

坪内最为担心的就是人们会非难文艺协会说:不过是打着为创立新话剧的旗号,实质上却为男女玩乐提供了场所。因此学校里一旦出现男女间的丑闻,便会招致世人的批判,从而危及研究所的存亡,更进一步还会给背后支持着他们的早稻田大学抹黑。总而言之,逍遥不希望因男女间的无聊事情而受到世人的攻击,他希望向人们显示即便他们是艺人,但在近代话剧界却集中了一些了不起的绅士和淑女。

但无论逍遥的意图如何正确,事实上他所制定的规章都是一些难以做到的要求。再严格的规定也无法束缚活生生的男女。加上话剧工作本身又是一个难以让人恪守清规戒律的行当。一方面要演员们受到清规戒律的束缚,另一方面却要他们表演世俗的生活,让人难以两全其美。因此在这点上,坪内虽然是话剧界的热心人,可他究竟还是一名学者。这是他的局限性。

虽说坪内一心试图避免舆论的指责,可却事与愿违,此后风纪问题不断,始终让他苦恼不已。

文艺协会研究所一共招收了三期学生,共有研究生八十一名,因风纪问题被开除的占了二十一名,达到了全体学员的三成。而最后逍遥在无奈之中和自己在整个协会中赋予最大期望的女优松井须磨子及早稻田大学里自己最得意的弟子岛村抱月断绝了关系。这一窘迫的结局极富讽刺性。

四

　　自从到研究所学习以来，正子宛如疯了似的热衷于演戏。

　　除了研究所里的正规课程以外，她还向田中荣三学英语、接受东仪的唱歌个人辅导、向原女艺人柏木纹卫学跳舞，而且在业余时间里还埋头阅读文学书籍，整天忙碌异常。

　　而且就她的性格，一旦着手了一件事，她就会倾注自己全身心的力量，绝不含糊。

　　学舞蹈是和河野千岁、五十岚芳野三人一起的。她们去师傅家学舞蹈时个个显得勇武有加的样子。那时她们都年过二十，已不再是小姑娘的年纪了，可却还都身穿略显脏兮兮的铭仙绸和服，腰间系一条细细的绳子，脚上连配和服的足袋都不穿,乍看还会误以为她们是女壮士呢。倒并不是因为她们没有像样的和服或足袋，她们是为了忠实执行坪内所长的宗旨，竭力避免让人们对艺人产生轻佻奢侈的印象。

　　即使如此，她们的着装也太没女人味了。看到她们这种样子如果说这就是未来女优的话，谁都不会相信的吧。三人一到老师家，便二话不说，立刻就到练功房拿起扇子和手绢，很有一寸光阴一寸金的紧迫感。可等到她们和着老师口头模仿的三弦琴声吧嗒吧嗒跳起来，动作幅度倒是很大，舞姿却笨拙得很。

　　不过她们的热心程度倒很有些惊人。比如老师说"今天就练到这里吧"，可她们几个却依然站在舞台上丝毫不想就此结束。

　　而且还一个劲地问老师："这里这样跳行吗？"如果跳得她们自己不满意，她们便又开始继续跳起来。

老师也无奈，只得继续伴唱。如此这般反复多次后这才收场。每次练习结束时，无论是教的还是学的全都累得筋疲力尽。

这位师傅家二楼的房屋租给了一名早稻田大学的学生。他时不时会领着几个朋友一起来偷看她们练习。因为都是男生的缘故吧，所以对年轻女子的练舞很有点兴趣。

可她们三人全都无视这些男学生的目光，有时练到领口敞开也毫不介意。

其中千岁和芳野的舞姿还算文静，可正子也许个子高的缘故吧，跳起来相当激烈，张腿时她也是使劲伸出大腿。其他两人和服里都穿着和服专用内衣，而正子却清晰可见她只在腰间围了一条有点脏兮兮的法兰绒腰围。训练结束后，她又一屁股坐在铺着地板的房间里，汗淋淋地喘着粗气。

"做女人还真不错呀，虽然舞跳得不怎么样可也能用女人那特有的魅力来弥补啊。"

学生们边看边半开玩笑地说道。正子立刻反驳说：

"我说你，跳舞不怎么样也可以弥补是什么意思呀？你居然说出这种没有礼貌的话来。"

"我不过是把想的说了出来而已。"

"看你自己什么都不会，像个贼猫似的在一边偷看，竟然还说得出这种夸张的话来。"

"可怕呀，真是个肥婆！"

学生们扔下一句话便撒腿就跑。师傅听着他们的对话也觉得半是愕然，半是好笑。

"'肥婆'，你说谁哪！"

正子怒目圆瞪着那些逃走的男学生。三人中，河野脸蛋尖尖的，长得最漂亮，后来和同期同学林和结了婚，改名林千岁。五十岚芳野并无什么特征，说话刻薄的学生评价说：她长着一张女仆脸。

正如被学生们说成"肥婆"那样，在研究所学习时代的正子长着一张圆脸庞，胖乎乎的。她的鼻子本来就是通过隆鼻术垫高的，再和两根看起来意志刚强的眉毛相配，五官的线条便显得尤为清晰了。

三人投身于新剧运动时，对当时新剧为何物还完全懵懵懂懂呢，可她们却个个性情刚烈。尤其是芳野和千岁，她们都是日本女子大学的学生，推崇西方思想，因此面对男性也丝毫不会露出任何胆怯之色来。

正子的坚强也丝毫不亚于她们，虽说她没有读过大学，不懂那些深奥的学问和理论，可她却用亲身的实践来补充知识的不足，根本顾不上什么虚荣和体面。正因为她没有那些一知半解的学问和修养，从而使她更加能够向着自己的目标勇往直前。

舞蹈是三人在一起学的，但正子自己还独自学习日本的三弦琴、"净琉璃"，又从三弦乐学到能乐的谣曲。

她学这些的目的并不是在演戏时需要用到净琉璃或三弦乐，而是只要是艺术她都想学一学。她觉得芳野和千岁她们能有条件在大学里学习，那么自己就学一些她们不会的东西吧。正子不肯输给任何人，她的这一与生俱来的倔强性格自进入演戏这一自由世界以来才开始得到了真正的体现。

她如此拼命地学习，当然给她的家庭生活带来了阴影。

正子的丈夫前泽诚助当时在高等女子学校做教师，早出晚归，过着所谓工薪阶层的有规律生活。然而正子白天为了学习各种东西而四处奔走，晚上又要去研究所，几乎没有静静地呆在家里的时候。即使偶尔在家，她也是要么背英文课本，要么就是埋头阅读文学书籍，两人几乎没有时间聊聊一般夫妻间的家常话。

不仅如此，正子因为晚上睡觉晚，早晨又起不来，因此诚助不得不经常空着肚子去学校上班。当然正子也不会为他做便当的了。晚上诚助也不得不常常独自在灯下吃着饭店外送的面条。难得的星期天，晚饭也只有纳豆加大酱汤。有时她甚至还将鲷鱼形的豆沙馅甜点心当晚餐让诚助吃。有时诚助实在无法忍受，说几句抱怨的话，便立刻会引来正子的歇斯底里大发作。什么餐具啦、电灯啦，只要她能拿到手的就会随手朝他扔过来。正子还几乎不打扫卫生，有一次诚助偶尔责备说"这么脏"，正子立刻回道"我在拼命学习，你怎么就不能理解呢！"，随即她还把诚助心爱的巴拿马帽给烧了。

总之正子一旦发起火来就无法收拾。最初诚助就是觉得她的这点死心眼可爱才和她结婚的，可一旦住到同一个屋檐下以后，他才知道光可爱是不能当作一切的。

诚助正是因为相信正子对于演戏的热诚和才能才同意她报考研究所的。英语教师田中荣三也是他为正子找来的。可是正子如此为所欲为，毫不顾及家庭，实在让他受不了。作为一个家庭主妇，如此自我中心也实在太不称职了。

那时两人住在大久保租的一幢小楼里的一层，那年春天诚助实在受不了，于是自己逃了出来。当正子从研究所回到家，发现诚助的房间空荡荡的，本来放着的书籍，还有他的日常用品全都不见了。桌子上放着一张便笺纸，上面潦草地写着"我再也不会回到这个家了，房间你任意使用吧。"

当时即便是正子也吃了一大惊。虽说这几天诚助看起来像是有心事，但怎么也没想到他会离家出走的呀。"

正子即刻向桀本和田中询问诚助的去处。

但两人都说"事到如今再找也没用了吧"。他们根本不理会正子。他们两人都觉得正子的任性不可救药，其实他们也都劝诚助离开正子呢。

"我知道了。分手就分手。"

事到如今，正子也不得不将错就错了。本来她也不是因为真正喜欢才嫁给诚助的，只是因为自己从木更津出来，心情沮丧，而诚助却很体贴，能和她谈论种种事情。他的温和，又加上高等师范学校出身的教养，使当时的正子对他很满意。那时的正子与其说是被他这个人本身，倒不如说是被他身上的知识分子气息所吸引。

然而结婚至今，诚助的教养再也没什么大不了的魅力了。只要到了研究所，就有坪内逍遥、岛村抱月这些大学教授。和他们比起来，诚助的学识就显得很有限了。加上住在一起后正子才发现诚助少了那么点男人的冲劲。虽说他为人善良而温和，但就是缺了一点勇往直前的韧劲，无法走出他那不过是一名称职教师的范围。其实，诚助此后做了深川砂町小学的校长，据说在关东大地震时，为保护天皇御照而殉职。如果要从认真、有家庭责任感这点而言他是无可挑剔的。但对于好胜要强的正子而言，这点恰好是她感觉不足之处。只有和正子同样能为自己喜欢的事激情燃烧、勇往直前的那种人，她才能死心塌地地跟随着他。

回到家的正子，此后再也没有找过诚助。后来正子又听认识的人说，他住在神乐坂附近，可她再也未曾去那里找过他。

诚助因为是自己离开了正子，因此他不仅不恨她，反而觉得正子只顾埋头演戏虽令他大伤脑筋，却也使他佩服。不过他也不想再回到让自己成天吃饭店外卖的女人身边了。

那年的下半年，明治四十三年（1910年）秋，他们由桝本作证正式离了婚。那时离他们结婚仅两年时间，也是正子的二度离婚。

近来坪内逍遥考虑要在研究所背面建造一个附属的实验剧场，也就是文艺协会的专属小剧场。当然这是要花钱的。土地在坪内家的宅第内，不用费钱，可建设费得花将近二万日元。其中的一部分坪内觉得可以靠早稻田大学的有关人员捐款筹集到，但大半却必须靠坪内自己的积蓄了。

本来文艺协会有早稻田大学，还有大隈重信、涉泽荣一等一些杰出人物在背后撑腰，可要说到钱的问题他们几乎都是无能为力的。

对于坪内逍遥的戏剧运动，虽说早稻田大学敞开大门大力欢迎，在学校里对有关近代话剧应有的方向等问题也展开了热烈的争论。可是一旦要真正执行时，大家却一个个成了旁观者，他们"只出嘴不出钱"。学校甚至连文艺协会所要求的募捐活动都加以反对。

喜欢坐在观众席却在一旁插嘴过多这点或许正是早稻田大学的特点吧。但是逍遥却默默并脚踏实地地建设着文艺协会。

首先他决定在明治四十三年（1910年）三月举行第一期学生的内部试演观摩会，剧目为《哈姆雷特》、《威尼斯商人》、《讨厌戏子》三部。其中《哈姆雷特》由土肥春曙指导（用现在的话说叫导演），哈姆雷特由林和扮演，奥菲利娅由小林正子扮演。而《威尼斯商人》中的夏洛克则决定由伊藤理基扮演。

正子扮演奥菲利娅可以说几乎等于受到了重用，因为只要是学习话剧的女性谁都向往着有朝一日能有机会扮演一次奥菲利娅这个角色的。

但当时一期生中的河野千岁与林和的关系已经相当亲密，她准备引退并打算此后就结婚。五十岚芳野的演技还略有欠缺。正子虽谈不上演技有什么特别好，不过她一头埋进演戏里的热忱却胜人一筹。因此其实是她的热忱赢得了这次提名。

得到奥菲利娅角色的正子精神振奋极了。她比任何其他人都早早地就来到排练场排练起来，回到家又大声朗读台词。在诚助走后的空荡荡房间里，她曾一度让研究所里的几个男生过来住。她朗读时的声音大得出奇，又大肆挥舞着手脚，着实令他们吃惊不小。正子觉得他们与她合住既可以在安全上保护她，又可以在万一有个什么力气活儿时也好有人帮忙，出于这点才让他们住进来的。可这些男学生此后却因为风纪问题全都被学校开除了。

且不说这些吧，总之正子即使有人在场她也丝毫不会感到有什么难为情或胆怯的。有人看着她，她非但不会怯场，相反她的状态会更好。可以说在任何场合她都能忘我地进入角色。从这点上说她真是个天生的演员。

这次内部观摩会作为近代话剧尚有着若干缺陷。首先剧本的编写不够成熟，而且台词也不够简练通达。加上演员的表演笨拙，很多场面都是一个表演者在说台词，而其他演员只呆头呆脑地站在原地。当时的导演并不作任何现场的演技指导，只不过是在一旁观看，然后对剧本进行解释或者说一些其他较为抽象的东西。在这点上无论逍遥还是抱月都同样。

正子在自己每说一句台词时都要提出"是不是这样好一些？比如对方在说的时候我对着这边摇头怎么样啦"等等，每次都要说出一些她自己的想法。夸张一点说，她虽然是演员，但同时也担当着导演的角色。

即便如此毕业试演观摩会的表演还算马马虎虎过得去吧。虽说存在着各种不足，但在短时间内能达到这样的成果也应该满足了。在三个剧目中，大概由于《哈姆雷特》的剧本比较简练的缘故，其表演还相对说得过去一些。

虽说问题尚存,但观摩会还算成功。文艺协会会员们的劲头因此也提高了不少。

偶尔来看这次演出的帝国剧院有关人员居然提出了第二年在帝国剧院公演《哈姆雷特》的申请。

这使以坪内为首的研究所负责人员既感到高兴,同时又为难起来。说起帝国剧院,在当时可算是最高级别的剧院了。自己居然可以有机会在那种地方公演,这是他们求之不得的机会。可同时他们又担心自己的剧本和演技都还如此不成熟,和有着深厚传统的歌舞伎以及新派剧有着天壤之别。

但是这确实也是他们宣传自己话剧活动的绝佳机会。虽说他们依然有些不知所措,但协会的绝大多数人还是表示了赞成。如此,帝国剧院和文艺协会的合作公演一事便谈成了。

研究所重新开始了排练。这次可不是开玩笑的,是要在一般观众面前公演,那是要收费的,绝不容半点马虎。

这次演出的成功与否无疑直接关系到新的话剧运动的成败问题。

当时《演艺俱乐部》杂志记者生田蝶介对他们的排练活动进行了采访,他对东仪铁笛提出了各种问题。其中对为何不对外公开宣传演员们的普通生活照问题,东仪是这么回答的:"他们真正的相貌并不是那么漂亮。如果要把他们的照片向外公开的话,演员们在平时的生活中就必然会有所顾及。女优的话,她们就会像帝国剧院的女优那样无法专注于舞台演出了。为投世人所好,她们就会变得在穿着打扮上相互竞争。如此一来她们就难以将心思仅仅集中于表演艺术了。"

生田对这一回答颇感佩服,于是写下了如下评论:"研究员们全都了解剧本有多难，于是他们从三月份开始花一年的时间，每天反复不断地重复研究同一个剧目，毫不懈怠地进行排练，协会成员们的热心和认真的态度完完全全代表了坪内博士的热心和认真。"（以上摘自松本克平著的《日本新剧史》）

　　从上述评论中可以窥见从坪内逍遥到协会会员为了避免浮华，当时是如何踏踏实实埋头为让话剧表演艺术得到普遍承认而努力工作的。不过要说到去帝国剧院演出，那就并非光有踏实就足够了的。

　　当然演员们首先必须起艺名。尤其在当时演员这一职业并非是一个多么受欢迎的行当，因此从避开人们的眼目这点而言也有起艺名的必要。正子觉得如果让自己娘家知道她在演戏的话对她也颇有难处，于是她也考虑了各种艺名。

　　有没有一个既有品位又堂堂正正，并且笔画也好的名字呢？正子以前一直喜欢"须磨子"这个名字，只是还必须在前面加个姓氏。

　　市村繁俊等人也帮着她出主意，可一时却想不出一个合适的。结果思前想后想到还是用正子出生地的"松代"，"松代须磨子"怎么样？但正子希望"松代"这个姓将被念成"matuyo"，可几乎所有的人都将其念为"matushiro"。一个名字有两个读法首先就容易混淆，而且其中有人看到涂着白粉的正子逗乐似的嘲笑她，称她为"matushiromasako"。如果被人这么称呼自己的话可就讨厌了。在她正犹豫不决时，研究所因为要做节目单了，催促她尽快决定。

　　正子希望自己的姓能读成三个音节，于是在她念着"ma-tu-shiro、ma-tu-yo"等等各种读法时，突然嘴里冒出来"ma-tu-i"这个词。

　　"ma-tu-isu-ma-ko"她读出声来，意外地发现读音很顺口，很好念。虽说"ma-tu-i"写成汉字是"松井"显得平凡一些，但是下面的名字"须磨子"很有些矫揉造作的感觉，因此她觉得加在一起刚好可以中和一下。

研究所称时间紧张，于是正子被逼得无奈只好在纸上写上"松井须磨子"几个字便交给了东仪。

就这样"松井须磨子"这个名字第一次进入了人们的视线。

虽说一代名伶艺名的诞生平淡无奇，毫无任何曲折的故事可言。可当时谁都没有料想到这个名字将来居然会承担起日本新剧兴盛的使命。

五

明治四十四年（1911年）五月二十七日，文艺协会的《哈姆雷特》在装饰一新的帝国剧院公演了。无疑《哈姆雷特》是莎士比亚的杰作，四大悲剧之一。故事是说丹麦王子哈姆雷特从父亲的亡灵那儿得知父亲是被其弟弟，即现在的国王谋杀而亡的。父亲去世后，现在的国王和自己的母亲再婚了。哈姆雷特发誓要为父亲复仇，他想装成疯子，可又踌躇不前。这时他不小心误杀了宰相波隆尼尔，其女也即自己的情人奥菲利娅发狂而死。国王打算杀了哈姆雷特，于是命波隆尼尔之子雷尔提刺杀王子。结果相反国王和雷尔提倒下了，王妃也饮毒而亡，最后哈姆雷特自己也死在了雷尔提的毒剑下。

哈姆雷特由土肥春曙扮演，国王和掘墓人由东仪铁笛扮演，波隆尼尔由加藤精一扮演，赫瑞修由森英治郎、雷尔提由林和、王妃由上山浦路、奥菲利娅则由松井须磨子扮演。以上是演员阵容，而剧本由逍遥重新翻译，共五幕十二场，这次公演几乎对原剧没有作任何删节处理。

这部作品曾被拍成电视剧而非常出名。不仅如此，当时主人公哈姆雷特为"活着还是死去"的问题而大为烦恼，他的这种怀疑的人生态度引起了当时知识分子的广泛共鸣。从这个意义上可以说文艺协会将此剧作为首次公话剧目是再合适不过的了。

其实在日本公演《哈姆雷特》并非首次，早在明治三十六年（1903年），由山岸荷叶改编，川上音二郎、贞奴等人出演曾上演过一次。可那次的改编颇带日本风格，而且也省略了很多情节。作为对近代话剧真正意义的挑战而言，这次文艺协会公演的《哈姆雷特》才算是初次。

为了公演，研究所更是进行了严格的排练。起初逍遥不过只管翻译，可途中他却亲自积极出马，主动承担起了导演工作。

本来排练从晚上六点开始，可随着舞台演出日期的逐渐逼近，排练时间改为了五点开始，后又改到了四点。排练结束时常常已是晚上九点，有时甚至到十点多才结束。休息天更是从下午起就开始排练，一直到夜里接连不断。排练时几乎所有的演员都会遭到逍遥的猛烈训斥。其中有个演员被他骂的次数远远超过了一百次。

在刚排练时大家对周围人的眼光还有所顾忌，可中途连擦汗的工夫都没有，和服前襟敞开也都毫不介意。在排演决斗场面时，他们更是相互用足气力痛打对方，真正冲突起来。排练结束后，他们和服及内衣全都湿透了，衣服四处被扯破，因此排练时根本无法穿好一点的和服。

即便如此，逍遥却还训斥他们说："这种排练不持续练二十年，你们是成不了一个真正演员的。"无论逍遥还是研究员们个个内心都燃烧着一团希望之火，那个时期也是他们的话剧事业进展最为顺利的时候。

与此同时，帝国剧院也努力加紧着宣传活动。他们打出旗号宣称本次演出是"西洋戏剧在我国的首次正式公演"，剧院期待着向往文明开化的人们前来观看。这次的演出期间为一个星期，对于一个刚成立剧团的初次公演而言可算是破例了。

结果每天演出几乎八成席位都坐满了观众,这对于舞台公演而言,可算是很不错的成绩了。

可是社会上的评论却未必都是好的。在《新剧秘录》中,河竹繁俊氏的评论是如此记载的:"翻译过于典雅,听着令人觉得难解,而演员多半又不够成熟。整个演出带着浓厚的逍遥色彩。演出中加进了不少歌舞伎风格,节奏缓慢,可以说是一次带有强烈浪漫色彩的演出。但土肥的哈姆雷特、东仪的掘墓人受到了好评。须磨子的奥菲利娅也被认为演得不错。"

还有其他报纸对于须磨子的评价部分选摘如下:

"松井须磨子扮演奥菲利娅,从一个可爱的小姐要演到她如何发疯。演出中所唱的歌不仅长而且又是断断续续的,是最为难演的角色了。可她排练成效显著,表演时态度认真,台词念得顺畅。歌也唱得悲悲戚戚的,和哥哥告别的那场戏演得时而疯狂,时而又情真意切,令人生出怜惜之心。"(东京《朝日新闻》)

"本次演出在使用女优问题上给予了我们最好的注解。扮演奥菲利娅的松井须磨子和上山浦路演的王妃等都获得了圆满的成功。尤其是奥菲利娅疯狂的歌唱表演取得了以往歌舞伎男扮女装的表演所无法达到的效果。"(《读卖新闻》)

"本剧登场的上山和松井两位女士获得了较大的成功。松井女士所演的奥菲利娅前半部分还不怎么样,但演到剧中哈姆雷特向一件衣裳扑身过去时,奥菲利娅始终紧盯着哈姆雷特看着的眼神中包含着用语言所无法表达的倔强。自她变疯以后宛如换了一个人。"(《每日新闻》)

等等诸如此类的评论,总的而言给予须磨子褒扬的居多。但也有部分报纸提出了忠告。

"松井女士在演观看剧中剧一幕时,虽说她所唱的疯狂之歌表现了角色的悲哀情绪,但她说台词时常夹杂有地方口音听着有些刺耳。加上全剧中奥菲利娅的服装全为白色的,毫不妖媚,很有些吃亏。"(《报知新闻》)

"在演发疯的场面时,虽说她的动作有值得称道之处,颇具价值,但在唱歌时却回到了认真的、现实的自我,这点太可惜了。因为动作狂乱时其歌声也必定是狂乱的。再者精神发狂时,她的表演却步调踏实,这点失去了真实感,看不出里面有多少疯狂的成分。如果用画家作比喻的话,就像是京都的菊池契月所画的狂女作品。因此今后还需要进一步提高修养。"(《读卖新闻》)

总而言之,比起表现一位有智慧的充满理性的女子而言,须磨子所演的发疯女子倒获得了不错的评价。她在表演不顾一切疯狂地将感情宣泄出来的戏时,倾注了全身心的力量,显得颇为精彩。这点也可以说正是女优须磨子的特点。

总之,这些评论均出自对近代话剧有一定程度的理解,也即是一些专家的意见。可一般的普通观众对这些表演的好坏并无所知,只是因为觉得日本男女身穿欧洲男女们的服装在舞台上模仿他们颇感好奇才来观看的。

此次公演后,帝国剧院提出要支付给文艺协会演出费。可逍遥从一开始就对钱的方面并没有任何期待,觉得只要能够在帝国剧院、在众多的观众面前公演已经心满意足了。

可帝国剧院却坚持既然客人来观看了,剧院方面也得到了一定的收入,因此只要没有赤字就必须付给协会费用作为酬金。于是帝国剧院的西野专务提出将两千日元赠与文艺协会。

这笔钱对于正面临财政困难的协会而言无疑是雪中送炭。

协会立刻用这笔钱归还了以前的借款，并将剩余的分给了演员作为补贴和奖金。钱的分配根据不同的角色而略有区分，但估计也就在每人十五日元到二十日元之间。然后将最后所剩的一百日元作为在协会里安装电话的费用。

不过逍遥却在其中分文未取，从翻译到导演，他所付出的一切都是无偿的，连车费都由他自理。原本逍遥就是一个在金钱上相当恬淡的人，而且他已经为协会投入了数千日元的个人资金，因此他也许觉得拿这么一点小钱对他而言也是毫无意义的吧。

文艺协会在东京的公演算是获得了成功，趁着余势未消他们又决定将剧目拿到大阪上演。首先于七月一日在大阪角座，其次在中座，各公演一周时间。在那里须磨子的表演也大获好评。

《大阪新报》评论说"松井须磨子氏所演的奥菲利娅，以一个纯洁无瑕的少女形象出现在舞台上，宛如梦二画中常见的少女眼神，在闪烁的灯光下显得如此可爱。发疯的一出戏中，在她演唱"亨诺尼之歌"时，可以看出她试图发挥音乐的作用，不过令人高兴的是她更出色地发挥了女优的特色。"

"奥菲利娅发疯的那场戏最为出色地体现了文艺协会的特点。松井须磨子在演唱时，脸部表情虚弱至极，可双眼却闪闪发光。那个唱段充满哀伤，唱歌的调子高低和她的体态表现正是坪内音乐剧才能孕育而出的。柔和中带着敏锐，宛如阵阵波涛令观众陶醉。如果她的体态更柔软一些的话，所演的奥菲利娅就更无可挑剔了。这个演员在女演员之中是最有勇气的一个。在表演第二次出场及散花那场戏时，可以看出她为如何扮演一个无意识的疯狂少女颇费了一番苦心。"（《京都日出报》）。

当时在《大阪朝日》的一个版面上刊登了一篇题为《须磨子访问记》的文章。其中写道：她从一个优雅贤淑，但不知在哪里又透露着一股凄凉和冷漠的人变为了一个谦恭有礼的人了。这果然像是坪内所培养出来的女优。"我觉得最为难演的就是疯狂女那场戏了，平时在研究所排练时倒还没觉得。我感到在扮演走进王妃房间时所唱的那首'那位男子脚穿草鞋，手持手杖，一身装扮更为显眼'的歌时最难表演了。在帝国剧院舞台排练那天，趁王妃唱'你这愚蠢的怀疑……'并十分疲惫地靠到椅子上时，我要走进房间去，这时我发现自己浑身大汗淋淋，不知为何感觉自己的脚步飘忽忽的，似乎不着落在地上了。加上帝国剧院的道具是帆船式的，自己的声音宛如被吸进了舞台深处，觉得从自己嗓子里发出的声音似乎被吸进了什么地方去了。"她那忧郁的脸上露出了灿烂的笑容。"

这篇报道中的记载和此后须磨子被人们说成"傲慢、任性、一意孤行"等等各种坏印象显得有些出入。有些人会以为这篇文章是属于吹捧一类的文章吧。

我推测撰写此文的记者也许是个刚入行的生手，大概太紧张了吧。或许应该说那时候的须磨子就已经具备了俘虏男人的魅力了吧。不管怎么说，初登舞台时的须磨子表现出了此后令人无法想象的谦虚和低调。

在东京和大阪演出成功的文艺协会又作出了二度公演的决定，剧目也确定了下来。

他们将演出易卜生的《玩偶之家》。

本来逍遥是想继续走表演莎士比亚戏剧这条路线的，可因为忙于第一次公演，此后没来得及着手其他的翻译。《玩偶之家》和莎士比亚剧中富有古典式的优雅有所不同。但当时岛村抱月已经将《玩偶之家》翻译完毕，并已改写成可以作为剧本使用了。况且女性冲破家庭束缚也是能引起世人兴趣的新话题。这点和文艺协会艺术至上的宗旨不同，不可否认其中夹杂着对演出成效的考虑。

由于作品是岛村抱月翻译的，因此这次由他来全面担任导演。第一次公演时逍遥打下了基础，因此这次公演他便全权托付给了自己的得意弟子。

在此前的六月十日，一期生举行了毕业典礼。因此此时的须磨子他们已不是研究生了。逍遥琢磨着在不久的将来将毕业生中的成绩优秀者晋升为技艺员，或者协会的专属演员。用现在的话说就是类似于在剧团研究所毕业后，作为正式的研究所成员留任下来。但当时尚没有任何人成为技艺员的。

曾一度拥有三十一名学生的一期生，到了毕业时只剩下十五名了，仅剩下当初的一半左右。有的因为跟不上过于严格的训练而落伍，有的则因为风纪问题而被勒令退学。研究所的训练和规矩有多么严格，从中便可窥见一斑了。

这些毕业生那时最关心的当属《玩偶之家》中的主角娜拉到底由谁来扮演的问题了。上次公演时的主演是男性，由土肥扮演了哈姆雷特，可他也并非研究生，而是讲师。他的地位高于研究生，因此在决定主角时并没有产生什么问题。

可这次的主角是女性。而且女主角将连续每场都出场，因此完全可以说这次的舞台表演是以娜拉为中心的演出。

林千岁、五十岚芳野和松井须磨子这三位成了当然的候选人。当时上山浦路已随丈夫草人退出了协会，他们准备自己成立"近代剧协会"。

剧本改编兼导演岛村抱月拥有第一决定权，当然协会也会参考逍遥等主要人物的意见。

娜拉究竟由谁来扮演，如果仅从外观漂亮而论当属林千岁，要从富有智慧，对剧本具有更深的理解而言，当属五十岚芳野。可是从对舞台所充满的热情和演出奥菲利娅时所获得的好评这点考虑，须磨子的名字又浮了上来。女人的竞争总是表面平静，背后却传言纷纷的。有人说林的背后有其丈夫林和在帮她活动；也有人说娜拉作为新时代的女性五十岚那样的知识型女优比较合适；有人说东仪对须磨子有好感，因此如果他硬要力推的话，须磨子是最有力的人选，不过那样做相反只会破坏了抱月对须磨子的印象。周围这些不负责任的人之间兴趣十足的传闻也不知不觉地影响了当事人。

八月初，角色安排终于决定下来了。

"娜拉：松井须磨子"

当须磨子看到研究所布告栏里的这几个字时，连气都透不过来了。虽然她没有叫出声来，可在心里却喊着"到手啦！"她真想尽情地欢呼雀跃一下。

说实话须磨子太想演这出戏了。女主人公为了追求自由，主动离家出走，须磨子觉得这点自己也有相当的同感。她觉得一旦演了这出戏后自己就一定会和其他女演员拉开距离的。如果成功的话自己作为女优的地位也可以得到确立。

"一定是那位先生选择了我。"

须磨子看着自己的名字，脑海里浮现出抱月的神情。他无论何时何地都显得如此安静而谦逊。他的表情似乎始终在思考问题，那神情宛如背负着整个世界的忧伤。须磨子觉得他是个知识分子气息很浓的人，同时也带有着一股忧郁气质。

就是这个人,他赏识我……

角色安排公布后,须磨子始终在找机会向抱月道谢。但如果是在研究所里被其他人看见的话或许会被胡乱猜测,于是她决定在抱月回家途中等着他。她希望能在研究所外面的一个拐角处,像是偶尔遇到他似的和他说话。抱月走出研究所回家时必定要经过这条路的,因此只要等着他就一定能见到。可她又担心如果在那里逗留过久的话会让周围人起疑心。不过等了两天后,她终于等到了机会。第三天夜里,须磨子好不容易逮到了抱月。

"先生,谢谢您了!"

突然有人对着自己说话,抱月一时不知所措地看着须磨子。

"我会尽所有努力好好扮演娜拉的,请您多多关照。"

是这么回事呀。抱月轻轻点了点头,又继续迈出步子。须磨子依然紧跟其后。走夜路又是在学校附近,如果被什么人看见他们走在一起的话还不知会传出什么风闻来呢。

"那我就告辞了。"

转过拐角须磨子低头行了个礼。前面就是通往新宿的大路了。抱月停下脚步,回头看着须磨子,然后又突然环视了一下四周。

"你,吃过晚饭了吗?"

"还没有呢……"

"那在这里一起吃碗乌冬面怎么样?"

须磨子吃了一惊。这位沉默寡言,对女性似乎又无甚兴趣的抱月在邀请我一起吃乌冬面呢。

"先生,您没问题吗?"

"我刚好肚子也饿了。"

抱月说完自己就进了拐角上大路边的一家乌冬面店。

九点未到，店似乎马上就要关门了，所以没有什么其他客人。两人在靠里的木椅子上坐下。幽暗的灯光下，抱月身着和服便装，怀里抱着书，和身穿条纹花样和服单衣的须磨子面对面坐着。他们就一语不发地坐着。须磨子觉得此时自己宛如身处戏中的一个场景。

终于抱月从怀中取出香烟，开始抽了起来。须磨子也觉得气氛多少轻松了一些。当她正想开口说什么时，发现抱月的双目正直视着自己，这又使她胆怯了，于是咽回了刚才想说的话。终于她又再度开口说话了：

"先生不在家吃晚饭吗？"

"倒也不是。为什么这么问？"

"没什么，只是觉得现在在这里吃不是多余的吗？"

"我不想勉强吃那些不合口味的饭菜。"

"勉强？"

抱月微微笑了。虽说笑得很安详，可那笑容里却隐藏着些许惆怅。

虽然对方很坦然，可须磨子一心只想着现在两个人在这里如果被所里的人发现了可怎么好？因此她怎么也安不下心来。不过她转念一想只要回答说：从研究所回家的途中，因为肚子饿了，于是就来这里吃饭，这样就没问题了吧。她想这也没办法呀，那是事实。可就是有人因为两个人一起在饭店吃饭，于是被学校退了学的。这样看来，自己也有可能会被坪内先生叫出来，接受他的一番训诫了。

不过我现在已不是研究生，而是一名说得出姓甚名谁的女优了。而且对方又是严谨的岛村先生。一起去吃了顿乌冬面不至于就挨训吧。想着想着，面条端了上来。须磨子拿起筷子，可在岛村面前吸食面条令须磨子觉得有些不知所措。

排练时，须磨子又露出和服内衣又露肌肤的，而且还常常不顾一切地四处跑呀跳的，有时又大声叫喊，泪流满面。可一旦两人如此相对而坐，吃点面条也变得踌躇起来。

抱月开始安静地吃了起来，不发出一点声响，吃的样子完全像个沉静的学者。须磨子一边偷偷地看他，一边也跟着他的步调慢慢地吃了起来。

终于他们吃完了。抱月一边喝着大麦冷茶，一边开口了。

"你，是怎么看东仪君的？"

"怎么看？是什么意思啊？"

"他这个人怎么样啦，性格什么的。"

"没什么特别的，觉得他是个很普通的人。"

"你在跟他学唱歌吧。"

"是的，是他很热心地要教我……"

在抱月低垂着的眼眉之间，须磨子突然发现了一种男人的目光在闪烁。"噢"须磨子突然意识到了什么。

抱月站起身，付了钱。

"谢谢您。"须磨子道了谢。他们走出店堂后就分了手。抱月的家在户冢村的诹访（现在东京都新宿区的诹访町），而须磨子在大久保。

须磨子独自边走边思忖着刚才在分手前抱月所讲的话。从进乌冬面馆一直到出来，抱月只说了一件事，那就是关于东仪的。

为什么问我这事呢？是不是先生也注意到东仪和我的事了呢。

须磨子在上次排练《哈姆雷特》时，为了演唱发疯时奥菲利娅的歌，接受了东仪的个别指导。因为在别人面前大声唱的话会影响到他们，于是两个人就单独到其他房间练习了。

部分人中传言说须磨子和东仪两人很亲密可能也是因为这个缘故吧。可两人之间并没有发生任何什么事情呀。首先须磨子根本就不喜欢东仪那一幅自以为是美男子就觉得自己什么都能顺畅无阻的神情了。

　　可连抱月先生也介意到这点了。想到这里，须磨子再次恍然觉得"噢"。

　　这么说来，这位先生是不是对我也有点兴趣呢？

　　须磨子停下脚步，回头看了看抱月所走了的那条夜道。可那里早已人影无踪了。

第二章　崭露头角

一

　　岛村抱月出生于明治四年（1871年）岛根县那贺郡的久佐村。本名为佐佐山泷太郎。父亲曾经营一家矿石加工场，但在抱月还是个孩子的时候，父亲便经营失败了。虽然抱月以最优异的成绩小学毕业了，可他却无法升入中学就学。当时松江地区检察厅检察官岛村文耕觉得太可惜，于是就以抱月必须去东京上学为条件，答应每月给他五日元作为他的生活补贴。抱月接受了这个条件来到了东京，在物理学校、日本英语学院等学习后，于明治二十四年（1891年）进入了早稻田大学前身的东京专门学校继续就学。抱月就此成为文学系的第二期学生，当时的教授阵容有坪内逍遥、大西祝、大冢保治等人。

　　明治二十七年（1894年）七月，抱月从东京专门学校毕业了。他的毕业论文题为《论审美意识的性质》，是一篇有关美学论题的论文。逍遥对这篇论文给予了很高的评价。据说那时的逍遥就在心里将抱月看成了自己的后继人。

　　抱月没有辜负逍遥的期望，学业结束后他继续在学校留任。在逍遥主编的第一期《早稻田文学》上发表了各种评论文章，开始了他作为一名出色的文学评论家、美学家的生涯。同时他又在《新著月刊》上发表了小说，在毕业四年后的明治三十一年（1898年），他成了一名早稻田大学文学系的讲师。教授修辞学、中国文学史、西洋美学史等的课程。

　　明治三十五年（1902年)抱月赴英国和德国留学，三年半后学成回国。他的欢迎会在一家当时叫"芝之红叶馆"的一流日式酒家举行。尾崎红叶、小杉天外、国木田独步、上田敏、德田秋声、佐佐木信纲、正宗白鸟等代表明治时代的许多文人都来出席了。

早稻田英语系的生方敏郎先生在关于这件事的回忆录中写道:"当时我们这些学生像盼着太阳从东方升起似的盼望着岛村先生的学成归来。"当时岛村先生是英文系的希望之星。归国后的岛村接连不断地发表了论文和翻译作品,发表了自己对欧洲文学及戏剧的各种见解。学生们对这位佼佼者极为仰慕,称赞他说"岛村教授既充满智慧又纯真,浑身光芒四射。"

然而即使这样的岛村也并未能拥有幸福的家庭生活。

早稻田毕业后的第二年,抱月和给他出了学费的岛村文耕的亲戚岛村市子结了婚,并给岛村做了养子。那时抱月二十五岁,市子二十一岁,两人相差四岁。

他们生了四男三女,其中两个男孩都病死了。

市子本来出生于富裕的家庭,因此生性倨傲又任性。她和抱月结婚,与其说是出于爱情,倒不如说是出于家庭关系才结合的。婚姻不过流于形式,其实两人从一开始就觉得感情并不融洽。这种状态在抱月去国外留学前一段时间更为加剧。在抱月留学期间市子因晚上睡不着觉又加上神经衰弱,曾多次去医院就诊。抱月回国后,市子的精神状态依然没能恢复,加上孩子的去世致使夫妻关系更加恶化。尤其是去世的两个孩子都是相当优秀的男孩,抱月感到万分沮丧。

抱月生来寡言,加上性格压抑,因此和要强好胜、对任何事情都喜欢问个明白的妻子格格不入。抱月也因此变得更加寡言了。加上从小遭遇家里经济破产,他是靠着别人的援助才得以进入中学就学的,这一成长经历总使他怀有一种歉疚感,性格也变得更为压抑阴沉了。

对于抱月而言,为了逃避家庭纠纷,学校是最好不过的避风港了。在那里他只要埋头讲课,研究学问,家里的一切就都忘了。

然而在刚回国不久,被学生认为"光芒四射"的抱月,两年后却显得有点疲惫了,讲课也开始失去了往日的精彩。起初他还用充满青春朝气的声音朗读课本,讲述一些和莎士比亚的有关历史遗迹等等,其中也会夹杂着他自己的文明史观。可逐渐他的课上得马虎起来,课堂上还时不时地压抑着要打出来的哈欠,"岛村先生的哈欠"在学生中都出了名。

本来应该是心灵避风港湾的家,却让神经纤细的岛村感到更加精神疲惫。加上当时在工作中他正遇到一个不得不逾越的沟坎。归国后的抱月一下子发表了《被囚禁的文艺》、《记参拜莎翁墓地》、《路易皇族梦的轨迹》等等论文。但还在他研究自然主义文学论的时期,就已经犹豫将来自己应该走文学评论家这条路,还是做个作家,抑或是专心当个教授。此后抱月怀疑自己的才能,觉得不适合做作家。也许他对自己的这个看法是正确的,从他所发表的二十几篇短文看,并没有什么特别的优秀之处。写评论需要某种平衡感觉,和评论比较,写小说却是一项相对需要类似于自恋癖好的工作。从这点而言,抱月比较适合做评论。但即使评论也有以文艺评论为中心,还是以包括美学在内的更广范围的文艺评论为主等几个不同的领域。另外跟着逍遥的路线专门研究莎士比亚,专心搞翻译也是一条出路。当然这个方向就必须涉及到从近代戏剧的开拓,到剧本、导演研究等等诸多领域。似乎哪个都很有意思,但并没有哪一个方面可以让他充满自信地决定说"就是它了。"

抱月原本是个有才能的人,但他却并不属于具有独创能力的人。他能很好地分析对象,但却不是一个能提出自己的独创见解,并将自己的见解大声说出来的人。归国后他所发表的论文也没有超出介绍外国文化、记录自己的见闻这个范围。当时去外国留学的人很少,因此他所写的东西还能引起兴趣，但现在看来有些东西到底是否能引起兴趣还是值得怀疑的。因此无论从好的意义还是不好的意义上说，他都是一个典型的知识分子，他兼有知识分子的博学和聪明，却缺乏创造力、缺乏勇气和行动能力。

从这个意义上说，抱月是个典型的象牙塔里的人。比起野放在外而言，他更适合在大学这个围墙里，这样的话他身上的缺陷也不会那么明显。

在学校授课时，有时他会迟到。进了教室后，他懒洋洋地打开书本，然后再用扇子遮盖起自己的哈欠。可即便如此，他依然在学生中很受欢迎。有一次他甚至一走进教室就对学生说："我今天累了，让我先休息一下。"然后就在讲台上久久地用手撑着额头，好像在冥想似的。再有时他会突然问学生："研究文学到底有什么意思？"接着他就静静地听学生们自己发表议论。可以说正是他那种多思多想、多虑又多烦恼的样子迷住了本来就敏感的大学生们。

在早稻田大学，坪内逍遥宛如严父，而抱月却像是和学生们有着同样烦恼的兄弟。抱月与其说是一名教师，倒不如说是一个普通人，他时不时可以让人窥见他身上的各种弱点。即使他样子疲惫，他打哈欠，可其中却透露着知识分子所特有的倦怠气质。加上他那瘦弱的身材，一副弱不禁风的样子和低调的外表更能吸引人心。在文学系开会或者和学生一起聚会等场合，抱月总是一语不发。虽说他有着出色的评价能力和规划能力，可他总是默默地听着大家的发言，最后如果有谁问到他什么时，他这才言简意赅地回答几句。后来他被文艺协会驱逐，年轻人追问他原因，抱月作为当事人之一却说不出一句辩解的话，只是一味保持着沉默。当时聚集起来的学生们发表感想说："看着先生的样子叫人痛心，我们觉得不能弃先生于不顾,我们必须自己想办法。"

结果抱月的沉默寡言居然很像那么回事了,并且和他自己身上的知识分子气和倦怠气质颇为吻合。

松井须磨子被他吸引的第一个理由就是他那颇具知识分子味道的沉静。

文艺协会第二次内部观摩会所选择的演出剧目为《玩偶之家》。那是挪威作家易卜生的作品,一八九七年在哥本哈根首演以来在各地都有上演,引起了巨大的反响。

剧中登场的女主人公娜拉是一个出生于富裕家庭的千金。她在大人的宠爱中长大,此后嫁给了律师海尔茂。可不久丈夫患病,娜拉为了让丈夫换个环境去疗养,用父亲的名义借了高利贷。虽说她是出于对丈夫的爱才这么做的,可后来当事情暴露以后却使丈夫失去了在银行晋升为总经理职位的机会。失望的海尔茂训斥娜拉说"都是你毁了我一生!"。娜拉这才知道自己并没有被视为一个独立的个体,不过是作为一个美丽的玩偶受到喜爱而已。此后事件得到了解决,海尔茂对娜拉重又恢复了以往的关爱,可娜拉却失去了继续留在家里的心思。娜拉觉得自己首先必须做一个人然后才能为人妻,于是她毅然放弃了丈夫、孩子,离家出走了。

此剧描写了一个抛弃家庭和丈夫的女人,剧中的内容给当时的人们带来了难以想像的冲击力。如果能够在日本上演的话,势必会在热衷于女性解放运动和进步的文化人中间引起巨大的兴趣。

文艺协会从明治四十四年(1911年)九月二十二日起在观摩剧场连续三天上演了这出《玩偶之家》。娜拉由松井须磨子扮演,丈夫海尔茂由土肥春曙扮演,导演和翻译均为岛村抱月。

对于上次因上演了《哈姆雷特》而获得好评的文艺协会而言，《玩偶之家》是近代话剧能否在日本生根的试金石，也正因如此抱月将全身心都倾注于此次的舞台演出了。

排练伊始，首先必须对台词进行逐句修改。在书房里翻译出来的文字一旦拿到实际舞台上，在演员嘴里说出来时的感觉却完全不同。有的地方令人感到画蛇添足，有的地方节奏又过于慢条斯理。从娜拉和海尔茂的心理状态到各个场面的感情流变，剧本全都要从根本上加以探讨和修正。

当时的导演只对作品进行解释，对演出场面做一些抽象的说明，至于具体的动作、表情却不会进行详细的指导。导演看着演员们的排练，在一旁说一些诸如"这里主人公带着肝肠寸断的感情，不这么演的话不行。"等诸如此类的提示，而演员接受了提示后，便将自己设身处地放入剧中进行表演。虽说导演的指导是含糊不清的，可这样反而能让演员更好地发挥自己的创意和想法。须磨子在表演任何一个场面时都会自问：如果自己的话这时会怎么样？然后才进入表演状态。当然她根本不懂那些难解的表演理论，不过是拼命将自己变成剧中人物进行表演而已。所幸的是，曾经和前泽诚助的婚姻给了她一次很不错的经验，使她能够将自己曾经有过的婚姻经历发挥在这次角色中。虽说娜拉生活富裕，可她却毅然为了自立离开了丈夫，这点和当初与诚助分手时的须磨子很有相通之处。

《玩偶之家》的表演要求须磨子在舞台上几乎从头活跃到尾。

与《哈姆雷特》中的奥菲利娅全然不同，这次彻彻底底的是由须磨子主演的舞台，因此她的台词量也相当庞大。

排练规定从上午十点开始，但须磨子每次都提前一个小时就到了排练场,独自开始练习。她提前来的目的并非只是单单背个台词什么的,她让自己和在舞台上演出一样地进行台词训练,也就是说是相当正式的排练。就因为如此,每次排练结束她的声音都会变得沙哑。

结果她花了五天不到的时间就记住了所有的台词,到第十天时就连和她演对手戏演员的台词她也全都记住了。如果对方说错了台词,她甚至可以纠正了。

排练时并没有规定应该穿什么样的衣服,因此须磨子总是身穿一件褪了色的浅枣红礼服,在六间宽,四间深的舞台上四处跑动。来观摩的人起初会以为这个在舞台上到处乱跑的女人是不是疯了。当须磨子大声喊叫出台词时,她那夸张的表情和声音不禁令一部分人笑了出来。可人们立刻发现她是如此专注于表演,最后观摩的人一个个都被她在舞台上的热情所打动,回去时带着钦佩万分的心情。

须磨子的热情也感染了她身边的演员们,甚至连抱月都受到了她的感染。

起初抱月只是在来大学讲课时才顺便到排练场做一下指导。排练到中途,他也从早到晚每天都会来到排练现场。他的头脑里只剩下排练的事了,甚至晚上睡在床上也在考虑某句台词的长短啦,舞台服装啦,小道具啦等等。而须磨子也是在睡觉说梦话时都会因说出了娜拉的台词而使自己跳了起来。为了完成出色的舞台表演,两个人的热情结合在一起熊熊燃烧了起来。

但要将《玩偶之家》搬上舞台还有一个难题,就是在第二幕表演中,有一段占据很重要地位的"特兰特拉之舞"一场戏,可谁都不知道这个舞蹈该怎么跳。抱月留学时虽曾一度看过这个剧目的表演,可要让他自己亲自编舞就没有那个自信了。如果这个剧曾搬上过银幕的话还可以拿来模仿一下，可并没有电影可以参考。无奈他们只得先跳过第二幕，从第一幕一下子跳到了第三幕。对本剧而言第三幕是娜拉出走的重要部分，只要有了这幕的话，大体上的轮廓也就有了。不过即使如此，跳过了第二幕后总还是觉得有些唐突，于是他们想出了一个苦肉计，即在第一幕和第三幕之间由抱月站在舞台上叙述一下第二幕的内容梗概。

如此这般他们迎来了内部观摩会的首场演出。观摩会场共有六百个观众席位，座位全都坐满了。其中大部分都是和戏剧有关的人员，还有报纸、杂志的记者、早稻田大学的有关人员等等。

如果对这次演出的评价不佳的话，那么这两个多月的努力可算是白费了。一向冷静的抱月此时也显得相当紧张。

此刻我的手边就有当时川村花菱发表在《歌舞伎》杂志上的剧评摘要。

"娜拉是三个孩子的母亲，虽然女演员的表演不少地方姑娘味浓了一点，但她说的台词相当地道。随着剧情的逐渐进展，我发现能从日本本土出身的女演员口中第一次听到说得如此自然的台词是多么快慰啊。当然这是松井须磨子女士勤奋刻苦的结果吧。我觉得在她的表演中看不出岛村先生和中村先生导演的力量在她身上起了多少作用。首先因为她的台词讲得是那么自然，她所念的所有台词不仅合乎情节，而且全然没有通常女优所必然带有的那令人讨厌的地方口音，在这点上她比任何其他演员都胜出了好几筹，因此补偿了她表情、动作相对较为贫乏，没有深度的缺陷。第三幕在逼丈夫离婚一场，剧本中的台词一字一句相当有分量，她在这个重点处的台词表演相当成功。虽说她的表情和动作尚有不足，但却通过说台词而将感情充分地表达了出来。另外当娜拉带着那难以用语言表达的温柔又寂寞的心情，对曾经如此关怀自己的丈夫表达她的感谢那场戏，须磨子的表演不禁令人潸然泪下。这完全是出于须磨子女士表演的力量。"

这仅仅是一个例子而已。总之她获得了好评,尤其是第三幕高潮戏受到的赞赏最多。光这点就可以说这次演出是成功的。

不过正如哪里都有会想法乖僻,心怀偏见的人那样,也有人对此次演出进行了严加批评。什么"扮演娜拉的须磨子再怎么样也是日本女人,根本不像一个西洋女子。"、"虽说(须磨子)有才气,但她的表演中混杂有演技不纯之处,看起来很轻佻。"等等。

前者的批评可以针对所有的西洋翻译剧,那是一个基本的共通点,用此来指责须磨子未免过分了。而后者更可以说是根据作者自己对须磨子和抱月之间关系的随意推测而故意做出的恶意评论。

撇开一部分评论不说,总体而言演出获得了好评。帝国剧院再次提出了《玩偶之家》舞台公演的申请。

本来协会将这次舞台演出定位于一次非公开的汇报性演出。可是通过协商他们还是答应了帝国剧院的公演申请。

这次演出是研究所创立两年多来取得的最令人惊讶的成果,可与此同时却也是造成以后协会分裂的悲剧起因。

二

《玩偶之家》在帝国剧院公演期间为明治四十四年(1911年)十一月二十八日至十二月四日的一周时间。角色分配还是和上次非公开演出时一样,娜拉由松井须磨子扮演,海尔茂由土肥春曙扮演,阮克由森英治郎扮演,柯洛克斯泰由东仪铁笛扮演。导演当然还是由岛村抱月担任,只是这次将上次省略的第二幕重新加了进去。此幕中的"特兰特拉舞"是一个难关,因此这次剧团请来了一位叫米克斯的外籍舞蹈老师,在他的指导下想方设法补上了这一幕。这样一来从第一幕到第三幕情节更为合理顺畅了,演员们对角色也进行了更深一层的研究,因此舞台比上次显得更加紧凑,也更加完整了。

不出所料,帝国剧院的公演引起了巨大反响。七天的演出,场场爆满。演出结束后,大阪中座剧院和角座剧院都向协会提出了各为期一周的公演申请。

"长时间的对白却丝毫不令人感到厌倦。虽说我们不了解真正的特兰特拉舞是怎么跳的,但这段舞蹈表演能让观众清楚地感到女主角的疯狂。在表演清醒时的主人公时,须磨子所扮演的娜拉不过始终在舞台上站着而已,可却也受到了欢迎。这不是随便哪一个日本的普通演员就能做到的。"(《大阪朝日》报)

"松井须磨子在整个三幕戏中几乎场场出演,虽然她不停地在说台词,可她那毫不松懈的表演让人不得不惊讶于她的精力旺盛了。她说的台词清晰准确,表情丰富多彩。"《京都日报》的评论都对她赞不绝口。

在东京和大阪的公演中须磨子的舞台表演几乎毫无二致。正如此后人们所评价的:"须磨子的演技无论是第一天还是最后一天都是一个样",她的表演始终一丝不变,宛如开在轨道上的列车,准确无误。须磨子自己曾对记者说"演员一旦站在舞台上,表演就不能起伏不定。"这也是她彻底地谙熟了表演后才有可能说出来的充满自信的话。

确实,须磨子的演技并非是靠头脑或者凭着小聪明学来的,她完全靠着反反复复地不断练习,她是用自己的身体来记忆的。换句话说她的演技已经渗透进了她的身体。当幕布拉开后,她的身体自然而然地就动了起来,须磨子的全身也顷刻之间全都变成了娜啦。而这个娜拉是须磨子和抱月共同创作的。后来有人说"看着舞台上的须磨子，却宛如觉得是抱月在表演"。他们两人合作的最初结晶就是娜拉这个角色。

东京、大阪连续演出过后，好评如潮。须磨子扮演的娜拉的人生态度也成了当时的热门话题。对于尚处于封闭的封建意识控制中的女性而言，离家出走的娜拉无疑成了新时代到来的象征。妇女解放运动者们支持娜拉的人生态度，当时"从封建的玩偶之家出走"、"我们要做娜拉"等口号风靡一时。《青鞜》杂志为娜拉编了特集。娜拉为新的女性解放运动点燃了火焰，而扮演娜拉的须磨子似乎给了人们先驱者的印象。

由此须磨子也一举成了代表新剧表演的明星人物。文艺协会也取得了近代话剧的中心地位。

协会得到了意想不到的好评，于是决定在有乐座上演苏德曼的《故乡》，还有萧伯纳的《命运之人》、《回忆》等等。尤其《故乡》是协会自主经营演出的，在上演的十天中，有七天的预售票告罄，而所花的总经费五千日元在头天演出时就收回了，这票房业绩着实令人诧异。

文艺协会再也不是以前那个不过是在协会的实验剧场小零小碎地演个什么东西的剧团了。戏迷蜂拥而至，连喊着"须磨子"的名字，他们鼓掌喝彩，当时的文艺协会已经成了可以和传统歌舞伎相抗衡的新型戏剧团体了。

然而在如此昌盛的同时，剧团却切切实实地走向了崩溃。

其中的理由之一就是他们在所演剧目被众人接受，受到舆论高度评价时，演出便自然而然地转向了以大剧院演出为中心了。这样一来，以前曾在实验剧场进行的质朴、短小的剧目就不再那么容易上演了。同样的公演还不如上演那些篇幅宏大、能吸引大众的剧目。因此演出计划也自然而然地开始重视大众性而非以前始终推崇的艺术性了。更有一个出人意料的原因，曾经不过是一名在协会毕业的演出人员，可在不经意间突然成了大明星。剧团出了大明星本身并非坏事，因为出了明星才能吸引观众，就能繁荣协会。可同时在演出人员之间却出现了差距。曾和大家一样是个研究生，吃着同一锅饭的同伴里突然出现了明星和非明星之别。当然明星就会受到优待，而配角则常常被冷落。

虽说随着协会的成长这是迟早会遇到的问题，可问题的出现过早也过于突然了。在协会和演员们都没有做好心理准备的时候，他们就遭遇了这一严峻的问题。

在人气和实力都出现差距的同时，协会成员们能够靠演戏而自食其力这点更使问题走向了复杂化。以前大家都光想着学习近代话剧，连做梦都没想过可以靠这个吃饭，大家曾仅仅把舞台当作教坛的延伸而已。而一旦得知演戏可以赚钱后，大家都开始考虑如何将演出搞得更为华丽、更能获取利益这一目的了。

这和随着经济成长而逐渐丧失了人与人之间团结的当代人类似。

总之这一倾向与逍遥所倡导的"游于艺"和"艺术即认真"的方针相悖。当然协会的成员们都以认真从艺为自己的目标，可其中却渗进了收入和人气等世俗的杂质。这样一来团员们自然就开始考虑如何才能一举获利了。他们不再专心琢磨扎扎实实的艺术创造，而只顾考虑如何获得大众的好评和人气了。

从此文艺协会便陷入了崩溃的开端。对剧团而言，快速成长的结果带来了整体统管的混乱，逍遥再怎么试图收回大家的心思，可要让曾尝到过甜头的成员们回到原来的出发点已经很困难了。

在《哈姆雷特》、《娜拉》公演大获成功的同时，松井须磨子一下子博得了压倒多数的人气。在新剧这个领域，她连续成功扮演了奥菲利娅、娜拉等叫座的角色。尤其是娜拉，作为新时代的女性代表受到了世人的瞩目。

明治四十四年（1911年）十二月，《哈姆雷特》在东京的公演结束后，文艺协会立刻制定了新的被称为"技艺员规章"的制度，须磨子和森英治郎、加藤精一、佐佐木积等人一起被选为新的"技艺员"，"技艺员"用现在的话说属于准干部级别。这也表明研究所的所有成员再也不能被统称为一般"所员"了。

内部的称呼调整后，协会在翌年即明治四十五年（1912年）五月第三次在有乐座公演了苏德曼的《故乡》，翻译和导演依然由抱月担任。

这次公演和逍遥所希望的连续公演莎士比亚四大悲剧的方针相悖。虽然逍遥并不接受这个剧目的演出，然而《娜拉》的成功使大多数剧团成员们觉得莎士比亚的古典剧目多少有些古旧，因此产生了要把精力集中于能引起现代人共鸣的新剧目的想法。而会长逍遥也不得不服从大家的愿望。

《故乡》的角色安排是须磨子扮演主角马葛达，修瓦尔泽由土肥春曙扮演，冯·凯勒博士由东仪铁笛扮演。虽说土肥、东仪等人也是干部级别的人物了，但显然这次舞台完全是要靠须磨子的旺盛人气的。

须磨子并没有辜负众人的期待，这次的演技又获得了好评。

"须磨子所扮演的马葛达比起扮演娜拉时显得更为优雅，并且舞台规模也更大。充分体现了风靡一时的名伶风采。马葛达背负着义务和道德的诅咒，同时对父亲和妹妹又充满温情。须磨子自如地表现了这两个矛盾的方面。"

这是刊登在《都新闻》报上伊原青青园写的评论，伊原曾经是须磨子刚进研究所时教国剧史的老师。这位恩师使用了"名伶"这个词。只要从这个词中就可以看出须磨子那时已经成长为一个多么有名的演员了。

次月，协会又在实验剧场上演了萧伯纳的《命运之人》。

当初协会的方针是仅在小剧院表演颇具艺术性的作品，可结果却变成了在大剧院公演的间隔才在实验剧场演出颇具艺术气息的作品这种形式了。这次作品是由楠山正雄翻译的独幕剧。本剧亦由须磨子担任主演。她演了一位长相古怪的贵妇人。

对于此次演出有如下评论：＂须磨子那巧妙的说台词功夫、丰富的表情，还有那段将乃翁搞得烦躁不安的表演着实让人感到痛快。＂(《中央新闻报》)

但整体而言，表演并没有带来多大的反响，经济上更是全面赤字。

当时无论是演员还是观众的趣味都已转向在大剧院上演大部头的作品了。

接着协会带着《故乡》走上了去大阪帝国座、京都南座和名古屋御园座巡回演出的旅程。

这时的须磨子已是骨干，虽说在协会她不过还是个技艺员，但实际上她的地位却已经差不多相当于一座之长了(即剧团团长)了。《故乡》本身又是一部以须磨子为中心的舞台剧，而几乎所有的客人都是冲着须磨子而来的。

这时不仅布景师、小道具师、招揽顾客的宣传员等，连研究所二期生以后的人员都称呼须磨子为＂先生＂了。不过和她同期的同学怎么也叫不出口，都只是称她为＂松井君＂或者＂须磨子君＂。尤其是和她共演的东仪铁笛和土肥春曙都曾是须磨子的老师，他们更是为难。不过现在这两位经验丰富的演员也只是衬托须磨子的配角而已。

须磨子和其他演员之间无论在人气还是在演技方面所拉开的距离已

经是不可争辩的事实了。而且随着公演反复不断地进行，他们的差距更为显著了。

光说后台的演员准备室，须磨子就占据了一间最大的房间。不论是朗读剧本，还是舞台排练，只要须磨子不到场就无法进行。

热衷于表演艺术的须磨子从来就不会迟到，她总是先来后独自开始练习起来。她要是对自己所表演部分的排演得还不够满意，即使一起排练的对方觉得太晚想回去的话，只要须磨子说声"还要练"，他们便不得不继续练下去。午饭也是要等须磨子的练习告一段落后才可以去吃。总之排练全都以须磨子为中心进行。

须磨子不仅对自己所扮演的角色，而且对其他的角色都要提出她的种种意见。虽说出发点是为了演出更加完善，可别人听了她的批评却并不愉快，甚至还会使有些人生气。他们觉得又不是正式演出，何必要她如此多管闲事呢。不过却没有人敢当着她的面顶撞她的。当然那是因为须磨子说的本来也有一定的道理，再则谁要是和她顶撞几句的话，反而会得到她更加强烈的反驳。

协会的骨干分子们对须磨子的纵容也助长了她的任性妄为。

早在《玩偶之家》排练那时，东仪就开始主动接近须磨子了。

对东仪而言，最初须磨子不过是一个研究生，可现在却成了背负着整个协会的希望之星了，如此一看她也就显得充满魅力起来。作为声乐讲师的东仪，在须磨子排练奥菲利娅的疯狂之歌那部分时，他曾对须磨子进行了个别指导，因此对她怀有特殊的亲近感。本来须磨子在穿着方面就毫不讲究，在两个人夜间单独排练时，她也是毫不在意地敞开胸怀，张开双臂尽情地演唱。排练结束后她更是一屁股往地上一坐："累死我啦，老师，帮我这里揉揉。"然后伸出自己的肩膀。而每当这时，东仪既觉得有些不好意思，同时也觉得很欣喜。当然须磨子也很清楚地知道东仪对自己抱有好感。

须磨子本能地懂得怎样的男人应该怎样对付才能对自己有利。她是个善于利用各种不同男人的女人。东仪是协会骨干成员中唯一一个对近代音乐有所研究的人，也是须磨子的主要对手戏演员，把这样的男人拉拢在自己身边是没有什么坏处的。从这点而言，须磨子对东仪这么做与其说是出于爱情，倒不如说是出于算计。

不过男人却不会这么以为。东仪觉得须磨子对自己做出的各种亲热行为完全是出于她对自己怀有好感。在排练《玩偶之家》中的特兰特拉舞时，东仪始终陪伴在须磨子左右照顾着她，因此他对须磨子抱有好感这点在协会中也是出了名的。

协会里还有其他几位男性。但东仪留着胡须，大眼睛、高鼻梁，是个典型的美男子。虽说土肥长相也很帅气，可东仪更是体格魁梧、风度翩翩。加上当时他在日本全新的西洋声乐上的造诣，光这点就是一个大大的亮点了。

明治四十五年（1912年）三月，《玩偶之家》在大阪中座公演结束的那天晚上，大家在大阪的南区一带边喝边走，可此后回到旅馆的东仪潜入了须磨子的房间。在道顿堀附近的一家旅馆里，剧团的其他成员都是几个人合住一间房间，可须磨子因为是主角，而且又是女性，因此不和大家住在一起，单独住一个房间。

东仪摸进房间来时，须磨子刚穿上睡衣钻进了被窝。她听到脚步声，问了声"谁呀？"，东仪并不作答，却如影子似的闯了进来，突然抱住了须磨子。

"你干什么呀……"须磨子叫出声来。但立刻她发现那人是东仪。在平时的排练或者舞台表演时两人就常有身体接触，因此光从抱的感觉上她就知道那是东仪了。须磨子反抗着，可喝得醉醺醺的东仪将全身都压在了她的身上。此时的须磨子不仅穿着睡衣，而且还敞开着前胸，粗壮的大腿也全都暴露在外。

"你到底要干什么……"

须磨子被压在身下，当她知道那是东仪后，却比东仪更加沉着。

"是我，求求你了。"

东仪一边将头埋在须磨子的胸口，一边恳求道。此时此刻他的样子像是一只偷偷摸摸的可怜小猫，哪有一点老师或协会骨干分子的威严，甚至还带着一股少年般的倔强。

"我喜欢你，我喜欢你。"

东仪一边嘟哝着，一边将她的身体压得更紧了。

须磨子当时如果想寻求帮忙，一定会有办法的。虽说房间不同，但日本的旅馆只要声音大一点的话，其他房间的人谁都有可能赶过来帮忙。须磨子清楚地知道这点。不过她也没有忘记自己是扮演《玩偶之家》的主角，是明星。如果当时把人喊过来的话，事情就会搞得尽人皆知，东仪是不用说了，就连自己也难以简单了事的。尤其是对男女之事极为严格的坪内先生，她再怎么辩解也是无济于事的，搞不好两个人同时被勒令退团也未可知呢。

与其丧失自己好不容易得到的地位，还不如随了东仪才是上策。须磨子觉得如果那个人是其他男人的话她不知会做出什么事来，可那是东仪，因此她觉得给他一次也未尝不可。自己虽谈不上喜欢他，可他一直以来都对自己那么照顾，那么关心。虽然喝醉了酒钻进自己的房间未免有些胡来，可他也并非是个坏根坏底的男人。须磨子虽然不愿意给过他一次后，将来他对自己的态度变得随随便便起来。不过话说回来，自己说不定也恰好可以利用这个关系呢。

那天须磨子自己也喝了些酒，身子十分倦怠。加上她也很久都没有这样被男人如此不顾一切地拥抱着了。此时须磨子体内的热血也涌了上来。

"不行，你走开呀。"

须磨子虽然反抗着，可那不过是她决定将自己的身体给东仪后而故意做做样子罢了。东仪一边用左手紧紧抱住须磨子的手臂和肩膀，一边用右手打开了她睡衣的前襟。须磨子的耳边感受着他那气喘吁吁的气息，并能感觉到东仪的手因兴奋而颤抖着。

无疑东仪是做好了被开除的准备才偷偷溜进来的。须磨子与其说是被东仪这个人本身所感动，还不如说是被他那敢于冒险、勇于挑战的热情所感动。东仪在知道须磨子也并非真心抵抗后，更是强行将嘴唇压在须磨子的嘴上，并将身体更重重地从上压了下来。

须磨子此时一言不发，只是被动地接受着一切，她宛如是在犒劳因兴奋而失去了平静的东仪。

对于须磨子而言，这是和丈夫分手两年后才第一次有的性行为，她也全身汗津津的，可却并未感到丝毫的愉悦。

终于东仪精力涌尽了，他突然老实得像个孩子。

"是我不好……"

须磨子依然一语不发。于是东仪说了声"对不起"，便逃也似的溜出了须磨子的房间。可一出门就在走廊上遇到了同样是协会会员的广田。

东仪慌忙避开了他的视线，那态度显然表明自己做了亏心事。

于是广田就将东仪半夜三更从须磨子房间慌慌张张出来的事告诉了

住在同房间的人。

"也许是他偷偷钻进了须磨子的房间呢。"

一夜之间，这一流言就在会员中间传开了。

会员之间的恋爱无疑是被禁止的。逍遥的方针是只要发生了恋情，总有一方要被宣布退团。

三

大阪巡演时东仪在旅馆里勾搭了须磨子的绯闻在剧团回到东京后更是传得沸沸扬扬。东仪铁笛很有可能做那事。不，一定是须磨子勾引了他。各种揣测纷纷扬扬。可两个当事人却一副事不关己的样子，对传言根本就满不在乎。不过当一有人说到东仪的事，须磨子便摆出一副满脸的不悦扭过脸去，东仪也只是嘴角浮出一丝浅笑，好像在说你们这些人要怎么想像就请便吧。从他们这两个人的态度中，大家又是一阵胡猜。什么东仪成功地霸占了须磨子，而她还在为那事生气呢等等。

当然绯闻也传到了抱月的耳朵里。

负责大阪公演的抱月相当于事实上的座长（即剧团团长）。如果东仪和须磨子的绯闻属实的话，在风纪上是绝不允许的。因此作为负责人对他们必须做出一个什么处理的决定来。

可抱月却似乎只在考虑着什么，并没有作出任何决定，照例表现出一副知识分子所特有的消极态度。本来抱月就是一个难得大声发火的男人，在指导排练时，大家也只是从他的表情、态度来揣测自己做得对还是不对。知识分子那特有的暧昧气质令他失去了追究这个问题的魄力。

况且，东仪在研究所刚成立时就是讲师，现在又是协会的骨干。虽说抱月相当于团长职位，但东仪也不是他随便就可以加以盘问追究的人物。无奈抱月只好将须磨子单独叫到了自己的办公室，问了一下情况。这次谈话也远远谈不上追究，不过是在说其他什么事情的同时顺便问了一句："听说有这种传闻……"

须磨子立刻浅浅一笑，说道：

"为这种事情而神经过敏，这可不像先生您那。"

抱月不知其中真意，显出一副懵懵懂懂的样子。须磨子突然端坐身子，正面直视着抱月。

"我很尊敬先生，而如此尊敬先生的我难道会做出如此不检点的事情来吗？先生难道还不能相信我吗？"

这一句话使得抱月放弃了继续追问的念头。

早在以前抱月就对须磨子怀有好感，至于从何时开始这点他自己也不是很清楚，也许是从《哈姆雷特》公演那会儿起吧。须磨子在排练时常常敞开前胸，声音激越，身上总是穿着那件条纹花样的铭仙绸布和服。赤裸的双脚趿拉着一双木屐，全然一副满不在意的样子。同时她那略显高大的身材也给人一种粗野的感觉。

可一旦站在舞台上，她的全身便会散发出一种平时所无法想像的美丽。只要她一出现，舞台上立刻就变得华美起来。有的演员在排练时可以发挥出十分的表现力，可一旦站到舞台上却只能发挥出七、八分，有的甚至只能发挥一半。相反有的演员在舞台上却能发挥出平时的十二分、十三分的表现力。显然须磨子属于后者，她在舞台上常常比平时加倍耀眼。

抱月赞叹于须磨子奥菲利娅的演技，因此他又让须磨子主演了下一部戏——《玩偶之家》。"要演绎一个从平稳安宁的小家庭出走的主妇非她莫属了。"当抱月如此感到时,他的心中就开始有了须磨子的存在了。

可在恋爱上谨慎而胆怯的抱月觉得自己对须磨子的兴趣不过是建立在一个导演对于女主演的期待上,没有任何其他更进一步的想法。当然那样也就是和恋爱无缘的一种感情了。

可越是拘泥于这种关系,就越说明他对须磨子是相当介意的。无论他如何试图在头脑里做出一个什么理智的解释,恋情却已经自然表露在外了。直觉敏锐的须磨子在接到娜拉这一角色时就看穿了抱月的心。

岛村先生对我有意……

当须磨子想到抱月正在舞台的一侧紧盯着自己,于是她表演的热情便更加高涨了。

要说须磨子和抱月哪个先对对方感兴趣的话,应该说是须磨子在先。因为从须磨子是学生而抱月是老师这点看那也是自然而然的事。

和令人畏惧的、严父般的逍遥,还有爱过分表现自己的东仪或者土肥相比,抱月总是显得很低调,上课时当遇到他自己也不明白时,他会中断上课,独自思忖起来。有时还会显出一副随随便便的神情,叹一口气,表现出满脸的孤寂来。那种充满忧郁的知识分子气质正是须磨子所喜欢的,要让自己不去在意也不知不觉地就在意起来。

可抱月看起来像是一心做学问,对女人似乎毫不感兴趣。他的那种死心眼更能撩拨女人的心。

《玩偶之家》公演结束后,须磨子突然变得大胆起来。有时在排练的间隙,她会一屁股往地下一坐,说:"哎呀,老师帮我揉揉这儿可以吗?"然后向抱月伸出自己的肩膀来。抱月虽然踌躇,可也只好环视一下四周,然后满脸尴尬地轻轻将手放在她的肩上。团员们只装作没看见,一个个走开去了。等房间里只有他们两人时须磨子更是敞开胸部,"哎呀,老师,再用点力气嘛。哦，对，就是这里。"

为须磨子揉着肩膀的抱月能清清楚楚地从敞开的领口看到她那圆润的乳房。坐在地板上的须磨子将下半身的裙子撩起，露出她那雪白的小腿。揉到一半时她还会说"先生的手法真是不行，揉的时候应该这样的。"说着便反过来替抱月揉磨肩膀。

虽说这些看似他们在排练间隙的无关痛痒的逗趣，至少须磨子是采取了这种态度的。

不过抱月却做不到这点。他触摸着比自己妻子小十岁的女子肌肤，还窥见了她的乳房，他所遭遇的心动是无法简单平息的。

须磨子让男人给自己揉肩也并非只限于抱月，还有其他一些男人。有时她还会说："你看这里都那么脏了"说着便撩开长长的和服衬衣下摆让身边的男人看。所以也并非只有抱月才受到过她的这种特殊对待。

这点正是须磨子的巧妙之处。她一方面要让大家承认她和抱月的亲密关系，另一方面又试图表明他们的亲密也仅仅局限于师徒关系。须磨子再怎么有魅力，大家也认为忠厚老实的抱月是不会对她倾心的。且不说花花公子的东仪会怎么样，至少大学教授抱月是不可能迷恋上女优须磨子的。

不过东仪靠着恋爱中男人的本能感觉到抱月和须磨子之间渐渐出现了一种危险的征兆。表面上他们是导演和女演员之间的亲密关系，可在内心里他们相互尊敬，相互信赖。不能断言说他们的这种感情就一定不会发展为肉体关系。

对于长相帅气，又有强烈自我表现欲的东仪来说，须磨子如果被抱月抢走的话就太屈辱了。好端端一朵美丽的鲜花却被一个样子阴沉的大学教师抢走了，这让他无法忍受。

《玩偶之家》从公演那会儿起，抱月和东仪就显然是竞争对手了。两人都是成年人，表面上不会表现得那么露骨，可作为同是恋爱中的人，他们凭着直觉就意识到了对手的存在。

此外还加进了另一个人，那就是一个叫酒井谷平的医生。他从协会创立当初就是有力的投资人，作为剧团的外部人士，他和抱月、东仪相比能见到须磨子的机会少得多，但相反他却有一个可以堂堂正正和她交往的优势，严格的风纪上的制约对他也不适用。

显然酒井是为了追求须磨子而接近她的。公演时，他每晚都出入须磨子的后台化妆室，他请须磨子一起共进晚餐，还不惜重金送豪华礼物给须磨子。

另外还有土肥、同年级的上山等等，对须磨子怀有好感的男人着实不少。

为什么须磨子能如此吸引男人呢？仅就容貌而言，同年级的河野千岁可以说比她漂亮。须磨子的脸盘胖墩墩的，虽说经过整容，鼻梁是笔挺了，可她的眼睛却是一副细长的肿泡眼。加上她身材高大，动作又粗野。同时她性格倔强，什么事情又都要按着自己的意思办。从当时的观念看是一个不怎么像女人的女人。这样的须磨子，她吸引男人的最大理由当属她一夜之间成了大明星这点了。扮演了《玩偶之家》中娜拉的须磨子，如今成了协会的顶梁柱，是招牌女优了。无疑男人谁都会有想独占这样一个女人的欲望。而且须磨子一旦站在舞台上看起来就比平时任何时候都美丽得多，作为一名女优的存在感自然而然地在舞台上渗透了出来。可以说她是一个舞台形象尤为突出的女优。

再则须磨子一旦离开舞台后，就会作为一个女人而轻松随便地去接近男人。她的样子显得如此毫不设防，令人在一旁都会为她捏一把汗。似乎她随时都会被其他男人抢走,这种不安更是撩拨着男人的心。

自从《玩偶之家》走上了去大阪演出的旅程,围绕着须磨子的男人基本上就集中到抱月、东仪和酒井三人之间了。虽说对她怀有恋情的还有其他男人,不过从第三者的角度看,只有他们三个是站在同一条起跑线上的。

正是在这种状态下,东仪在大阪的旅馆里侵犯了须磨子。东仪担心再这么下去也许须磨子就要被抱月或者酒井抢走了。正是出于这种焦虑才使东仪做出了如此强行的举动。

当然须磨子也知道三个男人对自己怀有好感。抱月在充满理性的压抑下所透出的温情也不错;东仪那男子气的积极主动也不错;而酒井谷平的丰厚财力同样充满魅力。

虽然在当时东仪看来是抢先一步获得了成功,实际上东仪也以为是自己取胜了。他本以为须磨子会更竭力地抵抗,可令人意外是她却轻易应允了自己,过后也没有任何一句责怪的话。东仪从自己以前的经验以为女人一旦将身体给了你,此后便自然而然地会跟随你了。

可这次的情况却有些不同。须磨子确实是将身体给了他,可翌日早晨见到东仪时依然与平时没有任何异样,一副若无其事的样子,照旧和他打个招呼。并没有显出比以前更亲热一点,也没有显出疏远冷淡的样子。倒是东仪一副张皇失措的样子,连脸都红了。

即使那样东仪还是以为那不过是须磨子逞强,身体被霸占后依然勉强装作平静而已。因此他以为只要两人能有机会单独谈谈事情就会不同了。东仪悄悄等待着时机。《故乡》在大阪的公演结束后,协会接着准备出发去名古屋。名古屋公演在御园座,演出预定从六月十九号到二十八号。在出发去名古屋前的那天,东仪在旅馆的走廊里遇见了须磨子,于是对她说：

"我想两个人单独见个面，今晚怎么样？"

"不行。"

须磨子的回答冷淡无情。

"你还在为上次的事生气呢？"

"我为什么要生气？"

"那么我们就约个时间吧，今天下午或者黄昏都行。在旅馆里会被人看见的，我们就去梅田或者道顿堀，去哪里都行。"

"不行，今晚我要和岛村先生一起吃饭。"

"和岛村先生？"

说完，须磨子便匆匆离去，令东仪无法进一步接近。

须磨子宛如嘲笑东仪的焦躁一般，在从大阪去名古屋的列车里，她始终紧挨着抱月身边坐着。

"老师，在车里我们坐在一起吧。"

是须磨子说出要坐在一起的。

以前在长途旅行时，女性总是和女性坐在一起。可她突然提出要和男士一起坐。

"女人坐在一起总是讲一些无聊的话，反倒累人的很。"

须磨子看到抱月犹豫不决，于是更干脆地说：

"作为座长先生的您和女主角坐在一起不是理所当然的嘛。"

抱月沉默不语。列车靠站了，须磨子占好座位，然后便一个劲"老师，老师……"地直喊着抱月，同时她又让随从人员繁代坐在前面空着的座位上，就他们三人占据了这排座位。

剧团成员们万分惊愕地看着他们，抱月不好意思地一会儿看着窗外，一会儿又低下头去，可须磨子却兴高采烈的。列车开动了，须磨子旁若无人地紧靠着抱月和他讲话。抱月很在意别人的眼光，将身体缩了回去，可须磨子更是靠近过来。

车到中途，大家买了车站的便当。须磨子则麻利地将自己的手绢铺在抱月的膝头，帮他打开木质的便当盒。起初还显得犹犹豫豫的抱月，此刻也渐渐大胆起来，快到名古屋时他的紧张已完全消除了。

须磨子从车窗外的风景说到自己的故乡松代，又说起自己孩提时代的记忆等等，虽说都是些微不足道的话题，可两人却谈得兴致勃勃。偶尔有人从车厢的走廊走过时好奇地看着他们俩。因为当时即使是恋人或者夫妻也很少有在车厢里紧挨着一起坐的。终于须磨子讲话讲乏了，于是便将头枕在抱月的肩头打起盹来。而这时已大胆不少的抱月也并不推开须磨子的头，只是任凭她靠着。

两人的亲密在到了名古屋后依然持续着。排练时自不必说，在公演的间隙两人也几乎始终呆在一起。

有一次须磨子在后台化妆室里化着妆，突然冲着抱月要求接吻。

"这怎么……"

看到抱月犹豫着，须磨子往旁边扭过脸去说："快点，不趁现在的话，过后我可不管了。"

抱月被催促着只好环视一下四周，发现并没有其他人在场后，便别别扭扭地和须磨子接了吻。须磨子说"这太奇怪了"于是笑了出来。有一次两人在接吻的当口刚好被繁代撞上，结果她手中端着的一盆热水泼了一地。

在旅馆里时，他们两人也常呆在一个房间里。那几乎都是须磨子悄悄钻进抱月房间的。虽说须磨子看上去任性大胆，却意外地有着喜欢照顾人的一面。有时她会为抱月倒茶，有时又说女服务员卫生打扫得不干净而亲自拿起抹布擦拭。当她回自己房间后，有时还会拿上抱月的和服裙裤铺在她的铺盖下睡觉的。

在别人看来，似乎还以为他们两人已经有了肉体关系呢。可其实须磨子和抱月始终保持着相安无事的状态。

"老师真是叫人着急啊。喜欢的话就按自己喜欢的做好了。"

须磨子还公然这么说过，曾令在场的人大吃一惊。

总之，自从走上巡回公演的旅程后，须磨子和抱月的亲密关系就成了公然的秘密了。

团员们对两人的快速接近感到惊讶不已。

可导演和女主角超越工作关系而相互接近也是自然而然的结果。加上对于须磨子的爽朗而言，抱月的阴郁性格或许刚好很相配呢。再则事实上，东仪冒犯了须磨子这件事也成了一个契机。虽说须磨子自己并不喜欢他，但给过一次身体后，一不注意就真有可能成了东仪的女人了。如果真是那样的话，还不如和抱月走近些更合适。考虑到自己是要靠女优为生的，因此抱月远比东仪对自己更为重要。自和东仪之间的传闻沸沸扬扬后，须磨子的心更明确地倒向了抱月。

四

明治四十五年（1912年）七月三十日明治天皇驾崩，改年号为大正。从大正元年七月三十日起过了五个月就是大正二年了。

这期间文艺协会遭受了巨大的冲击波。毋庸置疑，那便是抱月和须磨子的恋爱问题。

对于提倡"游于艺",并打算在严肃风纪问题的同时展开新话剧运动的逍遥而言,两人的恋爱彻底颠覆了他的意图。

本来逍遥以为只要对研究生之间的男女交友进行严格控制的话,在风纪问题上就不会出什么大的纰漏了。可这次却是协会的指导人员和研究生之间的关系。而且一方是逍遥一手培养起来的自己最为喜爱的弟子,另一方又是背负着协会重任的人气女优。

绯闻传到如此程度,本来立刻就要宣布开除这两个人的。可现在协会如果失去了他们的话,就会危及协会的存亡。另外,除了这个棘手的问题以外,抱月和东仪的不和,还有协会创立时的骨干人员东仪等人和一期生之间的对立也浮出了水面。而且在一期生中有一批人还不满协会对须磨子的过分倚重。再有一期生和两期生之间围绕配角问题也出现了对立。

协会内部的这些对立甚至波及早稻田大学。有一批文科系的少壮派人士将逍遥的话剧意图通俗化,试图支持抱月的活动也浮到了表面。而法学系学生对此的反对犹如火上浇油。

作为最高负责人的逍遥陷入了极大的苦恼。

如果问题光是抱月和须磨子的恋情的话还好对付,可如今协会内部的对立已经发展成了早稻田大学内部的对立了。

可以说,早稻田大学里一向过于尊重抵抗国立大学的在野党精神,因此不少人虽说善于雄辩,却仅仅限于喜欢起哄看热闹而已。他们因为在逍遥和抱月初创文艺协会时就和他们发生着各种关系,因而他们有着强烈的意识将协会也看作是他们自己的剧团。虽说看起来他们争论纷纷都是为了协会的前途着想,可其实他们却是从局外人的角度,毫无顾虑地随便议论一番而已。其中有人认为抱月和须磨子的恋爱是对的,有的人则反对说是错的，而且他们还进一步对新剧的应有方向问题展开了一场侃侃而谈的争论。

在如此喧哗吵闹中，两个当事人的态度刚好相反。须磨子是泰然处之，而抱月却不知所措了。

在认识须磨子之前，抱月是个毫无桃色新闻、只知道认认真真一心学问的学究。在大学里人们都认为他是个"冷静而善于思考的天才"。

可这样的男人却初次为爱情而熊熊燃烧了起来。当时的抱月已经四十二岁了。有一种说法说年轻时越是一味严肃认真的人，一旦爱起来便会一发不可收拾了。也许抱月对须磨子的爱情就属于这类的典型吧。

名古屋公演时抱月就清楚地下定决心要为了爱情而活了。

七月末名古屋公演结束回到东京时，抱月搀着须磨子的手，扶她坐上人力车，并帮她的膝头盖好毯子，又为她提过行李来。分别时还像对孩子似的说道："自己多小心，晚上好好睡一觉。"并且当着其他团员的面，光明正大地将写着自己从那天后的日程表交给了她。

当时有个叫晋平的半工半读生住在抱月的家中。众所周知，中山晋平就是称霸从大正到昭和年代日本歌谣界的大作曲家。他创作了从《喀秋莎之歌》到《波浪的港湾》、《银座的杨柳》、《东京进行曲》等许多名曲。

可那时的晋平还只是个二十六岁的青年，因为他帮忙编辑《早稻田文学》杂志的关系，因而作为半工半读生住进了抱月在府下户冢村诹访（现在的新宿区诹访町）的新家。

当然晋平是抱月的崇拜者。

抱月不仅学问出色，而且为人诚实。虽说他拥有大学教师的地位，可在他身上却总是不知在哪儿蒙着一层孤寂的阴影。晋平知道其原因在于他的家庭不和。

妻子市子颇有见地，可却是个有点歇斯底里的人。抱月在家里总是默默地听任妻子的抱怨。

晋平知道先生是市子家的招女婿，因此他在家里凡是都迁就着夫人。晋平体察到先生的心情，内心更是偏向于抱月了。

从关西公演回来后，连晋平都能清楚地看出抱月的态度变得有些异样了。

如此深思熟虑的先生变得根本无法平静了。在家时他始终显得心神不定，又常常出门。以前没什么特别的事先生是个不出门的人，因此如今他的这个变化就更加显眼了。而且他还常常出门后又慌慌张张地回来取忘记带走的钱包什么的，就像个孩子似的。连晋平都注意到了先生的这些变化，身为妻子的市子就更不会察觉不到了。

"那人去哪里了？"

抱月走了后，市子必定会如此问晋平。

"好像是说去文艺协会了吧。"

"这分明是胡说八道。"

"是嘛？"

"你不知道吗？"

市子试探似的看着晋平。

"近来即使他人在书斋里，可却什么书都不看，老是痴呆呆地看着窗外，好像是累了。看他这些日子的神色简直让人无话可说。都一大把年纪了还像个傻子似的……"

一旦说起来就没个完的市子还在说个不停，并且她的情绪会不断亢奋起来，连毫无干系的晋平都免不了被一顿胡乱数落。

不久后，有一次抱月拿起一块大大的包裹布，包起了文艺百科全书、文学类等等的书籍，并用双手将布包裹一抱就出了门。市子问他为什么，他回答说是要搬到大学研究室去。

"那人是绝对不会说出真话的，今天我一定要问个究竟。"

市子好不容易等到抱月再次回家，于是就走到二楼的书斋，又一次询问他把东西搬到哪里去了。

"研究室。"

抱月只是重复着同样的回答。

"如果你是搬到大学研究室的话，那我现在就要去看看。请你带我去。"

"妻子去研究室简直太奇怪了。"

"那其他女人就可以去了吗？"

二楼的书斋里又开始了争吵。

正因为抱月是个诚实的男人，因此他不会撒谎。他总是先使出浑身的智慧寻找各种借口，可让人一看就明白他是在撒谎。即使他口头上说的话合乎逻辑，却会在他的表情或者动作中流露出种种迹象来。

有时即便是他说的话合乎逻辑，可一旦考虑一下就会发现有很多异常的地方。

比如晋平最先察觉抱月和须磨子之间关系不一般是在他整理《早稻田文学》杂志赠送人名单时。他在删除了以前一直寄的，可现在又觉得没有必要再寄的人名单后，新增添的寄送人名单中有中桐确太郎和松井须磨子。中桐确太郎是抱月的挚友，送给他如果说是理所当然的话，可赠送给须磨子就讲不通了。一来须磨子不是一个对文学有兴趣的女性，二来即使她只是要阅读那些和话剧有关的文章的话，她也并非是杂志社所必须赠送的对象。而且抱月在说到寄送地址时，连纸片都不看一眼就流利地讲出了须磨子住所的门牌号码。男女之间如果能记住对方详细地址的话就说明他们的关系不一般了。作为男人的晋平都已经发现了其中的异样，成天在监视丈夫的夫人能看出异常来也是当然的事了。本人还以为装得很像呢，可却早就露出了马脚。

八月二日发生了一件令两人都无法忘怀的事。

那天在早稻田大学里举行前些天驾崩的明治天皇追悼会。抱月佩戴丧章出了家门。午饭时回了一次家，到了黄昏时分说是要和天野教授碰面商量一下去信州的有关事情，于是又出了门。

这次去信州的时间是八月一日起的一个星期。是因为他受邀要在长野地区举行演讲会，当时预定和他同是早稻田大学的天野为之法学博士也一起前往。可由于明治天皇的驾崩，演讲时间延迟到五日开始的一个星期。抱月是打算这次行程带上须磨子一起去的。不过市子已经估计到他的此次旅行有些可疑了。

"他虽这么说，可才不知道那个人是不是真的去天野君家呢。你替我跟着他到天野君家去监视起来。我去那个女人的住处监视着。"

夫人犹如下了大决心似的说道。

晋平感到郁闷。即使那是自己平时受着照顾的夫人，可这样的命令从他的本意而言是想一口拒绝的。但他眼看着夫人的鬓角都已微微颤抖了起来。

夫人说罢便带着长女春子做起了外出的准备。说是要去监视丈夫在外面的女人，可她却偏要带上还只是学生的女儿，这就是市子的可怕之处。

晋平无奈只得穿上不惹人眼的黑色窄袖和服出了门。时候尚为黄昏，夕阳倾斜在户山原野上，在干巴巴的路面洒上了一片暑热。

晋平只大致知晓天野的宅邸位于九段的饭田町，并不清楚详细的路名和门牌号码。可当时那一带住家也少，再则人与人之间的交往也较现在密切，因此他只要询问一下附近的人立刻就可以打听到了。

晋平到达目的地时，周边已经一片昏暗。天野家的宅邸被深深围绕在高高的围墙之中。

晋平倚靠在附近的电线杆上，窥视着里面的动静。他只能看见门口的灯光亮着，里面似乎一片静悄悄的。周围是宅邸区，因此行人稀少。过路人觉得他可疑都不时回过头来看他几眼。

晋平始终站着，他在心里祈祷着抱月此时就在天野家。即使在这里让抱月撞见的话，他也打算老老实实地告诉他那是夫人要他来这里尾随他的，而自己这就准备立刻回家。

天野家的门依然紧闭着，毫无有人要出来的迹象。他又等了三十分钟左右，门里传来了说话声，两个男人从里面走了出来。他们一边时不时地高声说着话，一边朝着饭田桥方向走去。从他们的背影晋平可以看到那并不是抱月。

二十分钟左右过去了，身材魁梧的那个男人脚步缓慢地进了家门。晋平只看过天野教授的照片，而此刻的男人长着一张圆脸庞，胖墩墩的样子和照片颇为相似。

"那人恐怕就是天野了⋯⋯"

晋平考虑了一下，觉得要么他和岛村先生在外面见了面，要么就是岛村先生在撒谎。先生不像是在这里。不过他又等了十分钟，这才断了念想，于是就回了诹访町的家。

另一边，夫人带着春子，凭着在大久保车站附近这点仅有的线索寻找着须磨子的家。当时须磨子是在车站向东走两条小马路的那边借了一间屋子住在那里。只要打听一下女优须磨子的家可就知道了。

她们在小路边的一间冷饮屋，一边喝着冰水一边等待着。就在这时须磨子出来了。只见她身材高大，穿着一套雪白的连衣裙，手里拿着一个包，一看就知道是外出去了。

那时夫人还没见过须磨子，不过从照片等资料中夫人早就充分地认识了须磨子。

夫人和春子立刻站起身，跟在她的后面。

须磨子径直往大路走去，然后又往车站方向拐了过去。两人在她后面五、六米的地方跟随着她，须磨子丝毫没有发觉。她们见那女子快步往前走着，到了车站，买了车票。

夫人不知道她买了去哪里的车票，便立刻让春子去售票处，让她说"我也要买和她相同的车票……"车站售票员反问"是高田马场的吗？"春子点了个头，于是售票员就给了两张去高田马场的票。两人拿着票，继续跟在须磨子后面。

站在站台边，须磨子依然没有发现市子她们的存在。夕阳余晖下，她那身雪白的连衣裙显得尤为醒目，并远远可见她那敞开的领子下隆起的双峰。

在穿着朴素的当时，这身打扮显得十分华美，站台上的人不时悄悄瞟几眼须磨子。可她依然一幅安之若素的样子，似乎早就习惯被人盯着看了。

市内列车终于来了，须磨子乘了上去，夫人和春子亦紧跟其后。

正如所买的车票，须磨子在下一站的高田马场下了车，两人同样跟着她下了车。

夫人在高田马场的检票口一边跟在须磨子身后，一边转脸往旁边一看。突然她停下了脚步。

在检票口的外边，丈夫抱月正站在那里。他身上穿着的正是刚才还见到的碎白点花纹布和服，手臂交叉在胸前。

"春子"

夫人叫住了孩子，悄悄地往后退去。

幸好他们被挡在两个下车的客人后面，抱月并没有发现她们。

夫人在通往站台的楼梯口躲了良久，等到人们都走了，这才走出检票口。这时抱月和须磨子已没了踪影。

她们出了车站，环顾四周，发现薄暮中两个人正往户冢方向走去。

夫人和春子紧随其后。夫人因情绪亢奋，脸上汗水直淌，可她却根本顾不得擦一下，只管紧紧追在后面。

两人拐进了一条离车站两百米左右的天理教会旁的小路里。前面是一条狭长的小径，再前面则是一片杂木林。

当他们拐进小径时终于发现自己被人跟踪了。于是两人加快了脚步，钻进了杂木林。他们故意东拐西弯地走着。而后面夫人和春子也气喘吁吁地紧追不舍。

在高大的杉树林前，夫人终于追上了他们。

"你……"

抱月和须磨子已经做好了充分准备似的慢慢转过身子。

刹那间夫人第一次见到了曾在头脑里无数次描绘过的须磨子。

"居然在这种地方……"

因为兴奋，她的声音颤抖着，后面的话说不下去了。三个人就此相互紧盯着对方。突然夫人往抱月身边扑了过来，一把揪住了他的衣领。

"你说谎，你说谎……"

夫人大声叫嚷着，周围是杂木林似乎没有其他人在场。

抱月的领子被夫人扭来晃去的,细细的颈项也随之前后摇晃着,可他却任凭夫人的摆布，毫不抵抗。须磨子退后一步扭过了脸去。

"你说是到天野先生那儿去，可却在幽会这种女人。你可真会糊弄我啊！春子，你看着，这就是你的父亲。"

夫人使劲将春子往前一推。可抱月依然一语不发，像死人一样闭上了双眼。

须磨子看不下去了，她对夫人低下了头。

"夫人，都是我不好，做了对不起您的事。"

"什么！你这个偷鸡摸狗的，抢别人的丈夫。你这种人快去死吧！"

须磨子突然挺起胸膛直盯着夫人。夫人颤抖着双唇，一边逼视着须磨子。

两个女人面对面充满憎恨地对视着。

终于须磨子点了一下头，口气坚决地说：

"好，我去死。我用死来道歉。"

"你……"

抱月慌忙看着须磨子，夫人依然大叫大喊着。

"死了才好呢。你这种女人应该下地狱！"

须磨子没有回答，只突然换了一下拿手提包的手便往刚才来的杂木林里的小径方向跑去。

"喂，你……"

抱月喊了一声，可须磨子也不作答，白色的连衣裙在晚霞里晃动着，不久便消失在茂密的远处了。

"你是想去追吧。"

看着用双眼追随须磨子离去的抱月,夫人冷冰冰地说。

"这种轻浮的女人有哪点好啊?!"

"……"

"要是觉得这种女人好的话,我看你也可以去死了。"

"好啊,索性让我也死吧,这样还不如死了干脆。"

抱月在夫人面前低垂着头。

"你堕落到如此程度了吗!"

夫人大声哭喊着。眼前的抱月只是一味凝望着杂木林的那头。春子害怕地拽着母亲。杂木林此时已完全黑了下来,须磨子离去后的小径也掩盖在黑暗里了。

春子叫了声母亲。夫人这才缓过神来,抬起了头。

"那,你得先回家,回家后我们再来解决。"

夫人用手绢擦了擦脸,迈出了步子。抱月也无声地跟在后面。

就此夫妻俩和女儿一声不吭地往诹访町家的方向走去。晋平是在他们回家后又开始在两楼的书斋吵架时才回到家的。

第三章　恋火

一

在二楼书斋里抱月和夫人面对面僵持着。

抱月背靠椅子，双手交叉在胸前，眼睛低垂着。从他的姿势既可以看作是后悔，也可以看作是不管三七二十一，自己就这么豁出去了。

市子背部笔挺，锐利的双目逼视着抱月。就这样保持了长久的缄默后，夫人终于开口说话了。

"我想清清楚楚地听听你此刻的想法。"

虽说她的用词礼貌，可说到最后却因愤怒而颤抖着。

"你果然和那个女人有过关系了吧。老老实实像个大男人一样承认了怎么样呢？"

"不要说出这种失敬的话来，她和我只不过是女优和导演的关系。"

"你还装什么呀！女优和导演为什么要在黄昏去无人的杂木林幽会？还胡说什么去见天野教授呢……"

伴随着兴奋，市子的目光炯炯发光，接着脖颈处也微微颤抖起来，歇斯底里马上就要发作了。可此刻的抱月已经豁出去了。

"并不是我想说谎，而是你太啰嗦烦人了。"

"如果我不啰嗦的话，你不知道会怎么样呢。像你这种大学教授装出一副一本正经的脸，其实你好色，喜欢女人。对物集妹妹，你也很有兴趣，对女仆美和也是，只要是来家里的女人你都会依次地传送秋波，诱惑她们。难道不是吗？"

"别说蠢话！"

说对所有女人都送秋波那是说得过分了，不过觉得物集妹妹可爱倒是确实。虽说抱月觉得那是夫人生气后的信口开河,可如果果真连这点都看出来的话,还真有点恐怖呢。

"不!趁此机会我还是全都说了吧。你和那妖里妖气的女人的不洁关系,中山也好,早稻田大学的人也好,已是众所周知的了。大家都在笑话你呢,说一大把年纪的大学教授还追逐着女优呢。"

"我并没有追逐她,在做舞台工作的时候,是她觉得需要我,是她来靠近我的。"

"是对方来靠近你的话,你为什么还要到高田马场特意去会她呢?!你受了那女人甜言蜜语的诱惑,一定发展了肮脏关系吧。"

"我们绝对没有这种关系,绝对不像你想像的那样!"

"你还要装腔作势吗?男女一起出去旅行,住同一家旅馆,还有不搞在一起的!"

"我告诉你,那个女人头脑里只有演戏。虽说是女人,但好胜又任性,所以和丈夫也搞不好关系,曾二度离婚过。我不会和这种女人有什么瓜葛吧!"

"既然是那种女人,可你为什么还要偷偷地和她见面呢?你有必要特地去会这种自私任性的女人吗?"

"那女人现在需要我。我在戏剧方面也需要她。我们在工作上彼此需要,这才和她有来往的。我们就只有这种关系,和你想像的完全不是一码事。"

"虽然你想逃避,可我知道你爱上了她,这是千真万确的。"

"说爱的话,那也是精神上的爱,并非肉体上的,是建立在工作关系上的精神恋爱。"

"什么精神上的,工作上的,这种哄孩子似的理由,你难道觉得可以用来说服我吗？"

"但你到底想怎么样！好吧，那你想怎样就怎么样吧！"

突然抱月站起身子，一拳狠狠地打在了桌子上。平时稳健的抱月作出这种动作还是很少见的。可市子却依然面不改色。

"无法原谅！我是绝对不会原谅你的！"

"那好！那你想怎么样吧。"

"你去死了才好。我想杀了你！"

"噢，那你来杀呀，我就想死呢。"

市子大吼着，抱月也大声回答着她，一边揪着自己的头发。

"快过来杀呀！总有一天我要死给你看。"

抱月似乎将曾长期压抑在心头的东西突然爆发出来似的，将身边的书一本接一本地扔到地上。

"中山，中山……"

市子慌忙跑下楼梯去叫中山晋平。

"再和他说也是无用的了。我才不愿意在这种人身边呢，你帮我去看着他。"

市子说完便躲进了自己的房间里。无奈晋平只得稍等了片刻，这才走上楼去。他看到抱月在房间里将手脚张开成大字，躺在地上，连灯都没开，一轮月光从开着一条缝隙的套窗间倾泻进来。

"先生……"

"真烦人！我没事，你下楼去吧！"

看上去一向温和的人会意外地隐藏着郁闷。抱月用理性压抑着扭曲了的感情，可一旦放弃了制约后，却会令人意想不到地流露出孩子气的一面。那天夜里抱月的表现正是那样。

他被市子穷追不舍后,发现无法辩解,于是就不管三七二十一地豁了出去。他表现得又是敲桌子,又是扔书本,接着又四脚朝天在地上躺成大字。全然没有从国外留学归来、充满了理性的教授形象。

不过那时可以说抱月只能这么做。平时他总是谦逊和善,从不会与人相争,也从没有和什么人争斗过,因此他也不懂自己被击败后该怎么办。

此后晋平在日记中写道"看着先生嘴里喊着:我想死、我想死。我感到很失望。"

虽然抱月要晋平"下楼去吧",可夫人几乎就是叫自己来监视先生的,因此他也无法走出先生的房间去。只见抱月摇摇晃晃地站起身,将自己的头往书架上撞,又打开套窗做出要自杀的样子来。此刻情绪亢奋的倒是抱月。晋平无奈只得将书斋的门开着,自己蹲在地上监视着抱月的一举一动。突然抱月对他说话了。

"喂,你给我到楼下取酒来。酒不必烫过,只要拿着酒壶就好,也不必拿酒盅,就用茶碗好了。"

"现在还是不喝的好吧?"

"没关系。这种时候你难道想让我不喝酒就这么呆着吗!"

被骂了一句的晋平拿来了酒壶和茶碗交给了抱月。

抱月为自己斟了酒,一饮而尽。又发命令说:

"再给我拿一瓶来!"

"我看还是别喝了吧……"

抱月本来喝酒就不行,即使来了客人,喝上两、三盅脸就红了。

此刻,只见他脸色通红,喘着气,又准备接着喝。

"别啰嗦。我说给拿来你就去拿来!"

晋平只得又下了楼去。可他还是担心,于是专门去问了夫人,可夫人也是一语不发。

晋平再次确认"可以给他拿去吗？"，"你自己判断吧！"夫人隔着纸门回答。

没办法晋平只好又拿着酒壶上了楼。

抱月再次一饮而尽，突然往晋平这边蹭过来，并抓住了他的手。

"我说，你……"

晋平的手被捏着，感觉有些怪怪的，于是低下了头。

"我做出了荒谬绝伦的事。我遇到了不得了的事了，在我的一生中还没有遇到过如此重大的事情呢。我恋爱了。"

晋平只是老老实实地听着。

"确实我以前的生活充斥着虚伪，有着很多虚假的地方。人只要恋爱了，就会变得虚假。不，人是为了爱才不得不虚假的。古往今来都一个样。不是吗？你……"

晋平无言以对。他慢慢地抽出手，将酒壶和茶碗移到房间的一角。

"我以前不懂得什么是真正的爱。活了四十二年却始终不知道爱为何物。……可四十二年以后我终于醒悟了。不过，岩野泡鸣了不起，他比我醒悟得早多了。……今天是个重要的日子，你记得今天是几月几号吗？"

"八月二号……"

"是嘛。大正元年八月二号……这是我值得纪念的日子。我第一次做了我自己。是爱改变了我。"

抱月说到这里，全身瘫软倒在了地上。

"先生，你没事吗？"

"小伙子，爱情真了不起啊，爱是生命……"

晋平慌忙从楼下端来了金属洗脸盆，里面装着水和毛巾。抱月依然躺在地下，闭着双眼。晋平将毛巾用冷水打湿了，放在抱月的额头。

"先生，请安静一下。您喝得太多了，还是稍微休息一下为好。"

"没事，你听我说。我做了对不起大家的事……我对不起妻子、对不起坪内先生、也对不起学校。妻子虽然对我很生气，但她很可爱，孩子们也很可爱。可是那女人也那么可爱。大家都那么可爱，真让我没办法。我该怎么办，你说我怎么办才好……啊，啊，我真想死，你杀了我吧。我只有死了，别无他法。"

此时他所说的话也是支离破碎的了。话虽如此，可他说的内容却是那么真实，可以说他始终压抑着的感情此刻一下子迸发了出来。

"反正我是要死了，所以我就告诉了你吧。我曾和其他女人睡过一次觉，是在和现在的妻子结婚以后。对方是红叶馆的女招待。我那时还刚从学校毕业，对方也只有十八、九岁。要是有钱的话，那时我还想再多去几次的，多去几次然后想娶她为妻……可是我没有钱。因为没有钱所以只好放弃了。那时我虽然也是悲哀，但还算轻松过去了……可现在我真是痛苦，真的痛苦啊。"

喝醉了酒的抱月宛如变了一个人，变得能说会道起来。

"事情弄到这一步都怪东仪这家伙，是他突然侵犯了那女人。这个男人很卑鄙，是个卑劣的男人……不过她立刻看穿了他，所以就来向我求助了。就是因为有了这个契机，她才振作起来的……她一定会成为一个优秀的女优，成为日本首屈一指的女优。她是因为演了我的戏才成功的。那女人的演技是我教给她的，她自己也知道这点，因此她不愿意离开我，我也离不开她。但是这样对我妻子不好，妻子没有罪过……我说，你，妻子和其他女人两个都喜欢的事情也是有的吧。女人不明白这点，男人的话应该了解这点的吧。"

晋平适当地敷衍着,一边设法让抱月睡觉。可抱月的亢奋毫无减弱的迹象。

"啊,为什么人生之路总是充满坎坷呀,这到底是为什么……我的身体着魔了,既然如此我也只有去死了。那女人也一定已经死了……她对我的软弱失望了,现在已经死了。我可不能让女人独自去死,我也得死……不过死前我要去一次户山原野。"

抱月踉跄着用手撑地站了起来。

"先生,不行。你这样是不能走路的。"

"不要,你走开。我死前一定要去看一看户山原野。我和她在那里散过步。"

他甩开了晋平的手就要往楼下去。既然这样,还不如出去走一走,让冷风吹拂一下,说不定还能醒醒酒呢。

于是晋平告诉夫人说自己要陪先生出去一下,就走了。

那时已经晚上八点已过,外面几乎连人影都见不到了。抱月醉醺醺地甩着双手,宛如一个梦游者蹒跚地往前走去。晋平看着他这样太危险,便从一旁抱住了他的肩,跟着他就走。

当时的山手线南北横穿户山原野的中央,整个西半部分是一片被阔叶林环绕着的深深草原。面对山手线一带是近卫骑兵的练兵场,是闲人免进之地。但西面有一条散步道,是市民们休憩的场所。但和如今的公园不同,那里即使白天也人影稀少,更不用说晚上了。他们在那里走着,晋平还以为抱月会对他继续滔滔不绝地说自己如何爱着须磨子,她如何如何可爱等等。可抱月却突然停下了脚步。"让我在这里死吧",说罢就要朝密林里跑。

"先生，不行啊。"

晋平慌忙拉住了他的手。

"那女人一定已在林子深处死了。……她在呼喊着我呢，你放手。"

"没有的事，松井先生活着呢。先生可不能那么软弱呀。"

"不，她死了。她清清楚楚地说要去死的。她死的话，我还有什么脸面去见坪内先生，有什么脸面对学校啊。"

抱月依然要往里跑，可他身子又瘦，加上喝醉了酒，晋平轻轻松松就抓住了他，怎么也挣脱不了。于是抱月又开始喋喋不休地说起他是如何爱着须磨子了。

接着他又说须磨子一定在林子里，于是又要往里走。

晋平失望地叹了一口气，抱月便喊叫道："反正我是个累赘，你放手！"

"松井先生活着呢。明天早上我去她在大久保的家确认一下，今晚我们这就回家休息吧。"

如此这般他纠缠了一个多小时，抱月似乎总算是累了，突然变得沉默起来，刚才的大吵大闹像胡扯似的过去了。此刻他正垂头丧气呢。晋平一路几乎用双臂环抱着抱月。回到家已经过了凌晨三点。

晋平立刻在八铺席大的里间铺上褥子，挂上蚊帐想让抱月睡下。此时东方已经开始露出了鱼肚白。

翌日早晨，晋平睁开眼时七点已过，他本想早晨起个大早因此衣服都没脱就睡了。可昨天实在是太累了，结果睡得沉沉的。

抱月的起居室内套窗依旧紧闭着，似乎还在睡呢。晋平脸都没洗就急忙赶往大久保去了。

具体地方昨晚临睡前向抱月的长女春子打听好了，所以很快就找到了。

当时须磨子的住处在牛込(新宿区)余丁町十九番地外山豆腐店的一幢独立房屋的二楼。

豆腐店已经早起开张了,周边没有任何异样。要是须磨子已死了的话,警察一定会不断进进出出,周围也会有不少围观者。可晋平此时却没遇看到任何异常情况,于是就回到家了。此时夫人也已起床了。

"没问题,须磨子没有死。"

晋平说完,夫人似乎还在生气似的点了一下头,便去了抱月依然睡着的房间。

"我说你,那个女人并没有死哦。"

听到有人在自己耳边大声说话,抱月醒了过来。不知是否宿醉依然未醒,只见他一边敲打着自己的后脑勺,一边进了客厅。"我怎么还活着呢?"他似乎很不可思议地环顾着四周。

夫人装作没听见,只是一味别过脸,也不作答。抱月显得有些尴尬,只得上了二楼的书斋。

每当这种时刻在两人之间斡旋的只有晋平了。无奈他只好倒了茶端了上去,看到抱月正站在窗边往远处户山原野方向眺望着。

"喝茶吗?"

"那个,我说我昨天不是死了吗?……"

"您喝酒喝太多了,醉得很厉害。"

"我可不该喝酒,不喝的话一定已经死了。"

"请您不要再说这种话了。松井君也没有死。"

"那女子还活着?你怎么知道的?"

抱月身穿睡衣回过头来。

"今天早上我去了大久保,房东的豆腐店和她家周边都没有任何异常。"

"那你这就说她还活着了?"

晋平不想继续和他纠缠,于是便下了楼。此时夫人和孩子都在吃早饭。这时只听得二楼突然响起了"吧嗒吧嗒"的声音。

感到十分惊讶的晋平立刻跑上了二楼。只见抱月在书斋前的走廊上来来回回地用脚踩着地板,发出很响的声音。

"先生,怎么了?"

"真讨厌,真讨厌,活着真是讨厌哪。"

"请不要这样了,声音传到下面太响了。"

可抱月像个撒娇的孩子一样把地板蹬得更响了。

"我想死,我想死。"

晋平这时也感到目瞪口呆。这还哪像个被人说成温厚而又充满理性的岛村教授呢。晋平看不下去了,只得又走下楼去。而夫人却好像根本与己无关似的只顾自己喝着茶。

"先生还在说想死呢。"

"随他去!"

夫人极为冷漠。无奈晋平只得随他去了。也许抱月终于闹累了吧,这时楼上的声音停止了。

晋平吃完早饭,依然不见抱月下楼来。

"我去看看他的情况吧?"

夫人也不作答。晋平站起身子,当他打开纸移门走到进门的脱鞋处正准备上二楼去时,突然看到外面的玻璃门前有个人影。

这是谁呀?晋平透过玻璃门看着,发现人影正径直朝这边走过来,并伸出了手要开大门。

透过玻璃门晋平发现那人正是松井须磨子。

刹那间,晋平简直不敢相信自己的眼睛了。

昨晚大吵大闹着要死的女人此时正站在眼前,而且堂堂正正地到抱月和妻子住的家里来了。

"那个,你有什么……"

看到张皇失措的晋平,须磨子耸了耸肩膀,说:

"我是来想向先生和夫人道歉的。"

"这个……您稍等一下。"

晋平慌忙答了话,立刻跑回了里屋。

"不得了了,松井须磨子君现在正在外面呢。"

"你说什么……"

吃完饭的市子正喝着茶,她一脸懵懂地往大门方向看去。

"她说要来向先生和夫人道歉……"

市子急忙收拾了一下,就出了大门。昨晚刚大吵一通后分了手的须磨子此时此刻正站在眼前。只见她身上穿着一件花样连衣裙,腰间束着黑色的腰带,宛如一大朵盛开的鲜花。

"昨晚实在太失礼了。"

须磨子双眼直视市子的脸,低头行了个礼。

"此后我考虑了再三,也算是得出了一个结论,想想还是和先生、夫人讲清楚了为好,所以就来了。先生在家吗?"

"是的……"

须磨子一来就是准备进屋里去的。市子无奈只好让她进了玄关右边的客厅。

虽说昨晚吵闹后连屋子都没打扫,市子也顾不得这些了,她打开纸拉门，又将桌子前的坐垫摆整齐。

须磨子当然这是第一次来抱月家，她目不转睛地环顾着四周，一边在夫人拿过来的坐垫上坐定。

"这是点不值一题的小东西，算是我给昨天一起来的孩子的吧。"

不知道是出于嘲弄还是出于好意，须磨子将点心盒递了过来。

"谢谢，那个，我这就去叫我丈夫来。"

"我想请夫人也一起过来吧。"

"噢，好，好……"

虽说是在别人家里，可须磨子却显得相当沉着，慌张不安的倒是市子。昨晚她还口口声声一个"那个女人"、一个"轻浮女优"的骂个不停，可一旦当着她的面却不敢和对方交锋了。也许在这点上家庭妇女和习惯于在舞台上抛头露面的女优有所不同了。

市子暂且离开了客厅，来到钻在书斋里一步不出的抱月那里，告诉他须磨子来家里了。

"什么！须磨子来了？"

果然抱月也大吃一惊，慌忙从椅子上站了起来。

"她说有话要对你和我说呢。"

"她现在在哪里？"

"我让她进了客厅。"

市子说完，抱月就一边往楼下走，一边朝客厅张望。然后他开始剃起了胡子。

市子命晋平端茶到客厅里，自己重新坐在镜子前又添了一点妆。

初次见面时，偷袭了须磨子的正妻好歹算是获得了凯旋，不过要真正发挥正妻力量的就要看此时此刻了。

抱月终于剃完了胡须。他和脸上涂了白粉、唇上了抹了淡淡口红的市子正面对着须磨子坐了下来。

抱月似乎有些不好意思,只见他故作平静,怪模怪样地点了个头。

可须磨子并不理会他,只对着他们俩分别看了看。接着她突然将双手撑在榻榻米席子上,深深低下头去。

"这次出于我的自私任性给二位带来了麻烦,实在是太抱歉了。"

如果光是听着须磨子那口齿清晰的发音,还以为她正在练习舞台表演呢。

"我昨天好好考虑了一个晚上,反省到自己真是做了对不起你们的事情。"

"松井小姐,怎么会只是你一个人如此……"

可须磨子不顾抱月的制止。

"不,先生是一位了不起的人,家里又有着如此美丽的妻子。我明明知道这点,可还是出于女人的贪心吧,总是对先生撒娇,所以做得不对的是我。"

"哪里的事……"

抱月说到一半,想到旁边坐着妻子,于是又把话咽了回去。

"对于夫人,我从内心致以歉意。"

须磨子再次向市子深深低下了头。昨天还摆着个架势,露骨地显出一幅敌意的女人,此刻却令人意想不到地谦逊。这究竟是出于她的真心还是在表演呢?市子无法相信自己的眼睛。

"我考虑好了,我想回信州老家去。"

"回老家?你?要离开东京吗?"

"是的,我已经很久没回老家了。"

"那么女优的工作你打算怎么办呢？"

"当然要辞掉了。在东京发生了这种事情，给大家添了不少麻烦，所以我想一个人独自静静地过段日子。"

"简直是开玩笑！现在你要是走了，文艺协会可怎么办呢？"

"这我就不知道了。只是昨天我考虑了整整一个晚上，觉得自己给大家添了麻烦，自己太令人讨厌了。要是能回到家乡悠闲度日的话，也许会重新鼓起生活下去的勇气。"

"你等等，你要是走了，文艺协会可就要完蛋了。大家好不容易努力到现在，一切都将成为泡影。"

"但事到如今我已经失去了和先生一起做好工作的信心了。"

"松井小姐，你冷静一点。"

虽说是抱月要让须磨子冷静下来，可狼狈的却是他自己。

"不要这么说，你要重新振作。"

市子对于事态的意外进展也着了慌。

"昨天我也是一时气昏了头，说了失礼的话。"

"不，夫人没有一点错。是我'偷鸡摸狗'做得不对。"

"我并没有那个意思。我只是觉得在你和我丈夫之间传出了难听的绯闻，所以感到很困惑不安，出于这样的心情我才这么说的。"

"虽然我们绝对没有做见不得人的丑事……"

须磨子说到一半，抱月也出来帮腔了。

"当然是这样。总而言之，你绝对不能再说回家乡的话了。坪内先生是绝对不可能允许你这样做的。如果那样的话，就算是我在文艺协会也会呆不下去的。"

"你和我丈夫是在演戏的工作中相互接近，对于这点我是从来没有意见的。请你不要再说回去的事了，请你振作精神吧。"

受到他们两个对话的影响，市子也开始挽留起须磨子来。然而须磨子却更显出一幅乖巧的样子说：

"我真是个没有任何才能，什么都不行的女人。能在舞台上表演全都出于先生指导有方，我个人是什么都做不成的。想到我居然给对我有大恩大德的老师和夫人添了那么多麻烦，真叫我坐立不安。所以今天我这么一大早就出门来这里了。"

"我们已经不在乎了，请你心情放轻松点吧。"

市子如此说完便退出了客厅，去准备点心了。

客厅只剩下了他们两个。抱月重新充满爱怜地打量起须磨子。

"昨晚还真以为你死了呢，所以我很晚还到户山原野去四处乱转了呢。"

"请不要再说这些了。"

"不，我要反反复复地说。昨天我的表现实在太愚蠢了，如果让你感到不愉快，还请多多原谅我。"

"我昨天想了一个晚上，觉得对先生也好，对夫人也好我都没有一点怨恨。相反通过这次发生的事和夫人也能如此亲密的说话了，我觉得太好了。"

"总之，不要再说回家乡的话了。你要是走了，我也会无心工作的。"

抱月似乎忘记这是在自己家里，他握住了须磨子的手。

"我今天是来道歉的。"

"总而言之，活着太好了。如果你死了，我就不知道该怎么办了。"

"一开始我还真的想去死呢。可死了的话，受损失的只有我一个人。"

"没有的事。如果你死了，我也活不成的。"

"不，先生有如此幸福的家庭，有夫人和孩子……"

"我说，真的，再不要说回家乡的话了。"

这时客厅的纸移门打开了，抱月慌忙松开了须磨子的手。市子用托盘端着蛋糕和红茶，身后跟着一个男孩。那是快七岁的次子秋人。

"啊，真可爱。你好！"

须磨子对他笑了笑。

"来阿姨这儿。"

"和阿姨打招呼了吗？"

听到市子这么说，秋人慢慢低头行了礼。

"噢，真是个乖孩子。"

须磨子摸了摸他的头，问了名字，然后把他抱起来，在额头上亲了一下。

看着这些分明是虚情假意的过分举动，抱月和夫人显出满脸的无聊。

"真是多么幸福，多么好的一家呀。"

须磨子说完便问了市子一些孩子们和家务方面等事情。市子也只能问什么答什么，于是渐渐地两个女人开始融洽地交谈起来，甚至到后来两个人居然说得笑逐颜开了。

真是一幅奇妙的景象，抱月也只得在一旁独自满脸无聊地交叉起双臂。如此一个小时过去了，须磨子终于抬起了屁股。

"那我去叫人力车吧。"

抱月让晋平去叫附近的人力车，可不巧这个时间车子全都出去了。

"没关系，我走着回去好了。"

"但太阳光线太强烈了。"

其实抱月在意的与其说是太阳光线，还不如说是东仪铁笛的家就在附近这件事了。

如果此时须磨子走在路上被他看见的话，还不知道他会传出些什么怪话来呢。再则这次事情发生后，须磨子难说就不会倾心于东仪了。

"再等等如何？你是去大久保吧？"

"我想去一下在赤坂的姐姐家。"

"你真的不会再想回家乡了吧。"

"这个嘛，我还要和姐姐商量后再定。"

须磨子故意话中有话地说道，然后便站起了身。抱月虽然很想送送她，可也只得压抑下这种心情，只是站在门口，说：

"再去叫一次人力车吧？"

"真的没关系，我会在路上叫的。"

须磨子说完把头转向市子。

"打搅了那么长时间真对不起。不过能得到夫人的谅解，我的心情也轻松了很多。"

"见到你以后我也安心了。以后不要再悄悄地在外头见面了，请随时到我们家来玩吧。"

"下次来附近的话就顺便过来玩。"

不知道是真的还是装装样子，两个女人像老朋友似的唠着嗑。

"那我就告辞了。"

最后须磨子对依旧将双手揣在怀里的抱月斜眼送了一个秋波便一转身打开了家门。

出了门她再次轻轻点头打了个招呼，于是快步消失在门口的大路上了。

须磨子回去后，两个人不知不觉地面对面叹起气来。

两个人似乎都对须磨子的歹毒非常惊讶。

抱月步履缓慢地回到客厅,市子也跟着走了过去。两人就此相对无言。终于市子开口了。

"我说,你和那个女人之间真的什么都没发生吗?"

刚才还相互吹捧着对方什么"美丽"啦,"了不起"啦等等的,可一旦人走后却又叫起"那个女人"来。

"我不是说过没有吗!"

"对那个女人可不能麻痹大意。她说了那么多好听的话,其实是来试探我们情况的。一旦发现我和你之间的关系或者我们家里有什么空子可钻的话,她还是要趁机偷鸡摸狗的。"

"你在说些什么呀?!她可不是那种人。"

"你还在庇护那个女人哪。你说这种话分明是喜欢她的。"

"真啰嗦,随你怎么说好了。"

"这是什么意思?!你是承认和那女人的关系了?"

"我什么时候这么说了!?"

"果然你们之间有过什么了。"

"算了,你愿意怎么认为就怎么认为吧。"

抱月无法忍受市子的执拗,反倒将错就错,不顾一切了。正如人们常说的"逆反心理"。这次是市子让步了。

"总之,以后再也不要和她见面了。你要发誓。"

"我不会和她有特殊意义上的见面了。但是如果那女的果真走了的话,话剧工作便无法开展。假如真的因为这件事情她回了家乡的话,我哪有脸面再去见坪内先生。"

"我倒觉得这样一来再也不会有那些难听的传闻出现了,坪内先生不也就放心了吗？"

"那个女的要是走了的话，我也干脆从大学辞职好了。"

"辞了职你打算干什么？"

"我就隐居到乡下去。"

"这样做你只会成为坪内先生和大家的笑料。"

"无所谓。要笑就让他们笑去好了。反正我对大学也没有什么可留恋的了。"

"你的脑子怎么了？"

再追逼下去的话，抱月又要兴奋发作，再做出些什么事情来也未可知。

市子觉得和抱月面对面坐着都感觉不悦，于是便站起了身子。

那天一整天，抱月一步都没有走出诹访町的家门。虽然他一想到须磨子说要回家乡的话，就感到如坐针毡，立时三刻就想追赶过去。可他也不能追赶到须磨子在赤坂的姐姐家里呀，更何况还有市子的眼睛盯得紧紧的呢，更令抱月无法出门。如果硬是出门的话，说不准市子又会像昨天那样紧紧在后跟踪，结果重蹈昨晚的覆辙。

翌日，即八月四日是以前一直推延的出发去信州参加演讲会的日子。

同行的还有也是早稻田大学的天野教授。如果没有发生这次事件的话，抱月本来是打算带须磨子一起去的。他本想瞒着市子到高田马场坐上市内电车，然后在上野和须磨子汇合的。可现在他也不得不放弃这一计划了。

须磨子到底会不会等到我一个星期演讲结束后回来呢？如果这期间她去了什么地方可怎么好。那天晚上抱月带着闷闷不乐的思绪，写下了给须磨子的一封信。

那是一封写了足足二十张便笺的长信。信的开头抱月先是为这次事情道了歉,接着他准备写一些让须磨子不要回家乡之类的挽留的话,可写着写着他内心的恋情沸腾了起来,结果写下了一封长长的信。

信实在写得太长了。写完后他又重读了一遍,感到信的内容实在令他自己都有些不好意思。于是他决定先不忙着寄出去,暂且放在书斋抽屉的深处再说。

翌日,抱月和天野教授从上野车站出发了。妻子市子也到车站相送,当然那里不会有须磨子的身影出现了。

市子觉得这才放下了一颗心,于是心满意足地低头行了个礼。抱月一副愁眉不展的样子,也点了点头。

可过后却又发生了一件事。

在抱月走后,市子重又去搜查抱月的书斋了。结果从丈夫书桌的抽屉里找到了一封抱月前一天晚上写给须磨子的情书。

信拿在她手上感觉沉甸甸的,全文充满了对须磨子爱恋的语言。市子读着读着全身都颤抖了起来,她一把将手中的信扔了出去。此时的抱月却对这一切都还一无所知,依旧一副忧郁不乐的模样往信州方向去了。

二

此刻我手边就有当时的那封情书。

信是在抱月和须磨子幽会场所被妻子跟踪发现,此后他又夹在须磨子和妻子之间大闹了一场后写下的,因此当时抱月的情绪颇为亢奋,信中有些言过其实之处。对于一位充满知识和理性的大学教授而言,或许信的内容颇有失体面。

事实上，发现了这封信又将其公之于众的河竹繁俊先生曾写下了这样的记录："……在这里刊登信的全文对于我也是一件痛苦的事。可为了了解抱月当时的苦闷心情，也为了了解此后他和须磨子的关系我不得不忍受这份苦痛……"

可由于是大学教授就应该具有理性、就必须冷静吗？我看这不过是表面的看法而已。无论是教授抑或学者，当他爱上了一个女人后便会为爱情而癫狂、而苦闷。这不就是一个男人、一个真正的人吗？

曾始终保持着思索、忧郁形象的抱月一旦为爱情而疯狂后，他的情热之火便熊熊燃烧了起来。他也是一个男人，也是一个人。这封信是了解这点的绝佳材料。

有人会觉得公开这封信是一个痛苦，可我觉得读者阅读了这封信后也许会因此对抱月生出好感来。在这里我将河竹繁俊所著的《逍遥、抱月、须磨子的悲剧》一书中抱月的这封情书转载如下。

"此后半天过去了，我去那里反复读了那封信（大概他顺便去了须磨子那里，接受了一封她给的信后就去文艺协会或者早稻田大学的研究室阅读了）。我将那封信又是抱又是吻的，恍恍惚惚地沉思了又沉思。那真是一封令我高兴无比的信、令我眷恋的信，也是一封令我伤心的信。可能的话我想始终将它紧贴着自己的肌肤，永不放开。可是现实世界是如此可怕，让人四分五裂。我觉得自己的手宛如触摸着你的身体，我深感切肤之痛，内心好不悲凉。

我说，一封充满如此爱恋和哀怨的信也不得不将其撕碎扔掉，你不觉得我们太可怜了吗？！

想想都觉得无聊，实在是愚蠢透了。如生命般灿烂的爱情是神圣的，干脆世人想知道就让他们知道去好了。

对你的渴念如果始终如此继续下去的话，我想我的身体会受不了的。怎么办才好呢？为什么我对你的爱恋会如此深切呢。此时此刻我的头脑中除了你以外什么都没有。

想到你，我只感到高兴，其中没有什么世人，不存在什么体面。甚至此时此刻我立刻就想跑到你那里去紧紧抱住你。你真是个可爱的人、让人快乐的人、让人爱恋的人，同时也是一个坏人，因为你让我如此茫然失措。除了让你成为我真正的妻子之外，我内心便找不到通往安宁之路。我会想办法寻找时机，你一定要等到那个时候。

你再也不要说今天信中所写的'没有这种奢望'的话了。我要你说想成为我的妻子。只要能够将我的心和身体都合而为一，不再分离的话，名字是什么又有何关系呢？你难道不想和我一起去世界的任何一个尽头然后居住在那里吗？我的心中还有太多太多东西想写出来告诉你，可一想到这封信不知是否能平安到达你的手中，万一被人看见了可如何是好？我总觉得自己尚有些胆怯，因此只能收敛一下我的笔头写得克制一些了。就如你说的，我的脸是有两面性的，这是事实。那是我还不能摆脱世俗之心而在脸上留下的污迹。我对现在的女人（妻子）已经没有任何爱慕之情了，即使要让我爱她我也做不到了。我觉得没有人能经历我所历受的不幸。

但再怎么说我还是个有家庭的人，你这么想也是当然的事。我要想办法尽快从这个家中逃离出去。在家多呆一天都让我觉得厌烦，所以我每天总想呆在学校里。甚至我还想索性像一个行脚僧一样到处去周游。可你是那么可爱，如此令人难以忘怀。真叫我爱恋，叫我爱恋万分。写到这里我立刻就想停下笔来紧紧地抱住你，kiss你个不停。

　　我清清楚楚地记得六月十二日在名古屋的那晚，还有七月二十五日那晚也是非常重要的日子，还有在名古屋你住在旅店我的房间里的那晚；另外在大阪你将我的和服内衣睡在身下时，我是多么的高兴啊。还有在名古屋舞台演出到第三幕休息时，我们两个在椅子旁紧紧相拥时所感觉到心脏的砰砰跳动。啊，我如何才能忘却如此这些的记忆呢！你真可爱，太可爱了，你是永远属于我的。哦，对了，你听着，让我伤心的是名古屋演出的最后一晚在后台发生的事，事后你送酒氏去车站时，那时我担心得连自己都觉得是那么没有男子气了。

　　说到担心，那个酒氏早就说过什么当着人的面他也可以围绕你左右之类的话，而且现在他也是这么做的，而你又是那个态度。还有那个东氏，现在还想挑拨我和你的关系，企图把你抢回去，这点我也是早就知道的了。所以说你和他们的关系都令我感到可疑。可是如果每天每天对这些事情总是一一担心不已的话那就会无休无止的了。你现在的身份也是没办法的事，所以你去他们那边也无所谓。而我也只能祈祷并等待着那天晚上你的心能够平安地回到我的身边。

　　我和妻子住在一起，却要求你不要去其他男人那里，这也是我做不到的。本来我就觉得你曾多次和那人会过面，有很多地方让我这么觉得。虽然我不知道你和他见面都干了些什么，但你确实是和他见面了吧？告诉我你是什么时候，见了他都干了些什么。对了，从名古屋回来后你不会没和他见面吧？有一次在电话中你也是如此，只有那个人的事你对我讳莫如深，这点不也是很奇怪吗？啊，算了吧，想到这些事情我的心简直都快碎了，我怎么也无法安静下来。这一切都是骗人的，是骗人的，都是我的胡思乱猜。请你原谅。我怎么办才好呢？本来带着愉快的心情写的这封信结果却写成了这样。……我会给你寄去我的照片的，你要保存好。我会寄一张照得不错的照片给你，因为如果照得不好的话担心你会不喜欢。而且我会尽量拍一张小一点的送给你。

不过挂在脖子上那种不合适吧。如果你想要那种的话，我以后去找一找再寄给你也行。你觉得如何？

你的照片就像以前讲的，我只要拍到脖子以上的就可以了。我会将照片和我的头发一起放在自己的怀中，所以没问题。我只要看到你的脸就行了。手绢吗？那好啊，下次我们商量一下寄送的方法后你再寄给我吧。如果感到不安的话我就只放在学校里用。在送给我之前你先用一下，要染上你的气息。至于和服短外罩，只要有你一份心，我就快高兴得掉泪了。东西请放在你的柜子里。你自己现在身上也不缺和服什么穿的吧？你那么多次对我说，我实在是高兴极了。你有这份心我就非常满足了，你留着自己穿怎么样？如果你一定要给我的话，那么就什么时候给我准备一件和服内衣吧。尤其是夏天穿的更好。不过今年来不及了吧？

如果你说是外出旅行时买回来拿给我的话就没有问题了，什么时候你来吧。因为刚好有可以贴身穿的，我也想给你准备一件贴身穿的内衣，什么样的好呢？和服类的只要你需要都可以告诉我。然后穿上它就以为是我好了。这样的话反而是天天都可以穿在身上的东西更好些吧。

你无论如何都不来我的研究室，似乎看到我的东西你会感到伤心。看来我在研究室也要下一番工夫了。

你说你去户山原野一带散步了？我一点也不知道。真想见你啊。过了十五日后，在中间的一段日子或许时不时能和你见上一面的。只要能见你一面也好啊。对于家里的那个工读生，你不必担心，他什么都不知道。你现在害怕起别人来了，这实在是我的不是。我让你体验到了如此痛苦的恋情，你还要多多忍耐啊。就认为那是我们的缘分吧。我觉得那真是不可思议的爱情。至少对我而言，那是我有生以来第一次在心底深处如此深切地思念一个人。如果这份爱情流逝的话，我的生命也就完结了。

我也是自和你恋爱以来才开始在人前想方设法来装腔敷衍的。爱情教给了我们很多啊。不过我们两个人之间一定要坦诚相待，无论是去死还是选择活都要相互商量后才决定。我们才是真真切切的夫妻啊，我们的心和身体都要合而为一。在你身边有很多男人，可我身边除了妻子而外就只认识研究室里的几个女的和一两个女文学研究者了。这种事情并不以你身边有多少异性的数字可以说明问题的，我的爱完完全全奉献给了你，所以请不要以为我对你只是一时的偷欢。我是绝对不会变心的。对于那方面的事情你一定要相信我，你是相信我的是吗？相反如果你变心的话，出于我这个老实人的至诚，我还真不知道自己会怎么样呢，你要记住这点。

你给我写的任何一封信都要在末尾，无论是字的上面也好，或者其他地方也好，哪里都行，要紧紧压上你湿润的kiss，然后再给我。我收到以后也会在那个地方好好kiss一下。还有每天十二点钟的思念，也要一直继续下去。

你给我的回信，下个星期一夹在一本什么无用的杂志里（这个月给你的《青鞜》第七号刊也行）装着还给我的样子给我好吗？在里面夹上你给我的信，这样一来我就会注意到，决不会将它弄丢了。我说，就这样好吗？我给你的信从邮局寄过去没问题吗？我们如此战战兢兢的实在是没办法。今晚写这封信写到快一点了，接着我准备在梦里去见你。就像星期六晚上那样，做一个快乐的梦，一个幸福的梦。然后我要紧紧地、好好地抱住你，接吻又接吻。我好想和你接吻一直到死去。

给磨磨，kiss、kiss。”

读了这封信，也许有人会以为，这难道是大学教授写出来的东西吗？或许有不少人会连连皱眉。也有人或许会觉得一个大男人怎么如此窝囊呢，有人会因此而觉得惊讶吧。

可这里显示的是一个真正抛弃了地位、名誉，一心只为了爱而燃烧的赤裸裸的男人形象。

要责备抱月软弱、自私，这样做很简单。但是现在难道还有一个男人能写出一封如此真心诚意、如此充满激情的情书吗？难道还有女人能让男人为她写出如此的情书吗？

抱月所著的评论、小说众多，可我认为其中最为杰出的作品恐怕无疑就是这封情书了。也许读者会以为我这么说是在开玩笑，可我是真心实意这么说的。

这封信里既没有他在写评论文章或者小说中所采用的那些华丽词藻、也没有使用那些难解的语言。信中很多地方写得倒是为了让只念过裁缝学校，无甚学识的须磨子也能理解的简单句子。里面也没有丝毫摆出一幅学者的架子，也没有任何拐弯抹角的表现手法。

正因为如此,他对须磨子专一无二的爱情才得以淋漓尽致地表现了出来。

再则这封信为了解当时两个人的关系也提供了相当重要的线索。

让我们更详细地看看这封信吧。信的开头说"此后半天过去了,我去那里反复读了那封信……"这是说须磨子在从抱月的家回去后写了一封信,她托文艺协会的杂务工将信送给了抱月。

须磨子的信中大致写了如下意思:"今天三个人虽然以如此尴尬的方式见了面,但我依然深爱着先生。可是如此见到您夫人后我们也不得不分手了。这于我是多么痛苦、多么伤心哪。"

须磨子在市子面前表示"要彻底分手。我和先生并没有男女之间的那种关系。"她这么说只不过是对抱月妻子的辩解,当然她说"要回家乡"的话也不过是一时的想法。其实她说这些只是想看看对方的反应而已。

表面上她装作乖巧,可其实她压根没有和抱月分手的打算。相反见了市子以后反而引起了她的敌意。从这个意义而言,市子说"对那个女人不能麻痹大意"的话是说对了。

在这场吵闹前,抱月和须磨子两人已经有了肉体上的关系这点也是毫无疑问的事实。

信中对此事也有了明确的表现:"六月十二日在名古屋的那晚;还有七月二十五日那晚也是非常重要的日子;还有在名古屋住在旅店我房间里的那晚……"

两个人是在大阪、名古屋巡回公演期间好上的。可以看出他们那时就相互到对方的房间里过夜了。

从信中也可以知道须磨子将抱月的和服内衣拿回到自己的房间,垫在被褥下面睡觉。

不仅如此他们还在演出的幕间休息时，在椅子旁拥抱、接吻，可以说行为相当大胆。

做了这些事情，抱月还说"干脆世人想知道就让他们知道去好了"，其实不知道的只有他们当事人自己了。抱月已经无须豁出去，因为当时他们的事大家都已经知晓了。

还有酒氏是指名古屋的那位医生，也即是协会有力的赞助人酒井谷平。当时他作为赞助人正追求须磨子呢。

还有一个东氏无疑就是东仪铁笛了。

"我始终觉得你曾多次和那人会过面，有很多地方让我这么感到的。"大阪事件以来，须磨子虽然迅速向抱月接近，可她也并非和东仪完全绝交。回到东京后，她依然会接受东仪之邀和他一起出去吃饭。本来须磨子就是个多情女子，正是她的这种让人捉摸不透的地方更是燃起了抱月的恋情。

即使如此，对女人没有经验的抱月还是看出了须磨子依然和东仪保持着往来，这点他是抓住了要害。可以说是爱情令他变得敏感了。

"对于家里的那个半工半读生，你不必担心，他什么都不知道"中所提到的半工半读生，无疑是指中山晋平。说他什么都不知道也和前面一样，恰好表现了当事人自己在掩耳盗铃了。

全文随处可见的"kiss"这个词汇现在读起来似乎感觉有些陈腐，在当时却是一个新鲜的词汇，而且能更好地体现出作为一名英文学者的抱月所使用的相当恰当的词汇，同时也是信中一个极富亮点的词汇。在表现"爱"的词汇相当贫乏的日语中，这个词汇是一个比"接吻"更显得轻妙而恰到好处的表现。

但即使如此这封情书现在看来，全文显得有些压抑。虽说抱月是个有妻小的男子，但在我们看来他和须磨子的交往就不能更轻松一点吗？可是我们如果从对男女关系上有着强烈道德约束的当时来看，他们那样做已经是最大限度的努力了。

那个时代为人妻的如果和其他男人有染的话，即可被定为"通奸罪"；而男女即使在大路上并排走的话便立刻会遭到非议。因此这样看来，抱月他们当时已经相当大胆了。

市子毫不露声色地将情书抄下后，原封不动地放回了丈夫的抽屉里。

从信州演讲回来的抱月，对此一无所知，他将信封上后寄给了须磨子。

如果事情就此为止的话倒也没什么问题。

可抱月信中曾写道"对我现在的女人（妻子）我已经没有任何爱慕之情了，即使要让我爱她我也做不到了。我觉得我的不幸经历是没什么人能体会到的。"，接着又肉麻地写道"你的照片就像以前讲的，我只要脖子以上的就可以了。我会将照片和我的头发一起放在自己的怀中，所以没问题。"，还有"不过我们两个人一定要坦诚相待，无论是去死还是选择活都要相互商量了才决定。我们才是真真切切的夫妻啊，我们的心和身体都要合而为一。"看到这些市子是无论如何没法保持缄默的了。

她默默地抄录着信的内容，一边对抱月和须磨子充满了憎恨和诅咒。她伺机报复，她是不会让他们俩堂堂正正在一起的。她的怨恨在抱月回京（东京）后逐渐地并且以阴险的形式表现了出来。

虽说市子在那时还未打算与抱月分手，但此时此刻她对抱月已经完全失去了当初的爱慕和尊敬，失望和情意丧尽的感情占了上风。不过一想到五个孩子，市子还是下不了离婚的决心。

市子对自己看了信一事只字不提,却开始一点一点地对抱月进行逼问追究,而抱月一如既往地支支吾吾、闪烁其词地为自己辩解。

可无论他怎么解释,市子都已清清楚楚地知道那不过是他一时搪塞自己而已。

于是市子看到丈夫和服的衣领脏了,也是随手一扔,说:"让那女人给你去洗吧",甚至内衣也不再替他洗了。抱月在家里受到冷遇后更是倾心于须磨子了。

两人的夫妻关系一天比一天冷漠。市子感到不知所措,便找逍遥去商量。而她这么做使抱月的处境尤为艰难,夫妻关系也因此更加险恶了。

那年秋天,两人的关系几乎到了崩溃的边缘。

三

说"要回家乡"的须磨子并没有回去。

须磨子对从信州演讲回来的抱月以恩人自居般的口气说"我反复考虑过,如果先生无论如何都想让我留下的话,那我就留下吧。"

她这么做当然受到了抱月的极大欢迎。

"是吗?能为我留下来!"说罢他抓过须磨子的手,"谢谢,谢谢!"还多次低下头行礼道谢。

须磨子形式上是接受了抱月的要求而放弃了回家乡的念头,可其实从一开始她就没打算回家乡。虽说须磨子看到当时因被妻子训斥而畏缩胆怯的抱月感到相当不悦,因而一时顺口说了出来,可其实那并非她的本意。其实她是想通过这一极富爆炸性的宣言让抱月感到为难,并由此确认一下他的反应,这才是她真正的目的。

从这点而言市子说"那女人是在信口开河"说明她倒是看穿了须磨子的真正意图了。

但一头扎入对须磨子熊熊爱火之中的抱月是无法看清这种女人内心的真实活动的。

这次冲突是一个契机，令抱月的心更强烈地倾向于须磨子了。而且与以往不同，他再也不需要瞒着妻子偷偷地出门，他反而可以光明正大，在妻子心知肚明的情况下出门了。

幽会地点被妻子跟踪，并受到她的彻底追究后反倒给抱月增添了勇气。加上他发现在自己外出演讲期间，妻子似乎看了自己给须磨子的情书，并以此来一步一步地苛刻自己。妻子居然采用了如此卑劣的手段，这也令抱月觉得无法原谅。可以说抱月正是因为受到妻子的追逼，引来了一场大吵大闹后反而变得不顾一切了。

一旦"秘密"被世人知晓，反而没有什么可惧怕了。此后的日子里，抱月和须磨子的关系在剧团里俨然成了公开的秘密。只要有须磨子在的地方就可以时常看到抱月，而有抱月在的地方同样可以看到须磨子。

须磨子在后台化妆时，一旦发现抱月在自己身后的话，她便会公然撒娇说"先生，帮我在脖子上涂上白粉吧。"

遇到这种时候就连抱月也会不知所措，于是须磨子便将上身倚向抱月，进一步说："哦哟，行吗？快点吧。"

抱月这才显得颇为不好意思似地环视一下四周，然后拿起梳妆台上的粉扑往须磨子的脖子上涂白粉。当时在一旁的东仪和加藤就装作什么都没看见。可一等他们俩走后，便会在背地里说起他们的坏话来。

"须磨子说话居然也会如此女人气地嗲腔嗲调的呢。"

"求的人也真会求，可做的人也真是做得出啊。"

"真是太殷勤了，简直不像岛村先生的所作所为。"

两人叹着气，可抱月却毫无点检自己行为的意思。

加藤忍不住了，有时半开玩笑地说：

"先生近来也变得喜欢起女人了呢。"于是抱月便一本正经地回答说："现代人都因为表现出了好色，因此才得以从过去的束缚中摆脱出来。"

大阪公演时，须磨子的撒娇越发肆无忌惮了。她甚至在旅馆的卫生间里对着抱月说出："先生，手纸没有了，帮我拿过来。"

声音在长长的走廊回响，大家简直惊呆了。可抱月却兴高采烈地将一束手纸揣在怀里一路小跑着送了过去。

"最近岛村先生变得好奇怪啊。"

须磨子旁若无人的行为并非现在才开始的，可连抱月都变得如此反常了，这对剧团成员们而言可就并非事不关己的了。至少抱月是整个剧团成员的管理人员，如果连这个人都失去了公正的话，剧团便无法维持了。

和须磨子同期的林千岁在名古屋公演的第一天突如其来地提出说要退出演出。

她对东仪申述理由时说道："我不愿意被须磨子刁难作弄还依然忍受着参加演出。"

东仪以前就对须磨子的任性自私很恼火，于是他立刻找来了须磨子提请她多加注意。

"不是你一个人的舞台，你一个人过于出头露面会令大家感到不快的。"

"你在说什么呀，我是主角。只有主角演活了，配角才有存在的价值，难道不是吗？"

"不对，舞台演出包括主角和配角在内，只有大家调和一致才能成立。"

"但主角毕竟是主角吧。"

两人正争论时，抱月来了。东仪立刻说明了情况后，抱月用少有的斩钉截铁的口气说：

"有什么话要对松井小姐说的话，我会对她说的。我是导演。"

对他的这种不客气的说法，东仪也满脸怒气地回答：

"导演也做得像个导演的样子如何呢？能不能做得公正一点？如果先生再如此对须磨子袒护纵容的话，我也罢演回家去好了。"

"我可没有袒护纵容她。"

"你是的。大家都在这么说：现在先生的做法实在讨厌……"

"不要说如此无礼的话，我可不愿意和那些不听我话的演员打交道，如果大家对我有不满的话，我先回家好了。"

"说什么蠢话！你只要和松井两个人去干好了！"

"愚蠢的是你！……"

他们以前始终都压抑着对对方的怨气，可一旦爆发出来后便一发不可收拾了。这时出来劝解的人便是土肥。虽说他也有话要说，可那种时候他却不能参与争吵。他只得拼命加以调解，当时算是息事宁人了。

可从此以后抱月和东仪、须磨子和千岁永远成了对头。

虽说抱月和须磨子的关系如此亲密，可须磨子却也未必对抱月一心一意。她在"先生、先生"地对抱月撒着娇，在依赖着他的同时，另一方面也和其他男人亲密交往着。

名古屋公演结束后，须磨子接受了酒井谷平的邀请，和他一起共进了晚餐。

吃完饭，须磨子突然说出"先生，允许你和我接吻"的话来，看到酒井不好意思，于是她便自己凑过嘴唇来。如此一来酒井也禁不住诱惑，慢慢地将嘴唇压在须磨子的嘴上，须磨子又轻声低语：

"你可以把舌头更伸进来一点啊。"

听这么一说酒井一下子搂紧了须磨子，并抚弄起她的胸脯来。

此后酒井和须磨子频繁地会面，更进一步发展了肉体关系。

《回忆》一剧公演时，在后台身穿舞台装束的须磨子就和酒井两人相拥在一起，那情景刚好被抱月撞见，当时就引来了一场吵闹。

"这种样子的话，岛村先生再怎么热衷也是于事无补的了。"

很多人如此这般地说道，也有人指责须磨子是个多情女。

须磨子引诱酒井和自己接吻，她有她自己的算计。

无疑酒井是个有产者，又是协会的主要赞助人，每次公演他都会买走数百张票子。尤其是名古屋公演时，几乎都是他一个人援助的。须磨子既然主动和酒井接吻，一来说明她并不讨厌他，同时她也确实算计着把这个男人拉拢在自己身边是不会有什么害处的。

可他们两人亲热的场面多次被抱月看见，这令他无法忍受。他不禁怒气冲天。可对方是提供资金的酒井，他没法当着面痛骂他。

大致而言，须磨子所选择的男人从抱月开始，无论是东仪，还是酒井都是协会的主要成员。因此他们中一方高兴了，另一方就不高兴，他们之间的感情相互牵制相互影响。而须磨子看着这三个男人为自己角逐，争风吃醋似乎也颇为沾沾自喜。

此后抱月在痛悔之余给酒井写了一封可以看作是挑战书的信。

"（前略）今天被我第一次发现的地方对你而言一定是一个值得

庆贺的地方吧。你来这里的事情,每次本人(须磨子)都会直接向我汇报的。这说明差不多是被暴行夺走了贞操的女人是何等的软弱啊。不过我依然有意要拯救她。因为所幸的是她把心还是留给了我。被'为了协会'这一花言巧语所欺骗,她就让你每个月二、三次不过玩弄一下她那可怜的身体,你就得意洋洋起来,对于你的这点'器量'在她给我的信中有着很有趣的描述。如果你想看的话,什么时候我可以让你看看……

你说过要毁了协会的话,我看能毁掉协会的只有协会自身。当然你也是负责人,如果协会因为这点而暗中帮你,对我说些冠冕堂皇的话,而将从我手中夺走的东西作为诱饵转给你,如果协会果真是如此踩躏我的感情置我于不顾的话,那么我眼中也是不会有这样的协会的。正如有句话所说的'以牙还牙'。至于接下来怎么做,无论是我还是她,只要开一个口就说不定就可以让协会毁掉。但是要承担责任的并非我一个人,是这里三、四个人的总体崩溃。如果真是如此的话,那我也不会客气,我会斗争到底的。即使我被打败,哪怕死也无妨。我没有任何秘密,任何时候我都可以向大家公布一切。你还曾为我担心过。如果要我写剧本的话,下次我倒要写一个名为《滑稽》的戏。里面我想写一个'表情痛苦的道德家'主角和一个'真真傻瓜'的好好先生的配角,描写一下他们在被你们两个(肉体的存在)的计谋钻了空子后所表现出的一幅呆头呆脑的样子。

即此。"

将这封信公之于世的河竹繁俊氏推测说,最后部分所写道的"表情痛苦的道德家"是指逍遥,而"好好先生"是指土肥,"两个肉体的存在"

是指酒井和东仪。确实这么一解释的话信的内容就更容易理解了。

虽然这个题名为《滑稽》的剧本此后并没有写出来，可在那年一月《早稻田文学》上发表了名为《复仇》的剧本，其中描写了和酒井及东仪完全一模一样的人物追逐着同一个女人。十月号中名为《竞争》的剧本中也同样对他们两人作了议论。

对于那些应该读这些作品的人而言只要读了后立刻都会明白的。而且抱月甚至自己还为剧本打上了"现世剧"的旗号，因此说他是为了给酒井和东仪看才写的也不为过。

这两个剧本虽然都因内容拙劣而未能上演，但《早稻田文学》居然会刊登如此记载了个人恩怨的拙劣之作，可见当时抱月是如何丧尽理智的了。

实际上，当时协会内部正处于风雨飘摇之中，作为协会编外人员的酒井也威胁地说过"要摧毁协会"之类的话。

须磨子一边将自己的身体献给了酒井，却一边将其中的部分情节告诉了抱月。

说得好听点她是为了煽动抱月对她的恋情，可也不能否认其背后是她在看到抱月听了她的话以后怒不可遏的样子而感到幸灾乐祸的这一施虐癖在作怪。

不管怎么说，被须磨子那样的女人折腾的抱月才可以说是个真正的悲剧性人物。可抱月自己却丝毫都不泄气。

实际上，陷得如此深以后，他已经无法简单脱身了。

大正元年（1912年）九月，抱月将自己写的短歌发表在《早稻田文学》上。

短歌的意思大致如下：

我的心，时而二十，时而四十岁，我心多狂乱。
每天生活多刻板，如今四十又二，却让我的心伤透碎尽。
是谁让我时而燃烧如火，时而冷透似水？那就是你啊。
暂时的结缘如一纸誓言，若能到永远，亦岂非舒适如宫殿。
既往三十年，如长久沙漠行，从未见绿洲。

还有同为早稻田大学教授的中桐确太郎曾写过一篇题名为《一段追忆》的文章。那是在大正七年（1918年）十二月《早稻田文学》所出的岛村抱月追悼特刊中所刊登的文章。

"世上说四十二岁是厄运年，这不仅是指生理上的一个危险时期，而且在精神上也进入了一大危机时期。我以前始终抱有雄心，为了达到出色的功绩，曾非常努力地学习，也非常节制，始终相当刻苦。现在反顾以往，却发现什么都没有做成。倘若人生五十年，我已所剩无几。那么在所剩无几的人生旅程中，究竟如何可以达成自己的志向呢？如此想来，发现以往的生活是何等无趣。我要对自己的生活实施一次大革新，从今往后尽情做自己想做的事。"

以上是抱月生前与比自己高一年级的中桐谈心时所说的内容。中桐是个逻辑学家，与当时的文坛、剧坛都没有关系。正因如此抱月或许才能诚实而毫不隐瞒地说出自己的心里话来。

总之，夏天的那件事发生以后，抱月便亲自将自己的爱情光明正大地在学校的杂志上宣告了出来。

恋情之火一旦燃烧起来便无法熄灭。此时的抱月已将世俗、家庭、艺术全然抛至脑后了。他一心一意只朝着对须磨子一人的爱的方向前进了。

可作为一个有社会地位、有妻室的男人，在热衷于其他女性时，已经不能用单纯的热情可以解决一切问题的了。其中充斥着无数起伏的波浪和飞舞的狂风。但是在遇到爱情时抱月的心只有二十岁，在处理日常俗事时的能力也没有超出二十岁的范围。

四

大正元年（1912年）秋天至岁末，抱月不断烦恼着，不断迷茫着。

他对妻子市子的感情已经完全冷却，可又下不了离婚的决断。实际上，即使他想要离婚的话，市子也未必肯简单地应允。

那时的抱月在家里几乎不和妻子开口说话，市子对抱月也采取了无视的态度，连他的日常生活都不予照顾了。虽说抱月曾一度道过歉，可此后却不仅毫无悔改之意，反而更倾心于须磨子了。市子在焦躁不安中丧失了冷静，歇斯底里症状再度发作。

九月她去了坪内家，诉说了自己的痛苦。此后她便不断去逍遥那里汇报丈夫的近况，每次都要求逍遥对丈夫提出忠告。

抱月尽管几乎为爱情发疯了，但他毕竟是个大学教授，也是个有判断能力、年届四十的男人了，因此就算逍遥也无法像教训孩子似的训斥他。

不知该如何是好的逍遥只得找到了早稻田大学校长高田半峰，和他商量此事。逍遥和高田是早在东大（指东京大学）时代的好友，两人对抱月的才能都有很高的评价。

两人首先觉得有必要将抱月和须磨子暂时分开一段时间,让他们有个冷却期,在这点上他们取得了一致意见。他们决定在十一月初由高田事先计划一次关西旅行,邀请抱月一同前往,然后让他在京都多呆一段时间。

抱月接到高田的邀请,考虑了一天后,他回答说"让我和您一起去吧"。

虽说他内心很担心和须磨子的别离,但这次是校长出面亲自邀请的。加上校长所说的"你稍微疗养一下如何?"的话,虽说话语温和,实际上却相当于对他提出了停职要求。本来抱月的生活状态混乱被校长这么一说也已无奈了,同时他自己也有离开东京一段时间,休整一下自己生活的想法。

十一月五日,抱月和高田校长一行到达了奈良,呆了约一周时间后,十一月中下旬便去了京都。

高田预约了"柊屋"旅馆,而抱月则住在三条大桥附近的"信乐"旅馆。

至于逗留多久,事先并未决定,高田只是说"无论是两个月还是三个月也好,总之一直呆到你的心情稳定之后再说。"

抱月还以为这次旅费是校长为了犒劳自己而从大学里给出的呢,但实际上这笔旅费全都是逍遥个人负担的。在文艺协会里就是如此,协会成员或者有关人员中只要有谁发生了困难,逍遥总是悄悄地拿出钱来资助。

但这次从奈良转到京都,两个月的逗留费用可不是一笔小数目。仅从这点便可看出逍遥对抱月的期待有多大了,同时他也是多么期望抱月能了断和须磨子的恋爱关系了。

真可说"孩子不知父母心"吧。抱月对须磨子的爱恋却在一味不断地增长。而且正因为见不到她,抱月在晚秋的京都城里变得越来越郁郁寡欢了。

"畝傍、耳成和天香具山都是可爱而小巧的山峦,并且它们都各自孤独地矗立在原野上,这使它们更容易和人亲近。同时虽说这些山峦并不具有雄伟、庄严等意义,可却也显得优美可爱、单纯明快。正因如此,这三山被编入了神话中,留下了'和耳成争夺女人'的传说。大致神话中都有很多超越人类力量的要素,可这个'女人之争'却充满着人性。作为神话它是属于相当单纯明快而可爱的,同时它也是一个柔美而有特色的神话。我觉得这点很有意思。尤其要说三山争女人,会使人立刻联想到近代的文艺世界。所谓三角关系是近代社会悲剧的绝佳题材。……"

这是抱月寄给《读卖新闻》游记稿中的一个段落,里面透露出抱月动摇不安的内心世界。

在京都他更是因无法忍受寂寞而写下了题名为《断片》的短文。短文是以描写一个女性去山里的温泉给她所爱的男子写情书的形式写成的。此文刊登在翌年二月的《早稻田文学》中。

"要让我写信的话,每天可以写上两、三封。人常说日一封夜一封,这点也没什么值得大惊小怪的。自从分别后我的这种思念如果仅靠每日一信便可倾尽心头想念的话,我也就不会到这寂寥的山中来受尽这思念的苦痛了……"

这段开头的文字如果将男女性别转换一下的话,直截了当地表现了抱月当时的心情。

然而仅将自己的心情倾述于游记或小说是无法消解抱月内心恋情的。抱月眺望着秋雨中的东山,又闻鸭川河的千鸟之鸣,心情不仅无法平静,反而越来越心神不安了。

如果可能的话他此时此刻就想立即回到东京去见须磨子。

可在出发来关西时,高田曾规劝抱月要斩断对须磨子的留恋之情。只不过他并非说得很明确,也没有说出须磨子的姓名来。只是绕着圈子说:"你也该从现在如此那乱糟糟的心情中解脱出来了。为了专心致志于工作,好好收拾一下自己身边的种种事情,你看如何呢?"

但他的意思显然是要抱月该收拾一下和须磨子之间的事情了。

接受了校长亲自忠告的抱月当时也是打算将自己的恋情告一段落的。他觉得也许出去旅行一段时间便可以了结了这段恋情的。

"正如您所说的,我一定努力去做。"

刚如此许诺过,如今却又因为思念须磨子而恬不知耻地说要回东京去,这是他怎么也做不出来的。

抱月苦恼万分,于是给曾是他文学系学弟的相马御风写了一封信,当时御风也是《早稻田文学》杂志的实际主编,不过他既和话剧没有关系,对于抱月和须磨子之间的事情也不是很清楚。

"相马君:

这两天我出了远门。信昨天收阅了。我虽然期待着通过这次旅行能够真正地在精神上进行一次革命,可我实在做不到。或许我自己都不知道是否在我不知不觉中自己的头脑里发生着什么变化。可我觉得自己无论如何都做不到。要做到的话至少还需要半年的时间吧。我现在的生活依然受着周围的束缚而无法从中超脱出来，真是悲哀。不进行更激烈的矛盾冲突的话，真正意义上的生活革命就无法开展。有时我受某些事情的牵制，有时又受本能的驱使，因此我旧有的生活依然慢腾腾地维持着，无法休止。虽说心里着急，觉得该结束了，该结束了，却又做不到和现在的生活彻底决裂。我真讨厌自己的软弱，有时我真想索性从现实生活中消失，要么来一个大隐遁或者大静寂。我在卑躬屈膝中生活了四十年，想来是如此无意义，如此滑稽。有时觉得周围的那些人假装一本正经的面孔，他们的生活又有何意义可言呢。我多么想彻底改变一下自己的生活方式，去过自己真正自由的、有价值的生活啊。这些日子我始终这么想着。我觉得自己今后的生活不发生彻底的崩溃恐怕是不行的。

总之现在对自己是豁出了身体去了，而对他人却奇妙地变得多愁善感起来，动不动就掉泪，毫无办法。带着此种情绪，自己能否为《早稻田文学》一月号刊写得成文章我还没有把握。即使写成了文字也不过是一时的应景之作吧。至于何时能回家也还是个未知数。想到既然如此，那么干脆就在这里痛痛快快地沉溺于自己的感情世界好了，可我身边依然有各种各样的牵累而使我幡然醒悟。自出发来这里已经两个多月过去了，实在是毫无办法。……杂志的事还请你多多关照了，希望办好一点。还有也请代我向中村、田中等问好。十二月八日从早晨开始便时晴时雨的，此刻小冰雹正带着落叶一起正敲打在窗户纸上。

即此。"

这封信的内容有些奇妙。表面上抱月表示对自己的生活革命不够充分，何时回东京亦不可知，可一边却又说"有时我真想索性从现实生活中消失，要么来一个大隐遁或者大静寂。"

正因为抱月平时是个凡事都往深刻里思考的人，因此他的这句话令相马感到不安。

说不定抱月先生会自杀呢？即使不是的话，是不是他想完全从大学以及话剧工作中抽手不干，然后隐居到深山里呢？

万分担心的相马立刻找了中村星湖和田中介二商量。于是他们决定要恳请抱月回来。

如此大正元年（1912年）年末将近时，抱月以响应门下弟子的热切恳愿的方式，为他的回京找到了借口。

这次可以说让抱月的企图得逞了。一边说什么大隐遁啦，大静寂的，可实际上抱月是在寻找一个回东京的理由。因为他和校长高田曾有过约定，无法立刻毫无理由地就回去的。所以事实上他相当于请求和他心心相印的门生帮了他这个忙。

在抱月去关西的那段日子里，须磨子也天天过着心神不定的日子。

抱月像是被校长"拐走"了似的去了关西，须磨子这才初次尝到了没有抱月的生活空白。

抱月在离开东京前曾到须磨子家里，对须磨子表白说："周围对我议论纷纷的，所以我暂时要去一趟关西。虽说不得不分开一段时间，不过我比任何人都爱你，这份心到哪里都不会改变的。"须磨子听了抱月的话，还真以为他由于家庭、学校里有诸多的烦心事，因此想暂时去关西一段时间呢。

可是抱月走后，须磨子听到周围一些人的传言后才发现事情有所不同。抱月去关西与其说是为了和妻子分手，倒不如说为了和须磨子分手。

这件事坪内博士和文艺协会的骨干们也似乎都心知肚明。据说只要抱月下不了决心就不会回来。

早稻田一些自称抱月崇拜者的人甚至胁迫须磨子说:"岛村先生现在正处于关键时刻,如果依然这样下去的话,他的才能就会被毁掉的。如果你真的爱先生的话就主动退出吧。"

须磨子相当惊讶,于是向抱月询问。抱月回话说:"就像我在东京时对你讲的那样,我最爱的人是你。男人不会如此简单地就变心的。现在你也许很觉孤单,可还请你多多忍耐。"

本来抱月就有着知识分子所特有的黏黏糊糊的性格。他既不得不听从校长、坪内博士,可也无法下定决心与须磨子分手,同时也没有断然和妻子离婚的勇气。他试图对周围所有的人都摆出一副老好人的面孔,因此他自己便更陷入了烦恼和痛苦的恶性循环。

不过须磨子并未心醉于抱月敷衍一时的甜言蜜语。

虽说是一时的,但抱月是因为受到坪内博士他们的责难而去关西的,这是不可争辩的事实。此行名义上是疗养,实际上是为了和自己分手。而且抱月也是很清楚这点才离开东京的。如此的话须磨子觉得自己也有自己的人生方式。

于是她便突然开始寻找起可以替代抱月的恋人来。她首先看中的是太田盛男和武田正宪。他们和须磨子是同级生,都是文艺协会的第一期学生。太田是出生于有产阶级家庭的儿子,在资金上也是协会的有力资助者。武田作为一名男演员也相当有实力。

本来须磨子并非对他们立刻就产生了爱恋之情,不过是她以前就对他们俩有好感,如今抱月不在了,因此他们的存在突然变得重要起来。换句话说,其实她只是为了消除抱月不在身边的寂寞和不便,才想找他们做"替身"的。

须磨子仗着曾和他们是同年级同学，于是相当露骨地向他们采取了攻势。她诱惑太田说："我们一起去宾馆开房间吧。"她又在自己的家招待了武田，并为他做了抱月喜欢吃的鸡蛋乌冬面。

可是此后武田却有意避开了须磨子的引诱，而太田则带她去新桥见了自己常去的一个艺妓那里，并在须磨子面前亲热地显示出"这就是我爱的人。"就此他也抽了身。

无论是太田还是武田，虽说受到作为明星须磨子的引诱内心也并非不悦。可对方是恩师岛村先生的女人，虽说抱月还在关西，但说不准什么时候就回来了。当然在这种状况下他们无意和须磨子接近也在常理之中了。

抱月走了，而两个男人也逃得远远的，此时的须磨子心情相当低落。

如此看来抱月的存在对她而言实在太重要了。虽说当时由于他们两人关系太亲密了，因此须磨子说话有时会口气轻率，有时还会让抱月为她揉肩，可是对于须磨子而言，抱月既是恩师又是导演，更是自己生活的支柱。

大正元年（1912年）十一月，协会在有乐座剧院上演了《二十世纪》，当时抱月不在，因此由松居松叶担任导演。须磨子演主角葛兰多夫人。那是一个质朴的老女人角色。

如果是抱月当导演的话她就可以撒娇说"我讨厌这个角色"，而让导演改排其他的戏。可现在的导演是和自己并不那么熟识的松居，因此就无法如此任性了。加上抱月不在，以前曾憋着气不敢拿她怎么样的演员们此时也都对她冷眼相对了。

葛兰多夫人一角的演出结束了，但须磨子始终没能进入状态，舞台的人气也不怎么旺盛。

须磨子切切实实地感到抱月不在身边的孤单和无助。以前自己没有注意到,是因为有了抱月自己的任性妄为才有可能得逞,有了抱月自己所做的一切不知道有多么顺利啊。因此她深感为了更好地在舞台上演出,身边必须有一个像抱月那样的人物存在。

以前她曾和酒井、东仪"玩",现在又去接近太田和武田,从根本上而言她都是考虑为了能让自己的舞台演出更为顺利才这么做的。从这个意义上可以说须磨子是一个一心为了舞台的自私自利者。

《二十世纪》公演结束后的十二月七日,须磨子被坪内逍遥亲自叫到了自己的宅邸。

须磨子去了以后,逍遥简单地叙述了一下自己对这次公演的印象,然后单刀直入地说:"你对岛村君是怎么看的?"

"我觉得他是一个令人尊敬的了不起的老师。"

听了须磨子的回答,逍遥点了点头。

"你也知道,岛村君是位优秀的学者和导演。作为他的老师我祝愿他能有更大的成就。可是最近他的生活无论于公于私都过于混乱了。虽然我并不能将所有的原因都归结于你,但我认为大部分原因都在你身上。"

须磨子纹丝不动直视着逍遥。

"我想这点你也是知道的,岛村君是他年轻时就为他提供学费的恩人家的女婿,即使现在和妻子关系不好,但他们之间也不是简简单单就能离婚的关系。他们还有五个孩子。因为有了其他喜欢的女人就要离婚这也实在太自私自利了,也不是应有的为人之道。"

那么和自己讨厌的人维持夫妻关系,这难道就是为人之道了吗?相反这不仅是做妻子的悲剧，也是孩子们的不幸。须磨子想立刻反驳，可对方是坪内博士，因此须磨子说不出口来。

"你或许心存不满，可这件事只要你退出的话一切就能得到解决。"

"你说让我退出，意思是让我放弃岛村先生吗？"

"我是说你能否和岛村君不是作为恋爱关系，而仅在工作上保持关系呢？"

"那样先生能同意吗？"

须磨子脸上浮现出了目中无人的微笑。

"他就是带着这种想法去关西的，现在正在整理自己的心情。总之现在如果不解决这个问题的话，不仅会影响文艺协会甚至会牵累到整个早稻田大学。"

"……"

"怎么样？你能放弃吗？"

"既然先生这么说了，那我就这么做好了。"

"是吗？谢谢你了。"

逍遥情不自禁地伸出了满是皱纹的手，须磨子无视他的手，说：

"我可以放弃岛村先生，不过让我再和先生见一面吧。"

"见了又怎么样呢？"

"就是想说句道别的话。"

须磨子两颊绯红，眼中透露出妖艳的光亮。逍遥看着她，断然地左右摆动着头。

"既然决定分手，再见面也没什么意义了吧。如果你下定了决心，那么你还是现在在这里就彻底死了心吧。"

"无论如何不能再让我见到他了吗？"

"从我的角度而言，我是不能允许的。"

"我懂了。"

须磨子行了个礼便迅速地站起了身。虽说她的话中似乎是表示了同意，可从她迅速返回门口的背影看，她对于这席话完全处之泰然，内心毫不动摇，并充满了自信和坚强。

五

大正元年(1912年)岁末，抱月回到了东京。翌年一月四日在杂司谷鬼子母神庙内的"水菖蒲亭"举行了"抱月欢迎会"。出席成员除了相马、田中他们，还有片上伸、本间久雄、楠山正雄、水谷竹紫等一些人。他们都在早稻田时代直接听过抱月的课，换句话说他们都属于抱月的"亲卫队"之类的小组成员，共二十人左右。

相马首先对早稻田大学和坪内逍遥他们对抱月的冷淡态度进行了非难，接着他提议说要将拥护抱月的运动坚决开展并扩展开去。

当然，这次集会本来就是自家"弟子党"的集会，因而不会出现任何异议。不过通过这次聚会可以被称为"抱月派"的团体就此成立了，会上决定此后每个月在江户川畔的清风亭举行一次聚会。

在弟子们的鼓励下抱月鼓起了勇气，他又开始和须磨子见面了。

两个月的别离，抱月对须磨子的恋情越发强烈了。须磨子也在此期间充分尝到了孤独无助的滋味，因此两人再次见面后恋火燃得更旺也是常理。况且周围的压力和刺激更助长了他们的恋情，而且燃烧得更加激烈了。这一结局完全与逍遥和高田校长他们的意愿背道而驰。

从一月至二月，抱月和须磨子见了面，而且他们的联系相当密切。可这期间抱月并没有去文艺协会露面。

抱月对策划让他和须磨子分手的逍遥虽然毫无低头认错的意思，不过事到如今他也觉得无脸面去见逍遥了。对于文艺协会而言，也不再愿意将工作交给不守信用的抱月了。

二月初，作为文艺协会的第五次公演，上演了《回忆》。翻译和导演都由上次《二十世纪》的松居松叶担当。虽说松叶很早以前就和早稻田担任话剧工作的有关人员有着交往，但他本人并非大学人士，与其说话剧，倒不如说他是搞戏曲出身的，至少他算不上早稻田出身的正统派。文艺协会连续两次将翻译和导演的重任交给了这样一个人物。

本来起用他不过是抱月不在时的临时补缺，可那些自称早稻田正统派的人物却并不这么认为。

起先他们提出了"文艺协会不能交给一个搞戏曲出身的人"，可是渐渐地呼声朝着"协会把抱月看成了累赘。"这一方向发展了。

尤其是《回忆》和《二十世纪》都是较为通俗的剧目，这点也引起了这些打着"艺术至上"旗号的早稻田派们的不满。

"协会的做法太奇怪了"，在这不满言辞的背后隐藏着对协会主办人逍遥的不满，但逍遥毕竟是协会的创始人，因此他们也不敢明目张胆地谴责他。

此后这些不满分子逐渐聚集到抱月身边，成了一个小集团。

如此一来，自抱月返京后，在江户川畔的清风亭所举行的抱月门生的聚会反协会色彩日渐浓厚了起来。在这点上，可以说本来缺乏行动能力的抱月，在被血气旺盛的早稻田派们追捧后才被动地行动了起来的。

逍遥虽然知道他们的活动，但他也只装作不知。对于逍遥而言，这类有关话剧上的运动和抱月、须磨子之间的丑闻完全是两码事。问题是在神圣的话剧舞台上交织了儿女私情的话就会乱了风纪。因此只要这个问题能够得到解决，逍遥是任何时候都打算重新接纳抱月的。

可当时由于他们相互之间缺乏沟通，于是发生了各种误解。尤其是周围又有人煽风点火，误解的范围也就越来越广了。

起初到清风亭聚会的人都曾是抱月教过的一些文科学生，可渐渐地那些对逍遥和文艺协会心存不满的人也参加了进来。他们自称"护宪派"，提倡文艺和话剧的"艺术至上主义"。成员以相马御风、片上伸、本间久雄、楠山正雄等为中心，连人见东明、水谷竹紫等记者也加入了进来。

他们提倡"脱离低俗倾向的文艺协会，掀起新的话剧运动"，并一致推选抱月为他们的盟主。

这类活动以前也不是没有过。在前一年协会一期生中的加藤精一、森英治郎、山田隆也等人向协会的骨干提出了有关今后只演纯艺术剧目等内容的请求书，并秘密商谈如果可能的话要在逍遥的直接指导下结成一个独立的剧团等。

他们的主要目的就是在排除任性自私的须磨子的同时，还企图排除怎么看也谈不上具有什么艺术气质的土肥和东仪两位骨干人员。

在第二期生中也有着同样的不满。他们无法忍受自己总是被土肥、东仪他们安排跑龙套，于是提出改善现状的请求。无可否认，这些事件的背景是这些现有的演员土肥、东仪和那些为新剧运动燃烧得热情澎湃的协会成员们在意识上的分歧。

对于他们的各种要求，逍遥采取了严厉的态度，"对于有意要加入到其他剧团的人员，这次要明确自己的去留。而对于曾参加过其他剧团的人员，哪怕只有一次，如果没有特殊情况，都不允许再次入会。"

当然逍遥并非不理解他们所提的意见，他理解比起通俗性更应该重视艺术性的这一意见。但是他认为话剧活动在艺术性中也必须加进通俗的成分。追求艺术性当然好，但舞台上同样也需要土肥和东仪他们的明快演技和须磨子的华美。光论及艺术的话是无法在经济上供养整个发展壮大起来的艺术协会。这正是一人独自承担着协会财政重负的逍遥毫无虚饰的真实感受。

不过他也不能完全无视他们的意见。

且不说二期生，首先为了消除一期生的不满，逍遥进行了如下的组织更替。他将一期生中的吉田幸三郎、森英治郎、加藤精一三人新增为干事，将常任干事兼技员监督的土肥和东仪降职为普通干事，又将自己的好友市岛春城推为理事，金子筑水为学艺主任、池田大伍为幕内主任、关屋亲次为经营主任。同时不再邀请本来是干事的抱月和须磨子加入干事会，并且不让他们参与干事会的实际经营活动。

如此一来看起来似乎暂时消除了协会成员的不满。可那些抱月的拥护者，即"护宪派"们却并不满足于这种程度的调整，对人事略作调整并不能使他们所提倡的艺术至上主义得到确立。

尤其引起他们不满的是在连抱月本人都不知晓的情况下被开除出了干事会。且不说须磨子吧，抱月可是从初创起就是协会的中心成员，因此这种单方面无视抱月存在的做法令他们觉得无法原谅。

年轻而意气用事的"护宪派"们认为"协会被一部分俗人搅和了"，甚至有人说出了"坪内博士再也靠不住"的话来。当时的气氛正面临着分裂的危险。不过抱月本人却比他们显得更为心平气和。

确实抱月觉得自己是在不知不觉中被开除出干事会的，还有对协会剧目的选定方法问题他也有不满。另外对于逍遥听信东仪、酒井他们的话，认为自己和须磨子之间存在着不洁关系这点也是心存不满。

不过即使如此,他也没有打算离开协会的想法。即使他有不满,但正因为身处协会里自己才有可能展开工作的。虽说和逍遥之间有着各种误解,但将来终归有机会见面,只要能好好谈一谈的话,自己一定可以得到他的理解。因此他相信现状并非如此绝望。

对于这点逍遥的想法也几乎和他同样。

逍遥觉得抱月现在正狂热地爱着须磨子,他搅乱了协会的管理,并招致了学会成员们的嫌弃,因此当着其他会员的面,现在是让他退出了干事会,但无论何时只要他心情平静下来,总归要让他依旧作为协会的骨干展开工作的。对于这点想法是他们基于多年来老师和弟子关系所带来的默契。

但是如果不当面相互讲清楚他们自己心里的想法的话,误解的鸿沟依然会越来越深。

总之,抱月身边集中了一批自称"护宪派"的幼稚的唯心论者。抱月和他们一起讨论问题,在他们的热情感染下,抱月和协会对立的态度渐渐显现了出来。当时的抱月宛如即将准备固守城山之前的西乡隆盛,他在周围人的推崇下犹犹豫豫间成了反对派的首领。

然而抱月既没有西乡隆盛的霸气,也没有他的坚强。表面上看起来他和协会对立,可内心最害怕和协会对立的还是他自己。

那年五月,抱月给逍遥写了一封陈情书,逍遥把它看作是"辩解书"。那是一封长长的信,抱月用每页四百个字的竖排笔记本稿纸,足足写了三十张。信的开头如下:

"坪内先生,我还以为先生和我之间的关系会有所好转,可实际上却越来越疏远了。何况事实上我已非属协会之人,在我另行提出正式辞呈的同时,这里首先想对有些事情作个澄清。

"先生曾说过'自己绝不会违背你'的话,此时此刻我也在写信的同时觉得自己没有一丝一毫要违背先生的意思。我从心底真切地感到'对不起,很抱歉'。不过我相信您不会说既然我觉得'对不起'那就一定能克制我的个人感情了。在我没有丝毫违背先生之心的同时我的个人感情也在燃烧。由此对于先生对我这方面事情所采取的处置我也心存疑虑,感到不公。这点也是在下面想向先生陈述的问题之一。"

　　最初他所说的"已非属协会之人"是指自己被开除出干事会一事。"辞呈"是指和此信同时寄出的干事辞退书一事。在提出辞呈时抱月曾相当犹豫,可他听从了片上伸他们所说的"先生实际上已经从协会的经营管理中被排除了出来,不应该再对做干事一事有什么绵绵不绝的留恋了。"

　　信中所说的"个人感情"正是指对须磨子的恋情,"在我没有丝毫违背先生之心的同时我的个人感情也在燃烧",说明他既想留在协会里,又离不开须磨子。这里述说了他内心的苦衷。

　　"我首先想说的是,近来社会上对于协会有着各种各样的议论。我坚决声明这点和我没有任何干系,是这些人他们自己的独立所为(丝毫和我的意志无关)。"

这是对护宪派等在清风亭集会,并不断扩展声势的辩解。
此后信中对他和须磨子关系展开了辩解。

　　"……我相信我的某种行为(和须磨子的恋爱)并不值得被如此小题大做地引起一番喧闹。当然我是做此种工作的人,背后自然会有各种议论。您对这些议论都很介意,同时实际上现在又对协会做了那样的调整,我觉得很有点矛盾。对于此种小小的罗曼史,我觉得您如果睁一只眼闭一只眼,听之任之的话,我想事情会毫无害处地过去了。事情的真相和程度自然而然就会明了并得以解决。可先生却将此事看作大事,事实上降了我的职。而且您又采取了不向外界公布,仅作为内部惩戒的形式,这种形式反倒更容易传入外人的耳内,并埋下容易引起人们怀疑的种子。结果在内部人员之中似乎只将我一人看作是个罪人。"

以下抱月长篇大论地对他和须磨子恋情作了辩解,对社会上舆论的偏颇表示了自己的愤懑。内容是几月几号东仪说了些什么,而自己针锋相对地回答了什么,可又被误解,等等诸如此类的无聊小事。信中挨个提到了土肥、东仪,还有酒井,协会成员中的广田、池田、和泉、林等人的名字。

比如,"……上次东仪君让须磨子心软了。此后,因为房间在隔壁的缘故吧,他趁我和土肥不在的时候,叫须磨子一起去他房间里吃饭。他每天必定去隔壁房间两、三次,然后关上门,让须磨子给他剪指甲,有时又去借绳子啦。他做得最绝的是有一天早晨须磨子还在睡觉时,他悄悄来到她的房间要和正在睡觉的须磨子接吻,被她的手挡住了。在剧院里,他还在暗处抓住她的手,有时去她的化妆室特别为她帮忙。他的这些做法使松井小姐对于舞台上和他演夫妻角色的土肥不得不避而远之……"

"……而我觉得自己为了做到公平是尽了最大的努力了。最初我给四位女演员都画眉。可此后,林(千岁)因为是那种女人,她不喜欢别人干涉她。和泉（房江）也是很简单迅速地就能画好了。而都乡是符合先生喜好的人，因此我也不便为她画眉。只有松井因为是主要人物，而她本人也希望我给他画眉因而总是等着我去，我这才给她修眉的。有时她自己画得不错，或者我很忙时也就随她去了。其他如服装诸事等，因为觉得是颇为重要的事，所以觉得自己多帮帮她也是无妨，于是就公然帮了她一些忙……"

"……在我去信州讲习会时，妻子似乎对您说了我们那时已经有了肉体上的关系云云，我声明绝对没有那种事。我对她没有任何肉体上的想法。……妻子看了我其中的一封信，似乎就扬言说我和松井在林子里散步，这也并非事实……"

"……是酒井君首先用家庭气氛来引诱松井的，为达到目的他采取了各种手段。协会的人也对松井说酒井是个重要人物。即使其他人的电话可以不转给她，可只要是酒井来的电话就会叫松井来接。酒井一旦来协会，他们还会特意去叫她来和他见面。终于事情有了更大的进展，在九月那次大葬礼的晚上，松井脆弱地落入了酒井之手。正如您所知晓的，土肥、东仪和须磨子三人接受了在赤板的吉田（秀人）家特殊的秘密招待时，第一步他趁松井起身上厕所的当口，暗中抓住了她的手而未被她拒绝；第二步是酒井君招待她在支那料理店吃饭；……第三步是酒井来到松井的新居，在他们隔着火炉谈话时，不管她是否愿意酒井突然抱住她，并强行和她接吻了……"

如此这般，他洋洋洒洒地持续进行了这类描述。最后他写道：

"……我认为如果一定要追究的话，这里有五、六个有关人员都应该受到同样的对待。不过我却只希望除了我和酒井君应该退出以外其他人都应维持现状。另外松井即使有些想法是错误的,但我认为她这也是为了协会,因此恳请先生能给予谅解。

除了上述事情以外其实我还有事情想说,可我不愿意将此和我的个人问题相混淆,因此在此我就保留了。还有,目前我的经历对于我自己而言依然宛如梦中,连我自己也不知道是怎么回事,等过段时间事情有所明了后再作决定。"

确实就如他自己所说的,写这封信时抱月的心情难以说处于正常状态。他一边写了那么多个人的辩解,可却还说"可我不愿意将此和我的个人问题混淆,因此在此我就保留了"这点也非同寻常。

可即使如此,他能如此绵绵不绝地列举对别人的中伤和对自己的辩解。且不说其内容的真假,他如此写下了洋洋洒洒的信试图倾诉自己,在这里我不得不感叹他的巨大能量,而这个能量正是出于他对须磨子所倾注的全部情热。

无论抱月怎么解释,只要读了这封信,便显然可知其中渗透了他对须磨子的爱,而两人之间的关系也已经走到了无法自拔的地步了。因此越是辩解他的真心就更是跃然纸上了。

在寄出此信时,抱月还相信逍遥看了信会原谅自己,再次接受自己的呢。如果不是那样的话,他也不会写如此绵长的一封信了。

可逍遥却将信揉成了一团。虽然他收到了信可却也不作任何回答。二十天后大正二年(1913年)五月三十一号他单独叫来了须磨子,在金子主任在场的情况下,对她宣布了"勒令退会"的处分。

须磨子似乎一时没听懂逍遥的真意,她再次看了一眼逍遥。

"是在说开除我吗?"

"今后你和本协会没有任何关系。你可以自由行动了。"

逍遥再次说完,只见须磨子慢慢地点了个头,然后鞠了一躬,一言不发地走出了房间。

逍遥按抱月所希望的将写在笔记本纸张上的陈情书退还给了他,可里面却没有逍遥任何一句回答或一个说明。

抱月叹了一口气,拿起桌子上的笔,在信的旁边写上了:

"结果却是松井一人受到了处分。我罄尽心血的恳请只是徒劳。"

然后在下一页上用同样的笔写了如下的话语:

"人生中我第一次,第一次发现,我用血和泪写成的此信啊,你唯有一个去处,那就是松井须磨子的手中!"

不知为何,现在笔记本上所留下来的文字中只有这行字是紫色的。

六

须磨子退会的消息在翌日的《万朝报》上刊登了特稿。记者伊藤风草撰写了此篇报道。由于他的妻子是文艺协会的秋元千代子,因此他迅速地探听到了事情的真相。为求得协会同意刊登此篇报道,伊藤立刻去见了逍遥,可逍遥却显得面有难色。

"这次的事属于我们剧团内部的人事问题,不应该由公众媒体来说三道四的。"

听了这么一说,伊藤也并不认输。

"先生,文艺协会如今已经成为新话剧运动的中心,松井须磨子是其中的明星。她的退团不仅关系到话剧工作的有关人员,而且也是一般大众所关心的一大事情。如果现在勉强压住不予报道的话，毫无疑问以后总归要被报纸披露出去的。与其如此还不如现在让对内幕比较了解的我将实事写出来吧。"

伊藤的话虽说有些夸大其词，却也是事实。

须磨子已经超越了一名剧团成员的范围，而是一名社会明星了。

逍遥无奈只好勉勉强强地答应了他，不过他对伊藤提出了"写得含蓄一点"的要求。

可是记者是不会恪守口头上的君子协定的。次日，《万朝报》上在社会版面的头条刊登了题为《须磨子退出协会》的报道。至于退团理由只是写了"由于须磨子的蛮横以及她与协会的意见不一致"，终究还是没有明确写原因是出于她和抱月的恋爱问题。

然而随着这篇特稿的刊出，各大报纸也一起追究起了文艺协会的内部纷争问题来。事到如今已再也无法希望报纸刊登什么"含蓄一点"的报道了。

各种报章抢先报道了须磨子被"勒令退会"的背景中存在着和岛村抱月的恋爱问题、而由此抱月又有多少退团的可能性、更进一步写了今后从协会的分裂到新剧团创立的动向等等问题。一个女优的退团是出于和有妻室的大学教授恋爱这一丑闻更增添了社会上普通人的好奇心，于是"退团问题"转眼之间成了一个社会事件。

逍遥在决定开除须磨子时已经预测到抱月也许最终也会退团，并和须磨子两人一起重组新剧团的。如果真如此的话，他打算在一定情况下或许会分出一部分协会成员给他们，因为光有他们两个的话成立剧团会相当艰难。因此逍遥觉得可以考虑让他们以成立一个类似于协会支部的形式，并承认他们。

而抱月方面也觉得目前虽然和逍遥之间关系陷于僵局,但如果将来什么时候自己希望再度回到协会的话,逍遥一定会接受自己的。抱月觉得现在是因为自己和须磨子的关系问题才使得他们的立场对立,而自己和逍遥之间的师生关系却是无法如此简单抹去的。

可报纸持续多日对事件进行了连篇累牍地充满了煽动性内容的报道。从报道逍遥和抱月的对立到推测协会分裂的可能性等等,结果报纸的评论意见也从一开始仅仅以为"太遗憾了"而发展为"真是岂有此理"等等。如此一来刺激了双方,又进一步引起了误解。

在这一片吵吵嚷嚷声中,抱月依旧每天连续不断地往须磨子在大久保的家里去。但多数情况下,他是趁着夜色,在能避开众目时才去她那里。

须磨子的房间相当煞风景,全然不像一个女人的住处。在一间八铺席大的起居室里简单地放着一个西式柜子和碗厨,中间放着一张矮饭桌,仅此而已。在里面六铺席大小的寝室里则放置着一个日式衣柜。这些都是一些便宜而老式的家具。

须磨子基本上是属于对于家具和食物什么的都不愿意多花费什么钱的女性。因此朋友们也常说她"吝啬"。其实与其说她吝啬,倒不如说她对这方面毫无兴趣来得更准确。须磨子的房间里唯一可以说还有点女人气的也就算起居室墙边那面竖立着的大镜子了。她常常对着镜子做着脸部的各种表情或者摆出各种身体动作。

须磨子尽管被开除出了协会,可她却依然出人意料地显得坦然自若。抱月来她家后,她有时会靠着墙看看书,有时缝补缝补和服,有时也在起居室里打个盹儿什么的。

虽说对于做饭、洗衣等家务事她并不在行,房间里也是乱糟糟的,即使想恭维的话也说不出她是个属于"家庭型女子"的话来。不过只有裁缝，在她来东京时因为曾在裁缝学校学习过，因此在这点上还算手巧。

但即使那样，只要抱月去她便会给抱月做他爱吃的鸡蛋乌东面，而她自己也会和他一起吃上一碗。

抱月生来胃弱，吃东西很少，加上当时每天报纸上连篇累牍地大肆报道着他们的事情，因此就连喜欢的东西他也咽不下去了。可须磨子却依然食欲旺盛，不仅吃了自己的那碗，连抱月剩下的也吃个精光。

"报纸真是荒诞透顶，有的没的都随意大写特写一番。本来坪内先生根本就不应该允许像伊藤那样的三流记者写什么报道的。"

抱月坐在矮饭桌前愤慨地说道。而须磨子则一边将碗筷端到厨房的洗碗池里，一边说：

"愿意写的人就让他们尽管写去好了。这样反而令人痛快，工作起来不也更方便了嘛。"

须磨子满心希望他们两人能另立门户，组织一个新剧团。抱月本来也考虑过要重组一个新剧团，可报纸抢在前面把什么都写了出来，因此他觉得万事就变得很难办了。

"即使那样的话，写的方式也应该注意一点吧。他们那种写法就好像我们和协会对立起来，和坪内先生吵翻了天才分手似的呢。"

抱月和须磨子的立场有着微妙的不同。抱月虽然也有独立组团的意愿，但同时对于协会也有着留恋，他还依然想看着逍遥的脸色而行事。可须磨子却无论是对于协会还是逍遥都已毫无留恋了。甚至她一心以为逍遥就是把自己赶出协会的可恨之人。

"他们不光是对协会的事，而且对于我们两人的事，什么同居啦、什么在宾馆会面啦等等，毫无事实根据的事随意写了一大堆。真是太失敬了。"

"我才无所谓呢。"

须磨子洗好碗,一边擦着手,一边反倒喜滋滋地往矮饭桌上摆出喝茶的碗来。

"让他们多多地写吧,知道的人越多越好啊。"

"你,为什么说这种话……"

"因为这样一来可以让大家理解啊,我们的关系也可以得到承认,不是吗?"

"但是……"

"先生的'但是'又来了。先生到底想和我走到一起呢,还是不想啊?"

"当然是想了。"

"那无论报纸怎么写我们就干脆堂堂正正的回答说'对啊,就是这样的'不就可以啦。给,茶。"

须磨子倒好了茶,可抱月依旧在思考。

"先生这个人真让人着急。就因为你这样,所以总也是走不出家庭来。娜拉还出走了呢。"

"女人和男人的处境不同啊。男人作为一家之长是有责任的。"

"那你是说我们永远都这样下去吗?我可绝不允许那样。先生如果老是犹豫不定的话,我就和其他男人好了。"

"喂,喂,等一等好吧。"

"那你坚决地对我许诺,说就在此地就从此时此刻起我们俩要在一起。"

说罢须磨子站起身,从柜子里取出了笔墨纸砚。

"来,你要清清楚楚地写下'在这里我俩要在一起。'还要写下成立新剧团的事。你许诺吧!"

须磨子一旦兴奋起来脸色就变得铁青,说话节奏也快了很多,她甚至还敞开和服前襟。抱月本以为她只是在房间里粗暴地来回走动几下而已,可她却突然胡乱扔起东西来,最后还"难受死了,难受死了"地叫唤起来,一边还抓挠着自己的胸口。

须磨子尤其在例假期间常会如此大吵大闹一番,抱月也常常为她每月一次如台风般袭来的歇斯底里而苦恼。此时此刻眼前的须磨子敞开前胸,不断急促呼吸着,只见她又一屁股坐在矮桌子前。从她那变得苍白的脸部侧面,抱月既预感到狂风暴雨即将来临,同时也感到另有一种美丽存在。

无奈抱月只得拿起了笔。

"我们两人此次脱离文艺协会,在掀起话剧运动之事上,只要是出于事业的需要,我们将坚决在精神上维护两人的恋爱关系,并决定最迟也要在两三年内做好准备,并正式结婚。在这期间如果有哪一方不守节操,那么另一方就有权利解除本誓约。就此为了我们的将来,本誓约书一式两份,各自签上姓名,并各执一份。即此。

大正二年六月四日
岛村泷太郎
小林正子"

文字开头写有"誓约书"几个字,结尾处两人的签名下各自盖了章。

标榜有着近代人自我意识的抱月和扮演了近代人角色的须磨子,他们的这个做法却显得相当老派。不过也从一个侧面反映了当时两人所处的环境条件相当艰难,如果不靠这一纸誓约书加以确立的话便很难令须磨子感到安心。

尤其是须磨子,虽然表面上装作开朗,可其实当她一人被协会开除后抱月才是她唯一的依靠，因此其实她的内心处于不安状态。不管做法老派也好，也不管只是纸片一张而已，对须磨子而言总之用文字的形式让抱月写下后，才能让自己的情绪稳定下来。另一方面抱月在须磨子的强行要求下写了文字后，对于往往在不自觉中就会随着容易方向走的抱月也是一种鞭策。

不过此种誓约书此后他们分别于大正三年（1914年）二月十二日和同年四月三日又被改写过两次，总共反复写过三次。

文字内容几乎相同，只有第三次是用的日文片假名所写。

抱月走出家庭，两人开始真正过上同居生活是在大正二年的夏天，因此第二、第三次誓约书是在他们同居期间写下的。

后面两次也都是在他们小小争吵后，在须磨子的强行要求下所写的。可见须磨子即使在同居期间依然受着抱月什么时候就要回家的不安心理所折磨。

连日来，报纸对须磨子的退会和文艺协会的内部纷争，甚至早稻田大学内部的对立问题进行了报道。对于大学方面而言，这就不能再继续听之任之了。

高田校长对事态的进展相当忧虑，他把逍遥和抱月叫到自己家来，促使他们两人见了面。

不过会谈却并非只有他们两人参加。不仅高田，而且早稻田大学的骨干们也都一同出席了。

其中有人显然对于抱月和须磨子两人的关系感觉不快，还有人认为抱月仗着自己在学生们中有声望便煽动学生。

同时拥护抱月的那派年轻人，那天晚上也在清风亭举行了集会。他们认为这次会谈是对抱月先生的盘问会，他们认为这次把处于弱势的先生叫去,然后到场的所有人对他进行攻击,这种卑鄙的手法无法原谅。当时他们的气势嚣张。

不过高田却丝毫没有这种想法。他仅仅单纯地期待着只要逍遥和抱月能直接见面,两人推心置腹地谈一谈的话,或许就会找到解决问题的出路。

而他让其他骨干参加也不过是他认为这次内部纷争不仅仅是出于他们两人之间缺乏交流,也同时是协会和早稻田之间的问题。

但结果却完全事与愿违。事情正如清风亭那些人所担忧的那样,一部分骨干人员对抱月提出了类似于质问性的问题,使得会谈显出了盘问会的倾向。再则逍遥也对抱月和须磨子的问题依然不肯放手,说只要两人不分手的话便没有商量的余地,因此在某种意义上说他对抱月有断了念的成分。

在高田宅邸内举行会议的经过,通过一位协会的骨干成员生动地传达给了聚集在清风亭的护宪派人士。

"首先有人对岛村先生提出了'对于文艺协会你有什么看法'的问题。对此岛村先生堂堂正正地回答说'协会和大学一样是我毕生最为重要的工作场所。因此我希望自己能尽全力培养和发展协会。在这过程中,我力图排除通俗剧,彻底贯彻艺术的纯正性。'"

传达的人叫安成贞雄,他如此报告说。于是五十多名参加集会的人同时拍手拥护。

"此后对于学校和协会的内部情况进行了各种各样的说明,之后议题终于切入了关于抱月和松井须磨子的关系问题上去了。"

一进入到这一核心问题,在座的各位即刻鸦雀无声。

"上村氏单刀直入地问道:'你现在还爱着松井须磨子吗?'。对此先生回答说'我爱她'"。

"好啊!"突然前排的年轻人叫了起来,与此同时全体成员一起拍手称好。

"男人爱女人这是理所当然的事""这才是先生所主张的自然主义立场"人群中更是掀起了欢呼声。

他们的问题不过是一个男人爱着一个女人，可却不得不被冠以"自然主义"的名义，这点正反映出当时的环境令人窒息的一面，同时也反映出学生们特有的爱抠理论的倾向。

"接下来对于岛村先生的质疑更是带有恶意。甚至有人提出了如此露骨的质问，说'你和须磨子有过肉体关系吗？'对此先生也并未露出不悦的脸色，只是坚决回答说'绝对没有'"。

"了不起！"会场又一片欢呼声。大家一想到岛村先生当时被早稻田"祖宗"般的老教授们团团围住，又受到他们的各种盘问，不禁都叹起同情的气来。

"对于后面依然有人执拗地提出'到底有过肉体关系吗？'的这一质问，先生双眼低垂片刻后坚决抬起头来堂堂正正地回答说'我可以发誓现在没有，不过对于将来我不能保证，因此现在什么也不好说。'"

"就是……"欢呼声再次响起，接着又是一片掌声。

"'现在没有，但对于将来不能保证'这就是所谓的人嘛。这体现了先生作为一个人的耿直秉性。'有人叫了起来，其他人也跟着喊起来：'先生万岁！'，于是大家'万岁''万岁'地连呼不断。

整个清风亭宛如沉醉于一片胜战气氛中，热闹非常。

接着在一片吵闹声中，曾出席会议的盐泽教授也来汇报当时会议的情况了。由于大学方面也听说为了拥护抱月，有五十名以上抱月的学生将聚集于清风亭的消息，因此也不能无视他们了。

盐泽对会议的经过作了说明，和安成的说法并无大的差别。只不过和一味美化抱月的安成相比盐泽只是作了极具事务性的汇报。

"那么结论如何呢？"

最后有个人站起来提了这个问题，盐泽低下头。

"很遗憾，还没有找出解决问题的头绪。"

"为什么？先生作了如此诚实的回答，叙述了很了不起的意见，为什么还无法解决？"

"还是卡在和须磨子的关系问题上了。"

"既然先生回答了将来不知道，现在和她没有关系，那么她的问题不就是不存在了吗？"

"他不过是姑且如此说说而已……"

"你不相信岛村先生所说的话吗？"

"唔，那倒也不是……"

盐泽一时语塞，"我只是来汇报一下会议情况的"说完便逃也似的走了。

抱月的护宪派们再次批判起协会和大学方面缺乏处理能力来。参加聚会的人们觉得事情既然如此，他们自己便更应该以岛村先生为中心开展话剧运动了。他们气势越发高涨起来。

可出席高田家会议的那些人，他们的心情就不一定像护宪派的人们那样单纯了。要解决此次事件是无法回避抱月和须磨子之间关系问题的。

虽然抱月在大家面前坚决而堂堂正正地说"且不说将来会怎样，现在没有任何关系"的话，可却没有人相信他的这个话。尤其是逍遥满脸极其不愉快地样子抬头看着天花板。

抱月和须磨子之间存在着肉体关系，这已是公开的秘密了。无论抱月如何支吾搪塞，从东仪和酒井开始，还有其他许多剧团成员的证词中这点已是确实无疑的了。

因此事到如今其实逍遥并不想追究他们之间是否有过肉体关系这点。即使有过,那就有过也无所谓。但他希望的是从今往后一定要断绝这种关系,不如此的话就无法为其他剧团成员做出一个榜样来。所以对于逍遥而言,抱月不仅要诚实地道歉,更要表示从此和须磨子分手,这点是抱月复职的绝对条件。

可抱月在高田家里所说的话却刚好相反。他一边偷偷摸摸地和须磨子保持着关系,却还一边说什么"以前没有过关系",还说什么"将来的事不好说"之类的话,其实他是在暗中宣布他不打算和须磨子分手。逍遥看到如此伪善的抱月,于是对他的一切都死了心。

"如果岛村不和须磨子分手的话,就必须开除他。协会不能因为一个小小的研究生而乱了秩序。"这是作为一个道德家逍遥所认定的道理。

可在抱月看来,自己爱须磨子到底有什么过错。即使自己有妻儿,但爱一个人并不是什么坏事,这才是人最为本真的面貌。用规则和道德的名义对此加以单方面的制裁,这才是错误的。抱月在如此考虑问题的瞬间,他已经不是一位大学教授,也不是什么导演了。此时的他不过是一个为了爱女人而变得疯狂了的男人。

七

抱月的陈情书被驳回,此后又举行了对他的盘问会,接着须磨子又被勒令退会,两人的状况急转直下。

被勒令退会后,须磨子对立刻赶来的抱月申述说:

"我到底做错了什么了?我难道不是拼命学习、让自己的演技更出色、舞台演出更成功,不是吗?对于这些他们不说一声'辛苦了'反倒将我赶了出来,简直是……"

虽然须磨子在逍遥面前显得态度坚决,可一旦她看着抱月的脸时便立刻撒起娇来。她用双手遮住自己的脸,将头发乱甩一气,并泪水涟涟地向抱月倾诉。

"因为有了我,协会才有今天的。是靠了我,大家才能赚到钱过活的。可结果我却像一个贼猫似的被赶了出来……"

须磨子所说的话也有一定的道理。协会的公演在经济上能基本维持而不出现赤字,正是因为有了须磨子这样的明星存在。虽说逍遥并不希望出现明星,但没有明星,剧团就无法维持这点却也是事实。

"这是阴谋!他们上了东仪、秋元和林等人的当,连这个好管闲事的道德家、老东西都变疯了……"

"松井小姐……"

抱月指责须磨子骂逍遥为"老东西",可须磨子却毫无停下来的意思。

"什么呀,那老东西光知道些个什么道理的,从来没有站在舞台上动过身体,他怎么可能知道做演员的心情呢?!"

说到这里,她抬起被泪水和鼻水弄脏了的脸。

"唔,先生,事到如今,我们自己建立一个新剧团吧。建立一个比协会更好得多的,争口气给那些人看看。先生以前不是曾经说过的吗?"

"…………"

"好的,是吧?如果不立刻成立的话,我就回家乡去。"

"你又在说什么了?"

"难道不是吗?我被协会赶出了门,无法再上舞台了,我哪里还有什么理由继续呆在东京呢?!如果先生不明确表态的话,我明天就回去。"

"你等等好吧,松井小姐。"

"不行,'现在立刻就成立一个新的剧团',我要你立刻就这么向大家宣布。"

被逼到如此,抱月也不得不下定决心了。

当天晚上,抱月暂时离开了须磨子的家,回到了自己家里。翌日再次见到须磨子后终于开始动手操办创立新剧团的事了。

六月一日,抱月首先去见了和他始终性情相知的二期生仓桥仙太郎。在向他和盘托出了创设剧团的意向后,他们一起商量了具体方法。翌日即二日,他又去见了《早稻田文学》的有关人员,向他们说明了自己打算成立新剧团的想法,并得到了他们的赞同。同时仓桥了解抱月的意思后便开始了为捧出中村吉藏的交涉。四日,抱月又和一个正计划建设小剧院的人见了面,对有关经济上的问题进行了商榷。第二天又开始和《早稻田文学》杂志的有关人员、自己曾经的学长们逐个见面,对于善后处理之事也进行了协商。这一系列活动中显示了抱月很少有的积极主动,其背后是因为须磨子那充满着歇斯底里的煽动在起作用。

在抱月商量过的人中,虽然有人认为应该静观一段时间再说,但大部分人都赞成创设新剧团。很多人都鼓励抱月说:事情被逼到这个份上就必须坚决"揭竿而起"来实现自己的艺术目标了。尤其是以早稻田文学部为中心的抱月护宪派们批判文艺协会的通俗性,认为只有新剧团才能将真正的艺术具体化,新剧团应该站在日本新剧运动的中心。连日来,他们在清风亭气焰高涨,热情十足,宛如正处于革命的前夜。

而抱月在从他们的意见中获得力量的同时,认为应该避免与逍遥对抗。即使独立出来,也应该避免剑拔弩张的态势。因为对抱月而言,再怎么说逍遥也是自己的恩师,文艺协会正是培养了自己的戏剧热情的场所。所以他觉得再怎么气势高涨,也不便和作为自己根基的协会对立。

而这段日子逍遥正在热海静养。抱月本想只要逍遥一回京,自己便立刻直接去见他,向他将这段时间所发生的事做个说明,希望逍遥能理解他们独立门户。

可是六月八日逍遥却宣布了一个令人意想不到的声明。那是通过早稻田的有关人员宣布出来的,内容是"坪内博士近来将辞去文艺协会会长之职,并解散协会。"

对此无论是协会会员还是早稻田的有关人员都感到无比惊讶。

"为什么他突然会说出这种事情呢……"

谁都觉得一团雾水,甚至有传言说那是不是有人为了达到什么目的而造的谣。可逍遥却是十分认真的。

早在一期生和二期生发生争执,又加上东仪和土肥之间的内部纷争后,逍遥就已经对于继续统领协会感到厌倦了。

从他亲自制定的"约法三章"和"游于艺"等的语言中便可看出逍遥本是希望话剧运动在让每个演员在锻炼和提高演技的同时,也能提供一个让大家提高精神修养的场所。可实际上协会却成了大家的自我欲望和杂念翻滚的场所,表现了人性丑恶的争端。其实所谓话剧正是在这种充满活力的竞争之中才能得以进步发展的。在这点上,可以说逍遥的想法过于天真,也比较狭隘。

当时逍遥所采取的人事变动仅在表面上暂时平息了一期生的不满。但内部的争吵却并未消失。加上早稻田方面对于协会的方针、演出剧目等问题在一旁指手画脚的人过多,甚至有人公然批评逍遥的做法。尤其是演出《二十世纪》、《回忆》等剧目时,逍遥起用了和早稻田毫无关系的松居松叶,这使他受到了来自协会内外的强烈非难。又加上出现了抱月和须磨子的恋爱问题,有人批评逍遥对他们两人的恋爱太缺乏理解。

当时提倡自由恋爱和自然主义的一部分进步分子对逍遥的一个强烈印象是"一位褊狭的老人"。

再则改组后的一部分骨干分子私用协会的费用，一、二期生每遇舞台演出便提出了不满。以前且不说精神方面，协会在经济上也始终是由逍遥独自承担并经营着的。虽说自从在帝国剧场演出后，多少有了好转，但依然持续赤字。逍遥虽然投入了自己的全部钱财，得到的却是一大堆批评。与其如此还不如辞掉职务算了，就让哪个能干的人来干好了。

看似冷静却实则急躁的逍遥忍耐终于到了极限，于是他抛开了一切。

逍遥辞去会长一职，最为茫然不安的要属协会会员自身了，因为他的辞职意味着协会的迅速解散。

以前以批评骨干成员而解恨的会员们现在却失去了批判对象，于是一个个显得极为狼狈。不仅是会员们如此，甚至《早稻田文学》的有关人员和拥护抱月的清风亭组员们也都同样。

他们是在协会绝对存在，逍遥也是协会统率者的前提下批评协会、指责逍遥的。可现在这个绝对的对象消失了，因此他们的所有意见都成了空喊。

于是协会和早稻田的有关人员群起劝阻，试图让逍遥回心转意。以前曾出面批判过逍遥的人此时却忽然变了脸，他们开始恳求他说："如果现在先生辞职的话就如同摧毁了话剧的萌芽。"

抱月听到逍遥辞职的消息后同样感到诧异，刚听到消息的刹那间他连一句话都说不出来。抱月正刚好在斟酌着创立新剧团，因此他觉得是否因为自己的行动影响到了逍遥的这次决断。

抱月虽希望独立，但他打算将新剧团作为协会的兄弟剧团的形式出现。可原本作为本部般存在的协会一旦解散后，情形就有所不同了。

抱月向一期生的武田正宪打听了协会的内情后，于是去坪内住处拜访了先生。

那时离盘问会开后还不到一个星期,可逍遥却再也没有了当时那愤愤不快的表情了。此时逍遥的神情如释重负一般坦然而明朗。

抱月首先对自己的久疏问候作了抱歉后,便从建立新剧团虽然是事实但绝对没有对抗协会和逍遥的意思这点开始引出了话题。

"我知道。你按你自己的想法,自由地放开手去做就行了。"

逍遥的态度相当沉静,已经没有了那时的严厉。

"但是,这次听说先生要辞去协会的职位,这对我而言就像是晴天霹雳。究竟是因为什么呢?"

"没有什么特别的理由,我只不过是累了。"

"不是因为我要创立新剧团,因而你心里感到不痛快了吗?"

对于抱月所提出的这一问题,逍遥只是浮出了浅浅的笑意,他回答道:

"对你独立出去这件事,我只有高兴,哪里会生气。我辞去协会的职务只是出于我个人的任性所为,和你没有任何关系。"

"但你刚好是现在宣布辞职的,就更让人如此以为了。"

"有人要这么想就让他们这么想好了。社会上形形色色的怪人都有。"

逍遥虽然语气和善,但他的眼神中再也没有了以前只有对着自己相当喜爱的弟子才流露出的热望了。

"总之你不必在乎协会和我的存在,还是像你以前那样自由自在地行动就可以了。"

逍遥的话语表面上是鼓励,可换一种理解的话也可以看作是他对抱月强烈的讥讽挖苦。

抱月劝阻逍遥说应极力避免辞职这种影响过大的决断后便离开了逍遥的家。

后来各种各样的人都对逍遥进行了挽留工作，结果他撤回了立刻辞职的决定。不过在时机允许时依然要辞职的想法并没有改变。

一般而言，逍遥是个不多发表意见的人，可一旦决定了一件事后却相当固执己见。这次让逍遥放弃辞职念头的是因为协会已经决定在六月二十六日要开始上演《恺撒大帝》这出戏了。

这出戏也是由松居松叶担任导演，演出地点在帝国剧院，时间为一周。本来须磨子也要出演的。

由于逍遥觉得要放弃已经决定的演出，中途自己一人逃走也实在过于随心所欲了，于是他决定在这次舞台演出全部结束后再辞职。

"坪内先生反正要从协会辞职了"，这种危机感相反使协会会员们更加强了团结，排练时的热情也突然变得高涨起来了。

角色分配为东仪出演安东尼，加藤演恺撒、土肥演布鲁图斯。秋元、林等女优阵容也参加了演出。对于协会而言这是首次没有须磨子参加的舞台演出，但正因为如此演出人员也更团结一致了，逍遥自己也亲自参加了导演。舞台演出相当紧凑。

观众也因为听说了此次演出或许是协会最后的演出了的传闻，于是蜂拥而来。前两天的演出全都出现了座位爆满的好成绩。

可逍遥辞职的决心已定。这次公演一结束，《东京朝日新闻》就以《逍遥的隐退》为题发表了社论。文章摘录如下：

"坪内博士将本次恺撒剧作为告别剧目退出了文艺协会会长的座椅。据说他中途抛开自己毕生所从事的话剧改良事业，而藏到原本属于他副业的大学教授的座椅背后去了。据传本来博士是要下定决心大干一番的，那是因为他自己觉得尚未年迈。可博士为了首先肃清协会内部的风纪问题，试图令岛村抱月君等人退出文艺协会，可那些始终认为文艺协会话剧方针并非属于高级艺术的人，还有对文艺协会怀有私愤私怨的早稻田大学文科出身的少壮派人士们团结一致，开始展开了拥护抱月的运动。于是文艺协会和抱月拥护者们各执己见，事态变得难以收拾。坪内博士深切地为这些背德行为感到羞耻，于是他牺牲了自己尚未完成的话剧改良的抱负。首先这样一来可以让抱月君能毫无顾虑地展开新的话剧运动，同时也让其他人来收拾文艺协会的残局，而他自己便义无反顾地退出了剧团。"（以下省略）

不仅上述社论，而且整个社会舆论都对逍遥充满了同情。这篇社论更是论述了逍遥对于文学的伟大功绩、对于话剧所具有的牺牲精神，也言及了社会上对逍遥辞职所表示的惋惜声有多大。

本社论把他和抱月拥护派的对立作为中心论题，而丝毫没有提及须磨子的问题。两人的事在当时已经相当出名，社论委员不可能对此毫不知情。如此看来，也许社论不过以为男女情爱之事是卑微小事而故意避开不谈而已。

在《恺撒大帝》公演结束的同时，逍遥在协会的干事会议中明确宣布了"自己打算辞职，并解散协会的决定"，表示"还望大家多多谅解。"

对此几乎所有的协会成员都予以了反对。可是即便大家提出了反对意见，事到如今逍遥也不可能再回心转意了。加上一般会员们和逍遥之间并不存在那种可以随意说这说那的亲密关系，对他们而言逍遥并非是一个可以亲近的存在。

但是土肥和东仪他们这些老的骨干们却怎么也无法接受这个事实。尤其是土肥愤然地说：

"先生单方面提出'解散',我对其中的理由实在无法理解。为什么突然就不得不解散协会了呢?"

逍遥多少显得有些不耐烦地回答说:

"因为协会如此继续下去的话必然会遭遇暗礁,这已经是很显然的事了。"

"这种回答我们无法接受。能不能请您解释得更简单明了一点?"

土肥继续追问道。逍遥露出了少有的气愤。

"理由没有必要在这里说。你们大家扪心自问一下,不就立刻能明白了吗?"

这一句话顿时让土肥沉默了下来,大家也低头不语。

正是这句话将逍遥当时的心情全都表达了出来。

听了这句话会员中再也没有人可以提出异议了。尤其像东仪那样在男女关系和演技上都不断出现问题的人只有一味将头低得更低而已。

可是对于光知道认真工作的稳健派土肥他们而言,依然还是有着无法接受的一面。

"先生确实是相当艰难和辛苦的,但即便如此这样突然地辞职不是有点太随心所欲了吗?"土肥向同事朋友们抱怨说。

确实对于认真从事话剧事业的人而言,逍遥的辞职过于唐突。不过他们在表达自己不满的同时也后悔自己没有及时看出逍遥居然已经产生了这样的想法。

"他也并非是我们所想像的为了理想而不顾一切奋斗的人。我们如果对他有更多一些了解,更多一点宽容的话,坪内先生也不至于陷入如此无法挽回的困境吧。任何时候社会上的年轻人都只知道破坏的喜悦,而不懂得建设的辛苦。我以前一直觉得该毁灭的就让它毁灭,该崩溃的就让它崩溃好了。可现在觉得在崩溃前有必要好好看清楚它的内部情况才好啊。"

以上是当时自称横川唯治,此后成为"司瓦拉吉剧团"创始人山田隆也的真实感受,也表达大多数会员的心情。

可箭已经离了弦。报纸连日来对于逍遥的辞职、协会的解散,更进一步一对将来剧坛的变更等连篇累牍报道不断,已经到了无法收拾的地步。

大正二年(1913年)七月八日,逍遥正式辞去了会长的职务,在一周后的七月十五日,市岛、金子他们成立了善后整理委员会。

委员会对于土肥、东仪以及一、二期生共十八名赠与了若干钱财和若干贵重物品,退回了会员及赞助会员的会费和捐赠,而对被辞退的协会成员寄发了感谢信。

如此一来出现了大约两万日元的赤字,于是逍遥变卖了自己的房产和土地,这才弥补了欠缺。当时的两万日元几乎相当于现在的两亿日元吧。(根据《逍遥、抱月、须磨子的悲剧》河竹繁俊著)

就此文艺协会自明治四十二年(1909年)五月创立以来,仅仅四年的时间便走到了崩溃的结局。和当初成立时的声势相比,其结局却是如此简单而草率。

不过从此以后各种新剧运动的萌芽却四处传播开来了。随着"艺术座"的成立,接二连三地出现了"无名会"、"舞台协会"、"新国剧"等各种剧团。从艺术协会后来对于"艺术座"的影响开始,如果将此后从舞蹈界,又扩展到对剧作家、表演家、导演等的影响来看,它的萌芽绝对不能算小。

虽说志尚在途中,但可以说在明治这个新时代里,逍遥对话剧运动所倾注的热情切切实实地被下一代人所继承了下来。

八

随着坪内逍遥会长的辞职、文艺协会的崩溃,以岛村抱月为中心的新剧团的创立更加急速地具体化起来。

首先大正二年(1913年)七月三日,在清风亭举行了新剧团创立的发起人会议。

与会者有相马御风、片上伸、秋田雨雀、安成贞雄、中村星湖等五十多名。主要以早稻田文科系的志同道合人士为中心,还包括对话剧颇有经验的中村吉藏、水谷竹紫等人。

首先被提出来的就是剧团的构成和运营该怎么办的问题。

虽说会议集中了对新剧团充满了抱负和期待的人士,不过他们却未必都是那些对话剧有着丰厚知识的人,只是他们的热情令人无法忽视。

参加会议的所有人都成为评议员,抱月指名了其中的十几个人为干事。而岛村抱月被大家推举为干事长。

其次就是剧团的名称问题。最初抱月主张叫"新剧团",仲田胜之助主张叫"艺术俱乐部"。也有人主张沿用文艺协会名称的。

可安成贞雄提出说:"我觉得应该学'莫斯科艺术座',就叫'艺术座'好了。对于以艺术至上主义为宗旨的剧团而言,这个名称是最合适不过了。"由此便决定剧团的名称为"艺术座"。

大正二年九月号的《早稻田文学》杂志上,以《艺术座的成立》为题,刊登了如下布告:

"吾辈志同道合者相聚一堂,在这里创立新剧团'艺术座'。旨趣唯有如下：排除一切私弊，战胜所有困难，为新兴剧团罄尽吾辈所有的力量。由此如果能够和社会人士共享哪怕是仅有的一点祝福，对我们也是莫大的欣喜。我们将始终保持对新艺术的渴念，死而后已是我等的夙愿。对于认同此志为合理的人士，在此吾辈殷切希望他们能以宽容、自由、新鲜之心，赐予我们多多的援助。

艺术座同仁"

此后在抱月执笔写下的《"艺术座"创立纪要》中，对艺术座成立的经过作了说明。接着又制定了《艺术座规则》、《艺术座会员申请规则》、《会员招聘》等。最后对于"座"的组织构成作了如下纪录：

"艺术座干事长岛村泷太郎（抱月）

干事（按日文的假名顺序）尾后家省一、片上伸、川村久辅、吉江乔松、相马御风、中村吉藏、中村将为、仲木贞一、楠山正雄、仓桥仙太郎、前田晁、松井须磨子、秋田雨雀、水谷竹紫、岛村民藏、人见円吉。"

还有评议员二十九名，其中有石桥湛山的名字。干事所委托的赞助员中有严谷小波、岩野泡鸣、小山内薰等人。集中了当时文坛和演艺界的杰出人士。

此后公布了第一届会员二百三十二名成员的名单，会员资格为必须支付年会费六日元（每月十五钱），其中赞助五十日元以上者可作为特别赞助员。

在筹办新剧团期间，抱月始终采取了创立新剧团并非出自他本意的态度。

他想表示自己仅仅是受了早稻田那些志同道合者以及对协会心怀不

满分子的拥戴,如果可能的话自己也想和坪内先生一起引退。可如此一来文艺协会曾点燃的新剧之火便会消失,这也是违反坪内先生志向的。因此现在即使再苦自己也不得不挺身而出。

抱月本来就是个行动不够积极主动的人。即使出现什么争端也不会提出自己的什么意见来,他只会将双手揣在怀里陷入沉思。他的这一姿势和他的瘦长身躯很相配,显得非常深思熟虑,也相当慎重。每当人们看到他的这个动作便会同情地觉得"不能再让岛村先生为难和苦恼了。"

那副沉思和苦恼的样子实在和抱月这个人很相配。

因此当时大家都觉得岛村先生并不怎么愿意的情况下,为了达到协会所期待的目的选择了这一艰难的道路。事实上创立新剧团也绝非是件容易的事。什么人可以作为新剧团成员?在哪里?演出些什么?经济上靠什么来支撑?等等,问题堆积如山。

不过在这一切的背后当然也有着他可以和须磨子两人一起共同创立自己剧团的喜悦。

成员齐备了,资金筹措也有了头绪。艺术座看起来轰轰烈烈地准备就绪了。可新旅程的出航并非一帆风顺。

首先第一大估计错误便是本以为原来的文艺协会成员会转入新剧团,可事实上这些旧成员几乎全都四分五裂了。

文艺协会崩溃后,会员们对去留问题都踌躇不定。有人打算独立,有人准备物色其他剧团,也有一部分人想趁此机会从新剧运动中抽身。从这段时间以来的情况看,抱月还满心以为一期生和二期生的主要成员都会跟着自己过来的呢。

可一期生中的大部分成员出于对同期生须磨子的反感,因此他们并不打算参加新剧团。东仪、土肥他们加入了新创立的"无名会",此外加藤、森、佐佐木等人自己创立了"舞台协会"而独立了出去。

还有再稍微早些时候，也是因为与须磨子的不合而离开协会的上山草人与林和、林千岁、守田勒弥等人成立了"近代剧协会"。

结果参加进艺术座的是那些和一期生对立的二期生泽田正二郎、仓桥仙太郎、中井哲等人，而一期生中唯有对抱月怀有好感的武田正宪参加了进来。

经过反复商量，决定将艺术座的事务所安排在清风亭。九月十五日在此召开了演出人员碰头会。

连抱月、中村吉藏、武田正宪，还有二期生们全都情绪激动又紧张地集合在清风亭，可唯有须磨子一人身穿轻松自在的日式夏季浴衣，理所当然地坐在上座。

首先抱月起身致了开幕词。他简单地讲述了新剧团成立的经过，然后表示今后必须团结一致的意向后，说道："在剧团内自己和松井须磨子小姐将被称呼为'主体'，而其他人则被称呼为'客体'。"

刹那间，在座的所有人都露出了满脸的疑惑。

抱月已经被封为了干事长，现在又要被称为"主体"，这究竟是怎么回事？加上如果光是抱月一人的话还算了，可现在把须磨子也弄了进去，这不是有点过分了吗？

但当时并无一人站起来公然表示反对的。会议就此结束了。

艺术座将最初的演出剧目定为《内部》和《蒙娜·凡娜》。在决定角色分配时，抱月采取了演凡娜对手戏的浦林奇巴鲁雷开始的角色都由投票决定的方法。只有主演凡娜却理所当然地指名由须磨子扮演。

终于进入了舞台排练阶段，当然须磨子的随心所欲也随之而来。

首先排练时间须磨子亲自定为"明天十点开始"，作为导演的抱月却只是默默听着，然后点个头而已。

大家按她规定的时间集合后，可须磨子自己却晚到了一个小时。到后甚至连一句抱歉的话都没有，一脸满不在乎的样子便开始了排练。而排练时她又以自己出场的部分为中心反复不断地让大家一起排练。

吃午饭也是在她肚子饿的时候让大家休息，而其他人提出要休息时她却大发雷霆。排练结束的时间也是看她的情况随意而定。虽说她在排练时热心是很热心，可她却以自己为中心来安排一切。

须磨子的自私任性引起了剧团成员的不满，可抱月却装作视而不见。

排练进行到第三天，其中一位成员实在看不下去了，"先生，还是请您想想办法吧"，可抱月对这样的要求却一概不作回答。

"先生反正根本不考虑我们这些人的，脑袋里唯有须磨子一个人。"

剧团成员对须磨子的不满情绪越来越高涨，可她的态度却毫无改变的迹象，相反更是对抱月撒娇说什么不满意蒙娜·凡娜的舞台服装。她自己又不去对服装师讲，而是让抱月亲自去提意见。

"先生，不行啊，这种便宜货。"

抱月听了以后立刻叫来服装师，亲自出马向服装师恳求道："你能不能想想办法？"

"就算这件衣服也是在'薗部'好不容易借来的，不可能再有比这更好的了。"

服装师回答道。须磨子在一旁插嘴说：

"三越的话一定会有吧。"

"如果到那种地方买新的话，不知道要花多少钱了。"

"主角的服装有什么可以可节省的？是吧？先生。"

抱月被催促着只得勉强点了点头。

"好啊，好啊。那意思就是说花多少钱都行啦。"

服装师不愉快地说罢便走了。对于自己的舞台服装，须磨子喜欢所有的都要华丽阔绰。在演出主人公消沉悲哀的场面时也毫不在乎地穿上华丽显眼的服装。而且比起棉制品她更喜欢铭仙绸，比起铭仙绸又更喜欢皱绸，总之对于她而言越高价越好。

而且她每演一幕都要换一套服装。

抱月几乎全部按照须磨子的要求行事，有时还被她缠着无奈，不得不亲自去衣料店选购。

在去四谷的"布袋屋"时，须磨子选购了一块鲜红色的绫子绸薄绢，然后在排练场将布料裹遍全身，在镜前照来照去的。

"怎么样？大家来看，和我很相配吧？"

须磨子问道，可却无人搭理。

"我问怎么样，怎么不回答！"

在她发现对于自己歇斯底里般的询问也依然无人理睬后，便看着抱月说：

"先生，先生觉得怎么样呢？"

"嗯，我觉得是不错……"

抱月的声音刚落，成员中就有人说：

"不错啊，像个女不倒翁。"

大家一下子哄堂大笑起来。须磨子则怒目紧盯着声音传来的方向。

"是谁呀？！刚才说话的……"

刚才叫了这一句话的男子似乎已迅速逃走了。随着一声关门声，在场的剧团成员们又一次发出了阵阵窃笑。

"居然说出这种话！"

她突然甩下披在身上的红色布料,依旧站在舞台上大声吼叫道:

"畜生、畜生,我可不管了……"

她胡乱甩着头发并开始哭了起来,排练已不成样子。结果只得中途停止,成员们个个露出厌烦透了的神色回到休息室。

而抱月却独自留了下来。他安慰须磨子道:

"你不要在意,那不过是玩笑罢了。"

"真讨厌,真讨厌!我不能原谅那个男人。"

"那块红色的布料和你很相配啊。"

抱月抱着须磨子抽抽搭搭哭泣着的肩膀。这种时候抱月总是充当着最后劝解人的角色。

艺术座选择了梅特尔林克所著,中村吉藏翻译并导演的《内部》作为首度公演剧目。另一个同样是由梅特尔林克所著,抱月翻译并导演的《蒙娜·凡娜》。

演出剧目和演出期间决定后,演员们连日来刻苦地排练着,负责对外联络和营销人的员也为做广告和票子的出售四处奔忙。

最初抱月还以为作为艺术座基础的资金可以在他个人认识的银行家那里筹措到,可却突然借不到了。因而实际上的资金只得靠会员们的赞助和预售票而得的收入了。

当时的有乐座本身没有自己的上演剧目,只是一个专门供出租的剧院。剧场租借费每天一百日元,加上霓虹灯费用每天得花十五日元。艺术座担当事务员工作的水谷竹紫用十天一千日元的价格借到了剧场,而霓虹灯可以免费使用。先是首付了三百日元作为最初的定金。这笔钱是在取得了相马御风同意的情况下,从《早稻田文学》杂志的编辑费里挪用过来的。

艺术座本身没有钱,全靠事务人员四处奔波来筹措资金。大家觉得靠事务员找各种门路来筹集赞助资金实在太难为他们了,于是想出了一个激励的法子,即将筹集得来的资金中的十分之一作为辛苦费发给事务员们。

虽说艺术座和抱月背后有着早稻田有志人士的支持,但他们不过只是在精神上给予了支持,并非能拿出什么费用来援助。因此艺术座始终受经济上的不安定因素所困扰。

所幸的是戏票的预售相当顺利。在演出日期将临的前几天,甚至票价成倍地上涨都能卖出去。

"松井须磨子到底是个什么样的女人?无论如何都想看一眼。"

与其说人们关心这次舞台演出,还不如说大家想见一见能俘虏一位有妻室教授的女优,大家对于丑闻的兴趣远远领先了对舞台本身的兴趣。

但不管丑闻也好,艺术座完全靠须磨子这样的红星才能成立这点也是事实。

须磨子自己当然也很清楚这点。她清楚地知道是因为有了自己才有艺术座的,因此自己必须比任何其他人都要显眼和华贵。

排练中须磨子总会发种种牢骚,结果她终于提出了她在《蒙娜·凡娜》中的所有舞台服装都要在三越百货公司全新定制的要求。

可如果答应了她的要求的话,从预算情况看,其他演员的服装就必须全部借用,或者由他们自己出钱购买了。甚至出于角色需要必须新制的服装也不得不因此而放弃。

演员和服装师全体成员都反对须磨子的要求。可须磨子这次也依然只是看着抱月说:

"先生是赞成我的吧?"

抱月慌忙眨眨眼，垂下了眼帘。

"可以的，对吗？"

须磨子带着撒娇的口气，双眼往上瞥着抱月。抱月依然低垂着双眼，最后只得轻轻地点了个头。

"先生答应了，大家都看到了吧。"

须磨子得胜了似的说完，便神气十足地快步回到了自己房间。

须磨子的身影消失后，二期生中的仓桥仙太郎和中井哲同时站起了身。

"先生，先生对松井先生的蛮横无理到底可以原谅到什么程度？这意思是不是说我们这些人都可以穿着破破烂烂的服装就上舞台了？"

中井说完后仓桥接着说：

"先生认为我们全体成员和松井须磨子到底哪个更重要？"

"…………"

"请您说个清楚吧。"

抱月被追问得只能双手插在胸口，开口道：

"松井小姐和你们都重要。"

"我们不要这种模棱两可的回答，松井君和我们中如果要你选择其一的话，您选哪个？"

抱月慢慢抬起脸，然后大大叹了一口气。

"如果一定要我选择其一的话，现在我只有选松井小姐而无他法了。"

刹那间剧团成员们面面相觑，然后大家一语不发地一个接一个地全都走了。

二期生全体成员进行了舞台排练罢工是在第二天的事了。

到了规定的十点钟时，却谁都没有出现，第一个到的是须磨子，接着出现的是抱月。此后就只有照明师和配舞师这些人来了。

"大家怎么了?"

须磨子非常诧异地问道。配舞师回答说:

"听说今天大家休息。"

"休息?他们到底有什么不满意的?!先生,该怎么办?"

抱月在舞台的一角又做出了他那一贯的将双手插在胸口的姿势,沉思着。

"都是些配角还这么盛气凌人。这些傻瓜还说什么休息休息的。不愿意的话不来也无所谓,我一个人排练好了。"

须磨子一个人迅速穿上舞台服装,站到了舞台上。

"我说你就扮演浦林奇巴鲁雷这个角色,你站在这里。"

照明师被她推着肩膀到了舞台中央。

"不行啊,我又不是演员……"

"没关系,你只要站在那里紧盯着我看就行了。要满怀着爱慕和敬仰的神情。"

"等一等,我去找一个什么可以替代的演员来。"

"就这样,我开始表演了,先生。"

无奈抱月只得拿起剧本。在事务员、配舞师等人万分惊愕的表情中,须磨子张开双臂,跪下双膝,旁若无人地念起了蒙娜的长长台词。

可一个人实在是无法演出情绪来。那天她只念了两个小时的台词便草草收场。

"先生,演员把排练撂下不管,简直无法原谅,应该坚决开除他们。"

刚以为她说话强硬,可接着她却沮丧地说道:"大家都在耍弄我。"

"为什么就只有我被大家如此对待,为什么只有我要被大家欺负呢?"

须磨子在舞台上一屁股坐了下来，接着向两边甩开双腿大哭了起来。终于抱月看不过去了，于是温柔地环抱起须磨子的肩膀，安慰起她来。
"明天我一定让他们都来，不要再哭了。"

这场二期生的"罢工"，结果两天后便不了了之了。虽说剧团成员中也有强硬派，可抱月收回了曾说过"须磨子更重要"的话，并向大家道了歉，于是得到了大家的谅解。

他们憎恨的是须磨子并非抱月。看到夹在其他成员和须磨子之间苦恼的抱月，他们也无法再强硬下去了。加上第一次公演再过几天就要开始了，现在如果继续拒绝舞台排练的话，结果造成公演中止，只会引起艺术座的崩溃，而他们自己也就失去了表演的舞台。
"今后请不要再允许松井小姐如此任性霸道了。"
作为妥协条件，二期生们接受了抱月的许诺，但是他们却没有得到足够的保证可以让他实现自己诺言的。

九

大正二年（1913年）九月十九日至二十八日的十天里，艺术座在面临各种难题的同时迎来了第一次公演，演出地点在有乐座。

演出的剧目是《内部》和《蒙娜·凡娜》两出戏。其中《内部》中水谷八重子虽然没有台词，却作为须磨子的孩子角色，踏上了她走上舞台的第一步。

《蒙娜·凡娜》中的主角凡娜无疑由须磨子扮演，其他角色分配如下：浦林奇巴鲁雷由泽田正二郎扮演，慈利布鲁奇奥由仓桥仙太郎扮演，贝迪奇奥由中井哲扮演。第一幕中须磨子扮演了一个牺牲了自己一生的贞淑女子，第二幕扮演了幽灵觉醒后的凡娜。

当时对须磨子的演出有如下剧评："第一幕中须磨子的表演无可非议，第二幕到觉醒的那段演技也相当成功。但对于此后凡娜角色的表演须磨子还需要花更大的工夫。"（若月紫兰《歌舞伎》）。其他的评论也基本上对须磨子充满热情的演出给予了肯定，同时也提出了角色扮演还需要更深一层的要求。

不过观众席倒是出现了天天爆满的盛况。

当时有乐座的坐席从一楼到三楼有三层，其中一楼和二楼为对号入座的指定席位，只有三楼是非对号入座的自由席位。一楼、二楼的票价为一日元，三楼为五十钱。指定席位票的预售票和当天售票很快就告罄了，因此下面坐不下的观众便统统挤到了三楼。三楼本来最多只可坐下两百名观众，可因为座位是长板凳排成的，挤一挤的话结果坐了将近三百名左右的观众。再加上还有站着看的观众，轻轻松松就超出了剧院所规定人数的一、两百人了。

掌管会计的川村花菱在每天舞台演出将要结束前，便将当天所售戏票的总金额放在一个黄色袋子里，并提着去见后台的抱月，这是当时的惯例。

"先生，今天又是客满啊。你看，收到那么多。"

川村声音激动地说道，可抱月只说一句"辛苦了"，便将袋子拿了过去而已。这几天的演出每天都因为客人爆满而有大把大把的进账，抱月露出点欣喜的神色也不为过，可他却从来没有表现出这点来。

川村还以为大学教授大概对金钱的事情并不关心吧，可到了演出第五天抱月自己却问了起来：

"川村君,每天都客满,那么收入应该是固定的了。为什么每天的收入各不相同呢?"

"那是因为每天三楼自由席位的观众超过了座位所规定的人数,有时候还有站着看的观众。"

川村自豪地回答,可抱月却皱起了双眉。

"这可不行。你要把收入固定起来。"

"先生,你这么说,可站着看的观众人数每天都不相同,因此无法办到收入一定啊。观众多的话,收入就多,这不是很好吗?"

"不,每天收入不同令我感到不愉快。从明天开始请你将收入固定起来。"

在三楼多放进超过规定人数的观众,包括站着看的观众,那是川村自己酌情处理的。正因为如此收入才增多了,川村原本以为自己这么做是会受到表扬的呢,可却相反受到了训斥。川村无法理解抱月的本意。

"真是无法理解先生是怎么想的。眼睁睁看着赚钱,却说要减少观众让收入固定起来。"

川村对有乐座的经理说道。经理也只得苦笑:

"也许大学教授也就希望得到这么点的钱了吧。总之只要有一定的观众来看大概就满足了。"

"不过我总不能把那些想进来看的观众打发回去吧。"

"那就把三楼固定数字的收入交给先生,多余的就作为大家的喝酒钱好了。"

"这么办的话当然是简单得很。总之我先把多余的钱保管起来吧。"

"对于金钱,坪内先生也是如此。虽然他自己为钱费了好大的辛苦,可却不知在什么地方对钱又很疏漏。哎,他们和我们商人对钱的看法不同啊,总之悠然超脱得很哪。"

经理一副早就习惯了大学教授们的优雅心态似的。于是次日起,川村便拿着和剧场规定观众人数相吻合的收入到了抱月那里,抱月仔细数了一遍后,高高兴兴地说:"这就好。你辛苦了。"

如此到演出的最后一晚,川村手中多出了因三楼放进了多余观众而得到的六百日元的钱。按票价每人五十钱算,即多放进了约一千两百多名观众。

川村拿着这多余的六百日元来到抱月跟前,说:

"先生让我把收入固定下来,因此我每天只将和规定的观众人数相吻合的收入交给了先生。可我也不能拒绝那些赶来看戏的观众,所以此后我还是放进了站着看的观众。这就是多放进观众后所得的多余的六百日元。"

川村递上了这笔钱,可抱月连数都不数,稍微沉思了片刻。

"川村君,这笔钱在记账本上以什么名目记好呢?"

"就写售票金额不就可以了?"

"这不就意味着座位数是一定的,可票子却多卖了吗?"

"那么,就写另项收入怎么样?"

抱月似乎很佩服地直点头。

"但是这种事情将来多了就麻烦了。我看这是我们今后应该好好研究的课题啊。"

"先生,收入多不是件好事情吗?还有什么可烦恼的。多余的钱就作为我们剧团的活动经费,好好拿着花不就行了吗?"

"不过随便乱花不明不白的钱不是成问题吗?"

川村看着依然在烦恼的抱月,感到惊讶的同时也觉得实在是无趣得很。

确实认为放站立的观众进来看戏而得到的收入是不明不白的钱,这种态度也许是岛村抱月,也是艺术座清廉的良心所在。可剧团是活生生的人的组织,没有钱就无法维持下去。而且艺术座成立日子尚浅,财政状况很艰苦。在这种时候还为从站立观众那儿得到收入而烦恼不已,如此下去艺术座难道还能维系下去吗?川村一方面佩服抱月的顶真,另一方面也为他在社会生活中如此天真而感到不安。

艺术座虽然还存在着各种问题,但在有乐座的初次公演获得了成功。在其他独立出去的剧团都在拼命苦斗时,艺术座却赢得了十天连续超满员的大盛况。

公演结束后,艺术座及其有关人士在目黑的"惠比寿啤酒花园"举行了庆祝活动。即所谓边喝啤酒边进行游园会的形式。会场中央设置了一个舞台。须磨子在上面跳了"兼舞"。她的舞姿粗野,即使想恭维的话也说不出她跳得好之类的话来。她无视剧团的所有其他人,因此结果只有少数来自外部的招待客和抱月观赏了她的舞蹈。

此后在清风亭又举行了公演报告会。

会上抱月首先站起身,对于公演的成果和今后的抱负作了讲话。此后中村吉藏对整个演出作了总评价。接着抱月又站了起来,对会计情况作了汇报,报告结果却令人意外地出现了一千日元的赤字。

"连日来如此不断地超满员,还出现这样的赤字令人无法理解。据我的粗略计算至少预售票和当日票中应该有一半是盈利的。你的这个计算报告是根据什么而来的。"

负责会计工作的川村问道。于是抱月便开始读起了纸上所写的数字。

根据他的数字虽然公演本身应该是盈利的,但艺术座自成立以来的约三个月时间里,在清风亭聚会商量事情时的席位费、饭菜的外卖费、艺术座的事务、管理、经营费用等等，将这一切都包括进去了，于是便出现了一千日元的赤字。

"这么算的话这笔赤字还能理解。可我觉得靠公演的费用来维持艺术座的所有经费开支这点不合理。难道不应该分别计算，公演不应该单独进行收支结算吗？"

川村反驳道，可抱月说：

"或许是这么回事，但无论计算方法如何，现在我们艺术座处于赤字状态这点不会改变。今后希望各位更多多节省，并更进一步好好努力。"

剧团成员虽然点头应是，可脸上的表情个个都相当扫兴。

好不容易公演成功了，对此非但没有得到一句慰劳的话，反而还要让大家更加努力，这使大家感到多少有些泄劲。况且在清风亭的饮食费等等和剧团成员们并没有什么关系，那是早稻田的护宪派们随意吃喝造成的。

"三个多月的经费全都要靠这十天的舞台收入来支付，这个计算的根据本身就是胡来。对这种计算方法难道有什么人会认真去听的吗？"

川村讲出了自己的不满，水谷竹紫在旁边也没好气地说：

"岛村先生归根结底还是位大学老师，对学校老师再提出更高的要求也是徒劳啊。"他嘟囔道。

最初大家是为了展开新艺术运动这一共同的目的而集中到一起的，可如今随着时间的推移他们对抱月的失望开始逐渐增强了。

创设当初大家靠着一腔热血坚持了下来，而此后却并不是靠着这股热情就可以解决一切的了。

将来究竟能不能摆脱这种状态还是个未知数。岛村先生虽说是个了不起的人，可作为剧团的经营者和统率者究竟如何呢？这一疑问和对须磨子的反感交织在一起在剧团成员中不断增强。虽说使他们感到不快和憎恨的只是须磨子,可渐渐地大家也开始用批评的眼光来看待对这样的须磨子依旧无法制止的抱月了。

且不说须磨子的事,要让只是在做学问上有点才能的大学教授来管理剧团的经营,这本身就是非分的要求。

有乐座公演后,抱月也如同当初文艺协会时那样,打算去大阪公演。他想如果到大阪也能和东京获得同样成功的话,一千日元的借款立刻就能还清了。

可是大阪方面却没有提出任何关于演出的请求。

一般而言,剧团里需要有负责"涉外工作"的人员,也就是说宣传促销员。在准备去外地公演前,必须有个所谓的先遣队,首先由他们对所演剧目进行宣传和推销,不然的话便找不到"买主"。可当时的艺术座里却没有负责这类工作的人员。所谓的运营委员也不过是干事们和一些志同道合的人的联袂,个人出面进行一些活动而已。

抱月还以为只要坐等的话,大阪方面的剧院就会来提出演出请求的呢。

果然中村吉藏还算是个话剧经验丰富的人,对这方面的事情还多少知道一点。首先他得到了在大阪的一个叫小林的好友的引荐,成功地谈妥了在四座桥一带的近松座公演之事。

演出期间为七天,内容是一半为收益一半为回扣的方式。换句话说,就是收入分配方式为艺术座和近松座对半平分的方式。

近松座演出的事决定后,接着和神户的聚洛馆也谈妥了五天的公演。那里不实行回扣制。而是以每天演出卖多少价格的方式。可是对于艺术座的公演一天到底可以以多少价格出售这点谁都不知道。他们只得大致算出了剧团成员的必要经费支出,然后按乘以几来计算。但这些必要经费却也从来没有正式计算过。

川村花菱先和水谷竹紫两人进行了商榷,可却得不到结果,于是他们来和抱月商量。

"不知道对方是手法巧妙还是他们自己也不明白,他们要让我们先提要求。怎么办才好呢?"

"本来就是要去大阪而顺便去那里公演的,只要能保证住宿费就行了吧。"

"先生,这可不行啊。道具、服装的耗损费,加上剧团成员也必须给他们发一些工资吧。"

"但是在外地能多一个人来看我们的公演才是最重要的嘛。"

"抱歉,这件事情就先交给我们来处理吧。"

川村决定跳过抱月。于是他又重新和水谷两人自己商量去了。

"卖得越高对我们就越好。"

"那是当然,不过最初的要价过高的话,说不定反而会失败呢。"

"到那时再降价也不迟。"

两人考虑了半天,算出了"一天三百日元"的这一金额。虽说初次演出有点要价偏高,可出人意料的是聚洛馆却简单地应允了。

无论是这家聚洛馆还是近松座,他们的戏棚都才刚刚建造好,他们的经理也都是外行,加上观看新剧也是第一次。无论买方还是卖方都是门外汉,于是在双方都不怎么懂行的情况下签订了合同。现在看来简直无法想像,实在可以说是"悠闲时代"才有的"悠然买卖"啊。

抱月不光在这次有乐座公演时才如此,近来的公演他几乎全都钻在须磨子的房间里。须磨子自己也理所当然地处于艺术座座长的位置。每到后台她总是占用一间最大的演员休息室。

抱月还频频为须磨子帮这帮那的。需要时就为她在脖子上涂白粉,帮她系和服腰带等等。

即使没什么特别需要帮忙的,抱月也总是在须磨子身边专心看着她化妆啦,或者试穿戏服什么的。对于须磨子所提出的"这样的化妆怎么样?"、"我穿这服装合适吗?"等等问题,抱月还时不时回答几句。不过他的回答全部都是对她的赞美。对于须磨子来说,抱月的这些话对她也是一个心理依靠。

当然须磨子的房间里会有各种捧场的人送来的各种东西。大致都是些点心盒或者水果、鲜花之类的,有时还会有寿司等。一般而言一座之长级别的人大多会将这些东西转送给下面的演员、道具师等等工作人员。这已经是演艺界一个不成文的惯例。

可须磨子却几乎将所有送来的东西都拿回了她自己的家。偶尔有寿司等生鲜食品享用时,她也只是劝刚好来到她房间的人一起吃而已。

本来须磨子就是个吝啬鬼,大概是因为她出身和成长于长野这片朴素土地的缘故吧,再加上她生来自私自利的强烈独占欲,当时不仅是排练和公演,须磨子生活上的所有必要开支,包括服装费、交通费等等费用全都由抱月负担。而且虽然钱并不算多,她每月还向抱月领取来自艺术座的工资。

暂且不谈爱情,对于金钱须磨子和抱月之间是算得清清楚楚的。

川村曾有一次在有乐座公演时去了须磨子房间,吃过须磨子的寿司。

那天抱月和须磨子都情绪颇佳,他一到他们的休息室,须磨子便立刻对他说"你吃不吃?"可刚要吃时发现没有酱油。

须磨子立刻叫来了隔壁房间的女优，命令她道：

"这里没有酱油，这可怎么吃！你给我立刻拿过来。"

"什么地方有呢？"

"什么人的房间里总会有的吧。只要把他们有的拿过来就行了。"

须磨子常常会若无其事地提出此类要求。女优慌忙走了出去，可总也不回来。

"怎么那么慢，她到底在干什么呀！"

刚好在须磨子焦躁不安时，服装师过来了。川村问那男人说："你有没有酱油？"他回答说："我去找找吧。"不久他就拿来了一个装着酱油的小瓶。

"这瓶真不错呀，就放在我们这里用了。"

服装师刚说完"请便吧。"刚才的那个女优便拿着一个一升装的酱油瓶回来了。

"我买来酱油了。"

"哦，是吗？那这样吧，这个小瓶我就拿回家用了。"

说完须磨子当场就把小瓶子装进了自己的包里。当然那女优买来的酱油她也没有付钱。

说须磨子吝啬也确实是吝啬，但远远超过吝啬的是她那副若无其事的厚脸皮样。周围的人对此也是惊讶得无言以对。

确实她极度不懂人情世故，可她那非常人所具有的满不在乎反倒产生了她的坚强和集中能力，这也是她热心舞台的原动力所在。抱月虽然对她的迟钝神经感到为难和棘手，但同时他也相信在这些背后正潜藏着她的才能。于是抱月只得对她的任性自私置之不问了。

第四章　新生

一

　　艺术座在大阪的初次公演从十月十五日起共上演了一周时间,地点在近松座。

　　剧团一行在公演的两天前到达了大阪,住宿在戎桥北诘的一个叫"岸泽"的旅馆。房间的分配为男演员住在一楼靠海滨的房间,女演员住在对面房间。水谷竹紫、川村花菱、小林他们住二楼。最上面的三楼房间里,岛村抱月和中村吉藏,还有须磨子共住一室。

　　虽说两个男人围着须磨子同住一室颇有些奇妙。但这个组合是抱月自己提出来的。

　　对于房间分配问题,抱月当然希望和须磨子两人同住一室。但两个没结婚的人要是提出住同一个房间的话,也实在有些愧疚和胆怯。况且那时抱月刚宣称自己"和须磨子并没有过肉体上的关系",因此他便将中村吉藏也拉了进来,结果成了三个人同住一室。

　　骨干成员中属性情温和的中村最倒霉,对中村而言这样的房间分配实在令他难堪。

　　房间大小是十二张榻榻米大的一间日式房间。他们的睡觉安排是,须磨子的床铺在房间靠窗附近,中间是抱月的,最左边靠近走廊处是中村的。

　　为了准备黄昏开始的演出,中村从白天起便几乎不在房间里,可早晚即使不情愿也不得不和他们同处一室了。中村尽量不去听他们两人的讲话,他钻进被窝,可他们的对话还是会钻进了他的耳朵里。

　　他们讲话的内容各种各样,但基本上都是须磨子讲她的不满。

"这次演出棚的舞台太小了,我无法尽情地表演。还有舞台装置什么的也没有备齐不是吗?"她从对这类关于舞台方面的怨言一直说到"今天晚上吃的生鱼片是什么呀?这种不新鲜的东西怎么可以吃呢?"还有"管理鞋子的那个大叔,我告诉他木屐的夹脚带松了,可是却根本不帮我修好。先生去训他一顿吧。"等等诸如此类不足为道的无聊小事。

有时她还会命令抱月说:"我想吃糖炒栗子,拐角处有卖,你帮我去买回来吧。"有时她还会对抱月撒娇说:"啊呀,我的腰好酸哪,帮我揉一揉吧。"

这些住在同一个房间的中村全都一清二楚地听在耳里,可须磨子对中村的存在却毫不介意。

抱月则对她的要求有时劝说道,"再稍微忍一忍吧",或者有时说声"知道了"什么的。不过结果总会帮她到外面去买回栗子来,或者从床铺上坐起身子帮须磨子揉腰之类的。

"怎么样,和他们同住一个房间?"

水谷他们对中村半是同情半是嘲讽地问。中村也只好苦笑着回答:

"我对别人的事情一般是不在意的,所以也没什么了不得的。"

"我说,他们两人真的什么事情都没有吗?"

"我睡觉很沉的,睡着以后的事我可不知道。"

事实上中村对于抱月和须磨子之间的私人感情毫无兴趣。两人如果有肉体上的关系也无所谓,即使知道他们那样的话,他也觉得没有什么可值得吹嘘的。在这点上中村可以说是个成熟的大人吧。

可剧团其他成员的好奇心却越来越旺盛,"偶尔让他们两人单独在一起呆一呆吧。"他们半开玩笑地对中村说。

中村用笑容来支吾搪塞。抱月和须磨子之间已经有过肉体关系了,因此剧团成员们中会有一些淫秽的想像也实属无奈。

其实深夜时分，抱月会有时偷偷倾听一下正熟睡中的中村的呼吸，然后去接近须磨子。舞台演出结束后，趁着中村外出饮酒，两人一起钻进被窝的事情也是有过的。偶尔他们还会分两路到附近的船家旅社去确认双方的爱。

从在东京他们分居两处生活时就时不时要见面幽会来看，他们在大阪的生活可就显得自由自在多了。

可两人的关系越是亲密，剧团成员对他们的抗拒也就越厉害。这本来是出于对须磨子任性自私的不满，抱月本应训斥她的，可相反却是更宠着她。于是他们在对须磨子的不满中又加上了对抱月的不信任，由此他们的抗拒也越来越厉害了。

剧团成员的反抗以明确的形式表现出来是在大阪公演开始后的第四天早晨。

那天须磨子起床后突然说：从今天起，她不演《内部》一剧中的母亲角色了。

《内部》和《蒙娜·凡娜》一样都是梅特林克的作品，作为先于《蒙娜·凡娜》一剧而演出的剧目，自东京公演以来始终持续进行着。其中须磨子一直出演里面的母亲这一角色，这个角色只是在舞台上坐着而已，几乎没有什么称得上表演的表演，也没有台词。虽说出现的场面很多，但只要像个母亲的样子坐在舞台上就行了，因此什么人都能演，对演员而言是个没有多大意思的角色。

从东京公演时起须磨子就对这个角色很不满意，但在抱月的劝说下算是演了下来。但来到大阪后，由于近松座的宣传不够，来看戏的观众很少，舞台的气势也始终上不去，于是须磨子不耐烦了，便突然提出她不再出演了。

可再怎么厌烦,突然中途放弃自己应该扮演的角色简直让其他人不知所措。

"这种角色我不演的话,随便拉个什么女人来都可以扮演的吧?"

须磨子毫不留情地说。再怎么说没有台词,可总不能让随便一个完全外行的人来干吧。还有即使是一个没有台词的角色,正是因为有了须磨子在台上出现,所以才有令观众信服的一面。作为水谷紫竹而言,也正是因为要扮演须磨子的孩子角色才让八重子初次登上舞台的。

"节目单上也清清楚楚地印着你的名字,现在到这种时候说不演了,不是让人难堪嘛。"

以剧本改编秋田雨雀为首的男演员们一起去请求须磨子,可她却完全没有听进去的意思。

"即使没有台词,你不出演的话,整个舞台就不完整了。"

雨雀低下头向她求情,可须磨子却身穿经常穿的那件铭仙绸和服,分开双膝随意地坐着,并扭头看着一边。

"先生,这究竟是怎么回事啊?已经决定的角色,可在公演途中突然提出不演了,这种行为真让人无法原谅。"

泽田正二郎愤慨地追问抱月。抱月双手交叉,只是偷偷窥视了一眼须磨子,一语不发。

"到底怎么样?这样一来演出时就变得没有母亲角色了。"

"这样的话观众不可能满意的。首先,这样对编剧秋田先生也不是很失礼吗?!"

在男演员们一个个逼问下,抱月终于抬起了头。

"有其他闲着的女优吗?"

"开什么玩笑！你不是知道因为费用的关系,来大阪的全是有活干的人,哪里会有什么空闲的女优。"

"那么从东京去叫吧。"

"现在叫的话,到达大阪最快也得花两、三天。不可能赶得上今天公演的。"

"真叫人为难……"

抱月叹了口大气,又将双手插入怀中,沉思起来。

"有什么为难的。先生只要将眼前的女人训斥一顿,然后强迫她必须上舞台不就行了吗?"

大家压抑着想如此对抱月说的心情,只是始终紧盯着抱月和须磨子两人。抱月一味思考着,与他相反,须磨子却一副坦然自若的神情,自顾自地抽着烟,这是她刚学会的。

"在这里再怎么谈也是白搭。中村君和我们一起来一下吧。"

泽田气愤地说罢,便拉着中村吉藏就往二楼走。

到了二楼,男演员们又开始将中村团团围住,向他诉说不满。对他们来说,中村是剧团成员和抱月他们沟通的唯一"导管"。

"那女人当然不对,可先生也真是的。对她如此的自私任性却毫不训斥,还说什么到东京去找女演员来,这到底算什么呀。这也算是个座长呀,真是滑稽可笑得很。"

"先生已经既不是什么一座之长,也不是什么导演了。他不过是一个为了讨好那个女人的情夫而已。"

"不要说这种无礼的话。"

中村提醒他们注意,可情绪激昂的男演员们无法沉默。

"如果说这种话无礼的话,那么岛村先生做得像不像一个座长的样呢？比起那位先生我们这些人对舞台演出的事可关心多了。"

"这点我知道。"

"那么中村君，你认为我们和松井须磨子哪个正确？"

"当然你们所说的正确了。但是无论在道理上怎么正确，松井小姐说不演了，那也是没有办法的事情嘛。"

"说句没有办法就可以完事了吗？那么说正义上哪儿去了？"

"再怎么呼吁正义，世间就是有那么些事情靠道理是所无法解决的。"

"才没有这种荒唐事呢！"

"虽说是荒唐事，但没有什么东西可以比一个拒绝讲道理而又破罐子破摔的女人更强硬的了。"

从一大早就了解事情原委的中村觉得再责备须磨子的话，她只会更顽固地翻脸不认人。虽说大家可以责备抱月，但即使是抱月对于翻脸不认人的须磨子也是束手无策的。

怎么看须磨子也不是一个讲道理的女人。对她即使讲什么正义啦、常识的都不会有任何效果的。虽说她不会按道理来行事，不过一旦心血来潮她又会不顾一切地行动起来。她实在是个喜怒无常的人，而让她成为这么一个性情反复无常的女人，抱月也是有责任的。不过现在只有暂时保持一段冷却期了。

不过事情也不能就此置之不顾呀。时间已过了中午，马上必须开始着手舞台准备了。

事情的进展究竟会如何呢？当大家正提心吊胆的时候，不知抱月是否羞愧得无地自容，只见他独自外出散步去了。

事到如此也只有再次和须磨子直接谈一谈了。泽田他们商量了半天，最后想出了一个妥协方法，即在东京的女优到达之前，继续由须磨子上台演出。这是他们所能做出的最后让步了。

泽田立刻和仓桥两人作为代表来到了须磨子在三楼的房间。须磨子正怄气似的钻在被窝里睡觉呢。

"松井先生，刚才的那件事……"

泽田打开纸移门，开口对她说道。须磨子依旧背对着他们。

"搞什么呀！居然走进女人独自睡觉的房间里来了！"

"去东京叫女优来的话，少说也得花两天的时间。在她到达之前，你能否继续上舞台呢？"

在泽田还要说完没说完的时候，只听得须磨子又吼了起来。

"我说过讨厌就是讨厌，立刻给我出去……"

她的声音实在太大了，两人只得慌忙跑出房间来到了走廊。接着他们立刻到一楼把事情告诉了那些正等着他们的人。

"把我们当傻瓜也有个分寸吧。她到底把舞台演出看作什么啦！"

"莫如随她去得了。最后为难的还是一座之长的岛村先生。看到他为难即便是须磨子也总会重新考虑一下的吧。"

讨论中强硬的说法不断出现，事实上他们也是要站在舞台上表演的，如果说须磨子不在舞台上，演出便无法进行的话，作为一名演员就显得太没志气了。甚至还会难为了毫不知情的小演员八重子。

"岛村先生还不回来呀，在这么重大的时刻他去哪里玩了？"

"不，先生可不是在玩。最最痛苦难过的还是先生啊。"

如此说来，按抱月的性格也确实是说不出强硬话来的，因此反而令人觉得他可怜了。

"莫如让这家旅馆的女招待来演算了。"

仓桥刚这么一说，只见秋田雨雀将双膝向前伸出。

"这个角色由我来演吧。"

一瞬间大家睁大眼睛盯着雨雀，泽田连忙用手制止了他。

"你不要开玩笑。现在需要的是一名演孩子母亲角色的女性。"

"所以嘛，我男扮女装上台不就行了吗？"

大家重又盯着雨雀瞅了起来。

"所幸的是，作为男人我身材比较矮小。虽然我自己说出来显得有点那个，其实我的脸长得也不错嘛。"

"但先生不是留着胡须吗？留胡须的母亲太奇怪了。"

泽田说毕，大家一起忍不住笑出了声，可秋田却是非常认真的。

"胡须剃掉就行了。"

"你要剃了那胡须吗？"

雨雀是个长相温柔文雅的男子，因此平时为了弥补这点他故意在鼻子底下蓄了一撮三角形的所谓将军须。

"但为了这种事情把特意留着的胡须剃掉，这行吗？"

"如果这样便能派上用场的话，就没什么关系。胡须总归会再长出来的。"

"我真佩服先生的一片热忱之心。如果您能出演母亲角色的话，我们大家一定能尽心竭力地好好表演。"

泽田感激万分，一把抓住了秋田的手。受他的影响，仓桥和小林也都一起向秋田伸出了手去。

雨雀是《内部》的编剧人，并非演员，他却亲自提出要将自己的胡须剃掉扮演成女性。这点令年轻演员们感激不尽。

正如雨雀自己所提出的那样，那天他剃去了胡须，穿上须磨子的舞台服装站在了舞台上。

"比松井须磨子漂亮、有风采多了。"

演员们都高高兴兴并极其认真地进行了表演。

不过当抱月听说秋田要剃掉胡须扮演成女性时,只是"哦"了一声。舞台演出结束时,也只对他说了声"辛苦了",算是表示了感谢。

虽说他表现得相当冷淡,但作为抱月,除此之外也没什么可说的了。

而须磨子只在舞台的一侧看了一眼秋田便走了。过后她始终对此事不闻不问,既不说好也不说不好。

观众中几乎没有什么人发现这个替角的,即便有人发现也没有提出什么特别的意见来。《内部》中母亲一角不过是这种程度的角色罢了。而接下来的《蒙娜·凡娜》一剧中须磨子则在舞台上从头活跃到尾,因此那些想看须磨子的观众也就没有什么特别的不满了。

打扮成女人的雨雀在他初次登上舞台的第一天结束后,泽田和仓桥等一些男演员们为了犒劳他,全都到集中到附近的一家茶屋去玩了。

在那里他们大闹了一个晚上。大家七嘴八舌地讲了不少须磨子和抱月的坏话。他们的郁愤得到发泄后,心情也特别舒畅。

"这样一来抱月先生多少也会反省一下了吧","还不如不要须磨子上台了,说不定这样的舞台表演还更团结呢。"一些因情绪高涨而说话过分的人如此说。还有人抓住中村吉藏不放,说出一些引发淫秽想像的话来:"他们以为你今天回去得晚,说不定两个人正好可以尽兴地玩一把呢。"

"须磨子提出如此任性自私的要求,也是一种歇斯底里的表现呢。大概是与你合住一个房间欲望得不到满足,所以才更变本加厉的吧。"

"岛村先生本来不必如此多虑,堂堂正正地两个人住一个房间好了。好好满足了须磨子的话,对我们也是件谢天谢地的事。"

"可那个任性的女人在被男人抱在怀里时是不是也会发出那娇滴滴的

声音呢?"

"那她也还不是个女人哪。不过要满足这么一个欲望强烈的女人,岛村先生也太辛苦了点吧。"

"哪里哪里,先生喜欢的正是那女人的淫荡之处呢。不管先生多么有学问,好色这点也还是一样呀。"

"即使那样先生也一定很累吧。你看他,不是常常一边看着舞台演出,一边打瞌睡吗?"

"你啊,我看还是偶尔代替先生也抱一抱须磨子怎么样?"

"这种傲慢的家伙,况且又是个没有条理的女人,我才不要呢。看她那样,大概做爱时也一定会说什么'快做,快做'、'要这样'、'要那样'地指挥人吧,一定烦人的很。"

酒精进入体内后,男人们大胆随意的谈话一直持续了很久。而每当他们如此谈笑时,他们对抱月的尊敬程度也切切实实地在每况愈下。

雨雀受到大家的鼓励,此后又连续两天登台参加了表演。第三天从东京来的女优赶到后这才让了位。

可曾一度剃掉的胡须一时半会儿是不可能迅速长出来的。每当剧团成员们看到雨雀那没有胡须的光溜溜的脸,便会想起须磨子的蛮横无理和抱月的不争气来。

二

关西公演结束后,艺术座成员们回到了离别一个月之久的东京。可此时他们的心却已经完全失去了平静。四个月前为了开展新剧运动,这些志同道合的人聚集在一起时的那个团体已经面目全非了。

无疑，最主要的理由就是因为须磨子的蛮横，其次就是无法控制须磨子的抱月的软弱，还有他的毫无统率能力。这几点都激起了大家的不满情绪。

艺术座接下来决定了公演的剧目为《莎乐美》。但在公演即将开始前，会计兼负责舞台进程的川村花菱却辞职了。虽说他辞职的理由是将艺术座的小道具偷偷借给了新剧社而引咎辞职的。可其实真正的理由还是出于对须磨子的强烈抵抗。

他的辞职像在排练《莎乐美》的剧团成员中掀起一股退团风波。

导火线是一位因严厉而出名的外国人导演罗希来指导排练时，须磨子大肆谩骂男演员道："就因为你们这些人呆头呆脑的，根本不会演戏，所以才多次重复排练的。和你们这种痴呆一般的木偶人没法一起排练了。"

从早前须磨子就有事没事地总是对那些男演员们吹毛求疵的。

可是一旦男演员们的演技出色因而令人瞩目时，她又不愉快起来。有时故意将台词的间隔拉开，或者改变一下动作而令他们不知所措。男演员们总觉得那不过是须磨子的任性妄为，因此总是睁个眼闭个眼的不予理睬。可这次居然被她骂成了什么"痴呆"、"木偶人"，于是他们再怎么都无法忍受了。

理事水谷竹紫看不过去了，于是提醒须磨子说："松井先生，你这说法太无礼了点吧。让你这么一说有谁还愿意继续跟你演下去呢？你要道歉！"可须磨子却不是个愿意为这种事情道歉的人。

"为什么我必须道歉？"

"任何事情都有一个措辞问题，即使你有再多的不满，可对着这些大男人如此谩骂，实在是太失敬了。无法原谅！"

"你也说得太夸张了吧。"

"不管夸张还是不夸张,我只是说出了理所当然的常识。你要立刻向大家道歉!"

水谷原本不过是想稍微告诫她一下的,可中途却情绪激动起来,而须磨子比他更激动。

"什么呀,你连个像样的工作都不会做,只是个演出场地的守门人而已,全靠着我才有你一口饭吃的。受着人供养,说话怎么可以如此嚣张!"

"什么!……"

水谷要往须磨子身上扑过去,男演员们慌忙制止了他。

"再怎么样你对水谷说出这种话不是太过分了吗?"

这次是制止了水谷的男演员们向须磨子发难了。须磨子却回瞪了他们一眼。

"什么呀!你们这些人也不是因为我才有口饭吃的吗?"

"别把我们当傻瓜!那只是出于你狂妄自大的想像!你要道歉!"

男演员们一起叫了起来,须磨子也丝毫不肯让步,将头扭向一边。

"先生,先生您认为谁正确呢?"

其中一个男演员忍不住向正交叉着双手,一味观望着事情进展的抱月追问道。抱月轻轻地将手放在下巴上。

"即使你这么问我,但女性总是动辄感情用事的……"

他含含混混地说道,并垂下了眼帘。

"放开我。我今天倒要说说清楚。"

水谷挣脱了男演员们的手,毫不客气地走到抱月跟前。

"先生,就是今天,我要辞了艺术座的工作!"

男演员们想制止，可水谷却不顾一切地继续说下去：
"我今天对艺术座，对先生实在是厌烦透顶了！抱歉我这就走！"
"你……"
水谷不顾想叫住他的抱月，自顾自地走了。
"水谷君……"
两三个男演员正想追出去，可须磨子却用尖锐的嗓门吼叫道：
"啊，这样一来要养活的男人减少了一个，真清爽啊！"

由于这次争吵《莎乐美》的排练不得不中止了。男演员们集合在一起商量起来。其中有强硬派认为全体人员应该立刻总辞职。结果中村吉藏从中调解，说现在大家彼此都很激动，因此还是过一天，等明天再和岛村先生交涉，看看是否能得到一个令大家满意的结果再作决定。

可第二天等男演员们到了排练现场时，须磨子已经到了，并一个人在念台词。

而且她看到演对手戏施洗约翰一角的泽田正二郎，便说："我说，你就站在那里，我们排最初见面时的那场。"并亲自拉过泽田的手来。

须磨子就是如此，一旦激动兴奋起来后就会变得不可收拾，可睡了一觉醒来后，她便若无其事地把一切都忘得一干二净了。

她就是这么一个容易激动，又容易清醒的人，换句话说也是个性格单纯的人。

当时说"女人就是动辄感情用事……"而含糊其辞的抱月，虽然看起来优柔寡断，可另一方面他其实也看穿了须磨子的这一性格。再怎么对女人说道理也是无用。这点抱月是通过和须磨子的长期接触才学会的对付女人的方法。

其他的男演员们看着须磨子和泽田的对话,也感到很扫兴。结果本来商量好的要再次追问抱月的事也稀里糊涂地不了了之了。

归根结底,须磨子虽然可恨,可骨子里却是个演员的料。

结果《莎乐美》于十二月二日起至二十六日,在帝国剧场顺利完成了公演。

《莎乐美》的剧本是奥斯卡·王尔德的作品,由中村吉藏翻译。角色分配如下:女王莎乐美由须磨子扮演,施洗约翰由泽田正二郎扮演,希律王由苍桥仙太郎扮演。

这个独幕剧是穿插在帝国剧场女优剧中间的一幕戏,是以临时加演的形式演出的,因此受到了时间上的限制。而且由于帝国剧场专属的外国人导演罗希担任了此次导演,因此有一个无法发挥艺术座自身特色的缺点。可是演出却意外地受到了好评,此后成为艺术座主要的上演剧目之一。

"比起上次没有得到什么好评的《蒙娜·凡娜》而言,这次的演出剧目刚好适合须磨子扮演。她既表现了女王的高贵和骄傲,同时为了达到和预言者恋爱的目的她将野性之处也表现得淋漓尽致。……"(摘自伊原青青园的《歌舞伎》大正三年一月)

"须磨子活灵活现地表演了一个自私自利、好胜又任性的'莎乐美'这么一个女性。本来须磨子扮演这类性格的女性就应该算是目前全日本女演员中首屈一指的人物了。我认为这就是为什么她扮演蒙娜·凡娜失败,却成功地扮演了玛葛达的原因所在了。"(本间久雄《演艺画报》大正三年一月)

正如这些评论所说的,莎乐美一角对须磨子而言比较接近她的本色,因此从这个意义上对她而言就比较容易扮演了。

可剧评中也有听说须磨子平时的自私任性后所写的充满讽刺的文章。

比如《文艺俱乐部》中刊登了冈太郎的《演艺当座帖》一文中讽刺道:"吹嘘艺术座的广告中说:艺术座有松井须磨子和其他数十名男演员,那个最终激怒了水谷理事的女豪杰原本就具有制服力,而其他那些有来头的数十名男演员为了艺术所付出的忍耐和坚实的屈服力,可以胜过韩信,他们等待着自己来日的飞跃发展。那既是艺,又是术,有时也不得不成为艺术座本身。"杉赝阿弥在《虎啸录》中挖苦说"艺术座所演的《莎乐美》中有个暗示,须磨子女王权威赫赫,结果以不可抵挡的势头,解雇了女优,又解雇了男优,最后甚至波及干事,花菱君也被解雇,竹紫君也被解雇。出现了'斩首'接着'斩首'的可怕光景。这是一种暗示,须磨子昂然地说'我要施洗约翰的头颅……'她让人从井里拿出他的头来,当她自由自在地玩弄着约翰头颅的瞬间,那不正是艺术座自身的写照吗?出演施洗约翰的泽田君啊,你如果只是在舞台上被如此摆布也就算了。"

可这挖苦终于成了现实。

大正三年(1914年)的新年来临了。

艺术座于一月十七日至三十一日,在有乐座举行了第二次公演。

演出剧目为易卜生的《海上夫人》五幕剧。角色分配为:主角海上夫人艾莉达由须磨子扮演,房格尔由中井哲扮演,外国人由泽田正二郎扮演。同时演出的还有契诃夫的作品《熊》,其中老仆鲁卡由仓桥仙太郎扮演,斯密鲁诺夫由镰野诚一扮演。须磨子只在第一幕中扮演海蕾艾出场。

《海上夫人》除了《万朝报》的评论以外，其他评论大致都不怎么样。秋田雨雀在《读卖新闻》报中写道：

"我认为须磨子所扮演的艾莉达完全没有北欧所具有的那种带有神秘色彩的忧郁气质。因此表演在从现实转向另一个其他世界时，她会有一些极其唐突的表演。……问题不在于如何去表演，而根本地是在于如何去思考，我认为这点对于这位女优才是最有用的地方。"

另外作家岩野泡鸣相当严厉地批评说："在许多剧团中最为著名的演员须磨子，大概几乎是属于一个没有头脑的人。看她的演出发现她永远以娜拉为标准，无论是玛葛达还是艾莉达，她似乎都以娜拉为目标再添上一些色彩罢了。那不是和旧剧所培养的演员一样表演总是陷于庸俗的老套嘛。"

还有冈田八千代在《歌舞伎》杂志上触痛了须磨子的短处："须磨子这个人在好不容易到达让人觉得'表演真棒'的境地时，便会做出一副'你瞧，我的表演多棒啊！'的态度来。……希望她在舞台上能更多一点道德心。并不是只要自己大受欢迎就行了，希望她更多地考虑到舞台全体的统一。本来在舞台上有胆量是不错，但仅仅只有大胆这点是不会令人佩服的。"

确实须磨子的演技中似乎在大叫"看我呀、看我呀"的自我表现过多了。只要她自己能在舞台上大大地亮相，然后得到观众的鼓掌她就心满意足了。她从来不考虑和其他演员的协调配合。所有的表演都是她硬推给对方的，也就是说强加给对方的，她的表演根本不考虑如何接受对方的表演来展开。

所有的表演如果不是以她为中心她就不满足。因此，演对手戏的男演员只要比她多了一点表现，赢得了多一点的掌声的话她就十分不悦。排练时当然如此，公演中她也会突然变换台词和自己的表演，以此来弄垮对方的表演。

此后作为艺术座的第三次公演，他们预定演出托尔斯泰的《复活》。

可在排练开始后的第三天，泽田正二郎突然宣布退团，接着仓桥仙太郎、田中介二、秋田雨雀等人接二连三地提出了退团。还有几个干事也辞了职。男演员中留下的只有稳健、中立的中井哲一人了。

《复活》的舞台排练刚开始，这一退团骚动对于艺术座而言显然是个相当深刻的问题。

究竟是否能够按预定计划进行公演也几乎成了没有把握的事了。尤其是泽田正二郎的聂赫留朵夫这一角色是个可以和喀秋莎相抗衡的主演角色，他的中途退团对于艺术座的这次公演而言是相当致命的打击。

可须磨子对于这一骚动也依然坦然处之。听到退团后，她也不过"哦，是吗？"点个头便作罢了。当然对于泽田她既不作任何挽留，也不说声"辛苦了"。泽田愤慨地说："我们就像一条野狗似的被赶了出去。"她就是如此一个丝毫不介意周围的一切的人。

可抱月却相当为难，"就真的不能留下了吗？"他对这些要辞职的人说。

"那你能发誓将来不再听任须磨子如此自私胡来吗？"

泽田再次追问。

"那个，她毕竟是个女人嘛……"

"什么女人男人的，还不都一样啊。不允许的事情就是不能允许。"

"但是，即便这么说……"

抱月又像往常那样将手揣进怀里，作出模棱两可的回答来。

不管抱月如何想挽留男演员们，可只要须磨子没有这份心思的话便毫无办法了。只要须磨子不赞成，抱月便什么都不能做。那是抱月无法超越的限制，同样也是艺术座无法超越的限制。

"我们所有的人都是因为敬仰先生才参加艺术座的。即便我们有做得不够之处，但我们认为我们都是尽了自己最大努力的。可现在我们的全部力量都已经消耗殆尽了。我们对艺术座实在太失望了，而更重要的是我们对先生大失所望。"

泽田最后的话和水谷对抱月所说的话是相同的。

随着泽田的退团，自创立以来始终为艺术座奋斗的主要演员们几乎全部都走了。

主要男演员全都退团了。环顾四周发现留下的只有自称"主体"的须磨子和抱月两人了。

"这才清爽呢。"

须磨子一边在火盆边烤火，一边悠闲自在地说。

确实泽田走后，只留下一些全都是听任他们摆布的演员了。虽然规模缩小了，相反却变得团结起来。可作为负责人的抱月是不会因为如此便欣喜的，因为三月《复活》的公演就在眼前。

抱月苦恼万分，只得以普通招聘的方式募集演员。

艺术座在新剧界已经算是相当有名气了，因此立刻有数十人前来应聘。抱月和须磨子对他们一一进行了面试。最后聘了七个人。

但如此也并不能填补老资格男演员的空缺。尤其是泽田本来预定扮演聂赫留朵夫这一角色的，现在要一个门外汉来扮演实在太困难了。

抱月向各种各样的人求援，希望能招到具有一定表演能力的男演员。

可须磨子的蛮横已经出了名，因此多少有些演技的人都说"被这么一个女带班的转动着下巴支使来支使去的,绝对不干!"便一个个都逃走了。

结果最初被选中的是"新剧社"的主办人伊庭孝。他是个才子,可个性却过于鲜明、强烈。因此即使他本人答应加入艺术座的话,很显然也会因为和须磨子发生冲突而令艺术座再次陷于混乱的。

犹豫了半天,结果"舞台协会"里的一个人被选为了候补。可通过暗中交涉,那人虽说对加入艺术座本身没有什么异议,只是要求月收入八日元。在艺术座的男优中,月薪最高的当属泽田正二郎,他那时才八日元。和泽田比起来,那位男演员的演技能力、知名度都要低一个档次。艺术座的意思是只能出五日元。

"这有点太少了,能不能再多出一点?"

对方提出了要求。再次回到剧团的川村从中调解,结果从五日元到六日元,又升到七日元。对于艺术座而言,由于公演日期迫在眉睫,因此也无法做得过于强硬。

可对方还是不依不饶,最后抱月和中村吉藏,再加上川村三人交涉后决定出七日元五十钱。

"这个数字已经是出到头了。出了那么大价钱,你也应该看到我们的诚意了吧。"

本来抱月就对于交涉一类的事情很不在行,即使他那时在场,可实际的交涉也全靠中村。

"我没问题,可我的朋友他们不答应。"

"那么再加五钱,你就答应了吧。"

"五钱,真是个奇妙的数字。"

对方说毕,笑了出来。于是交涉也就决裂了。

"不过是个艺人而已,一副不可一世的样子。那种男人我们绝对不求他。"

即便是中村也感到气愤。不过演出缺了男优也真是件麻烦事。

三个人考虑了半天,结果他们想起了武田正宪。

武田是文艺协会的一期生,也是艺术座初创时就加入进来的成员之一。可由于和二期生的对立他早早地就退团了。

"武田君如果能来的话没有什么比这更好的了。可他现在不是在浅草工作嘛?"

抱月问道。川村回答:

"就是要让他转到我们这里来。和他发生争端的二期生也几乎都走光了,如果先生能亲自直接指名要他的话,或许还能有希望。"

"那我们就去问他一下吧。"

被逼得走投无路的抱月此时此刻的心情简直想求神来保佑了。

川村立刻被派遣前去和他交涉。结果武田决定辞掉浅草的工作转到艺术座来。

月薪为七日元,虽说并不比浅草给的多,可艺术座是他曾呆过的地方,这次又是抱月亲自来求他的。因此武田感激万分,答应转回到艺术座来。

抱月很高兴,立刻将此事告诉了须磨子。

"噢,是武田君啊,武田君很听我话的,以后就好办多了。"

须磨子若无其事地说。

"这次的事是川村君拼命费了好大的力气,是他帮了我们大忙了。"

抱月暗中示意须磨子对川村表示一下感谢。

"是嘛,川村君是喜欢做这类交涉的。"

须磨子说完便称"我肚子饿了,大家到'川铁'去吃鸡肉鸡蛋盖浇饭吧"。说完拍了拍手,叫过一些年轻人来。对于男人们所费的辛苦,须磨子觉得那是事不关己的。

三

从大正三年(1914年)一月到春天的这段时间,艺术座渐渐地被逼入了困境。

前一年随着剧团的创立,上演了《蒙娜·凡娜》、《莎乐美》,算是取得了一定的成果。可经济上却依然很艰难,再则由于须磨子的任性霸道,有实力的男演员和后援人员一个个都离他们而去了。

当时演员的月薪以现在观念看是相当低的,因此要靠每月一次的公演和帝国剧院演出的中间穿插公演来养活剧团的所有成员是相当困难的。

一月,抱月在《早稻田文学》杂志上刊登了一则"申告",募集一股为一百日元的出资人。其内容不仅仅是在资金上请求援助,而且打算将出资者人集中起来,设立一个基金出借部,而艺术座则为借入部,接受资金出借部的监督和管理。

抱月的目标是希望通过此次募捐可以筹集到五千日元的资金。可是实际上愿意给刚萌芽的新剧出贷款的慈善家为数甚少。加上早稻田大学以及和演戏有关的人员虽然平时口头上时常指手画脚的,可一旦到了要出钱的时候却是分文不肯出的。他们可以"出嘴",却不肯"出钱",这点露骨地显示了评论家所特有的随心所欲。

并且因为去年片上伸、水谷竹紫退团的缘故而引发了今年年初中村星湖、秋田雨雀、泽田正二郎、田中介二等接二连三地走人,最后甚至连相马御风都回故乡隐居起来了。如此一来艺术座创立当初的主要人物大部分都辞职了。而且其理由全部都是出于对须磨子的憎恨和反感，其中也夹杂着他们对庇护着须磨子的抱月的失望。

此外，第三次公演的《海上夫人》所受到的恶评犹如火上浇油。

当时没有一本戏剧杂志或者报纸中不刊登对须磨子和抱月批评的。这些批评超越了客观的视角，几乎都表达了类似于对他们两人的个人中伤或怨恨。

其中最为辛辣的是山本有三，"岛村先生不仅完全不懂得舞台导演，而且也不具备实际的导演能力。因此我建议他应该从舞台导演这个职位上退下来。我认为这不仅是为了先生自身，而且对于我们的戏剧界也是一大幸事。"把他从头贬低了一通。还有《读卖新闻》也发表了对于《海上夫人》的感想文章，文中断言说"舞台充斥着拙劣、愚笨、无能和毫无创造力。"而对于须磨子则评论道"谁能从她那只会转动一下眼球、一副成天正儿八经的腔调、然后就光知道向前伸出双手，除此之外什么都不会的须磨子的表演中想像出一位抬起憧憬的双眸眷恋着大海、向往着自由的女人呢？……（省略）……只知道背诵一下台词，然后站在舞台上，这样对于话剧而言全然是件无意义的事。"几乎将须磨子也是一贬到底。

还有在文艺协会曾听过抱月的课，也是须磨子后两期的同学叫笹甲午的，在《演艺俱乐部》中以《给须磨子的一封信》为题对她进行了严厉的批评："你没有唤醒内心沉睡着的对艺术本质的真挚的爱，却追求那些从属于世俗的地位和权利，你不过是个卑劣的女艺人而已。"

甚至在翌年四月号的同一杂志中，曾担任过艺术座理事要职的水谷竹紫也贬斥须磨子说：

"被如须磨子般自我中心的女优而玷污了明星地位的整个艺术座，他们今后的希望犹如水中月镜中花,实在太渺茫而无常了……(省略)……她是个神经质的爱哭的旧式女人,同时也具有露骨而极其粗野专横的自私自利又倔强的女人的弱点。"

他还断言说:"须磨子作为一名艺术家已毫无价值可言。在任凭须磨子骄横恣肆的剧团里,如果说对于艺术的追求已成为不可能的话,那么在艺术座和岛村抱月这位公众人物身上我们首先看到的是他们正逐渐走向灭亡。"

然后文章又将须磨子看作死神,半开玩笑地贬损道:

"最后或许我要说些奇妙的话,近来我感到先生正被死神纠缠着。看他那谢了的头顶、突出在外的牙齿、身上穿的水松似的和服,总是佝偻着身子,将屁股突出在外。如果那是个从阴暗柳树的阴影下向他招手的音羽屋式死神的话,既厉害又滑稽,那倒还算了。可纠缠在先生身上的死神是很危险的。不仅夜间出现而且白天也会出现。脚、手和嘴都很健壮,却在暗中不动声色地将如何'灭亡'教给了先生。先生什么都看不见,可我们却隐隐约约地看到了'灭亡'的身姿,实感害怕。请先生多加小心啊!真的请您要好好保重!"

还有岩野泡鸣讥笑说:"须磨子基本上是个完全不用脑子的女优。"另外小山内薰痛骂说"岛村抱月光知道走一条赚钱的道路了。"

在日本新剧史中,恐怕受到如此非难的女优和导演还从来没有过吧。尤其是须磨子可以说是个最为反派的角色了。

此时此刻,抱月和须磨子陷入了四面楚歌和孤立无援的境地。可他们却还是毅然决然地向着下一次的舞台演出进发了。

《复活》是俄罗斯文豪托尔斯泰的作品,也是与他的《战争与和平》

和《安娜卡列尼娜》并列的一部作品。

简单讲述一下其梗概如下：青年贵族军官聂赫留朵夫出于一时的心血来潮玩弄并抛弃了女仆喀秋莎。喀秋莎因此走向了沦落的道路，成了一个娼妇并犯下了罪行，为此她被作为女囚送到了西伯利亚。此后聂赫留朵夫知道了此事，于是他抛弃了地位和富裕，追随喀秋莎来到了西伯利亚，开始迈出了走向人性复活的道路。

剧中包含着托尔斯泰的所有思想、艺术和宗教观，作为一部人性作品在日本也具有相当大的影响力。

这部作品最初在明治三十八年（1905年），由内田鲁庵翻译成日语。

最初想到要将此作品搬上舞台的是楠山正雄，是他将此作品推荐给了抱月。

正巧在伦敦留学时，抱月曾两次看过此剧。虽说当时他也有些动心，可依然犹豫不决。

《复活》不仅篇幅很长，而且有西伯利亚流放地的场景，因此抱月对在舞台上能否充分表现此剧还存有疑虑。

可他又觉得这一沉重而富有人性的主题或许出人意料地会在日本受欢迎。喀秋莎被玩弄后堕落了，这种哀怨的例子在日本在身边也是存在的，因此说不定会引起共鸣。再则扮演娼妇角色对于须磨子而言还是初次，因此抱月觉得值得将它搬上舞台。

抱月考虑后决定采用这个剧本。

不过这次作品只许成功不许失败。

这时的抱月已经没有多余的心思来考虑舞台的内容和艺术性了。虽然身边的人这个那个地议论纷纷，可头等大事是要赚到钱，必须保证剧团的存在。如果这时还要强调什么纯粹性啦、艺术性啦等等的，最终如果剧团本身都崩溃了可不就鸡飞蛋打了嘛。

虽然《复活》的故事情节波澜万状,但其实它更是一部提倡人性回归的极富思想性的作品。作品在批判当时的社会体制和俄罗斯国教的同时,追究人性的罪恶和良心,是一部沉重而深刻的小说。可抱月将其中的这些思想性和艺术性全都抽走,仅将喀秋莎的悲哀,以及她和一边悔罪一边追求她的青年军官的恋情作为故事的主题。

也就是说抱月将此剧转换成了受大众喜爱的、通俗化的电视剧形式的东西了。

同时他在剧中穿插了由相马御风作词,中山晋平作曲的"喀秋莎之歌"。

如此二月起,剧团开始了排练。可途中却发生了泽田正二郎、仓桥仙太郎、田中介二等人的退团风波,使角色的分配起了很大的变动。最终在这部五幕七场的剧中,松井须磨子扮演喀秋莎,横川唯治扮演聂赫留朵夫,而中井哲扮演西蒙松、吉洪则由武田正宪扮演。

公演从三月二十六日至三十一日共进行了六天,地点在帝国剧场。

这次如果失败的话,艺术座将面临全面崩溃……

这次公演是抱月和须磨子在四面楚歌之中所下的最后赌注。

不过这次赌博他们获得了全盘的胜利。

演出的第一、二、三天连续观众爆满。第四天开始剧院里充斥着听到评论后赶来观看的观众,不少人因无法入场只得扫兴而归。如此一直到公演的最后一天剧场始终人满为患。

"剧中喀秋莎这一角色成了可以令河野之类的人也能为之迷醉倾倒的角色,那样的主人公同样也能得到一般观众的理解和兴趣。还有对于曾演过一遍《蒙娜·凡娜》和《海上夫人》的须磨子,这次喀秋莎的表演算是成功的了。如果还有更高要求的话,那就只有俄罗斯当地的女优才能表演了。

最精彩的场面是第三幕。在第三幕中的喀秋莎其实是以前日本戏剧中常出现的堕落女形象。须磨子和刚从学校毕业的新女优毕竟不同,即便穿上洋装也并不觉得有什么异样。虽说她在表演主人公随着绝望、自暴自弃和颓废而来的破罐子破摔似的苦闷时表现力不够充分,可她的表演却也相当富有激情。还有她的表演中,喀秋莎本来所具有的可爱似乎也在什么地方始终留存着没有失去。

第四幕在医院的那场戏是最为祥和的一场戏了。里面温顺可爱的喀秋莎似乎能让任何人都为之潸然泪下。接着那首充满哀伤的'喀秋莎,多可爱……'之歌将舞台推向了惆怅万千的尾声。"

以上是三月二十九日《读卖新闻》中登载了德田秋声的评论。

《东京日日新闻》中也评论道:"当喀秋莎在女囚室内一场戏时,她见到了聂赫留朵夫,看到了自己十年前的照片,唤起了对过去的辛酸记忆。她连呼'恶魔',并破口大骂。这场戏最为令人感动。那富有穿透力的声音和呼吸局促的表情吸引了观众。这段戏正是须磨子表演的高潮所在。"剧评大致上都是表扬。

不过这出戏受普通观众欢迎的程度却非同一般,远远超出了剧评。

剧院方面的有关人员听到了关于此次演出盛况的消息后,都立刻开始与艺术座交涉。于是剧团从四月十六日起,在大阪的浪花座上演了六天。接着到了京都的南座,再接着就是中国、九州。剧团不断去各地进行了巡回演出。回到东京后,八月十八日开始至二十二日,又在上野大正博览会的演艺馆进行了凯旋演出,顷刻间紧凑的日程安排就形成了。尤其是第二次在东京的演出,是晚上七点开始的,可还五点的时候,观众就已蜂拥而至了，于是剧场门卫和观众之间引起了一场不小的风波。从中受欢迎的程度可见一斑了。

此后《复活》成了艺术座最大的演出剧目，直至大正八年（1919年）一月解散为止，创下了上演四百四十四场的新纪录。

抱月的目标完全达到了。

艺术座在濒死的危急状态下，不顾一切地冲进了大众之中，这一演出计划赢得了出色的成功。

喀秋莎的哀伤；青年将军的诚实；美丽而薄幸的女人最后被高贵的青年所拯救的浅显易懂的故事情节；还有在黑暗社会背景下一心一意盛开的爱情之花，这些都打动了当初和俄罗斯类似的被压抑在闭塞状况中的人们的心。

而且那首充满无限哀怨的《喀秋莎之歌》引发了人们的共鸣，歌曲立刻在全国传播开来，唱片顷刻之间卖掉了四万张。

现在看来这个数字也算不上什么，可据说当时留声机总共不过只有两万二、三千台，因此几乎所有拥有留声机的家庭全都买了这张唱片。

当时真可谓无论男女老少、贫富贵贱，从大学教授到流浪汉，大家都会哼这首歌曲。

可这首歌却是一个沦落为娼妇的女人所唱的歌，歌中充满了一种倦怠和无奈，至少它不具有建设性。因此不论实际上如何，至少表面上这首歌并不那么适宜于宣传。

在四国地区，最初买了这首歌曲的是一位教会牧师。虽说他招致一些虔诚的信徒和刻板的教育者的贬视，可实际上，这些贬低这首歌的家伙们一回到家后，发现他们的孩子们都在齐声大唱"喀秋莎，多可爱……"。

在东京的某一流女校认为这首歌不利于妇女教育,因此规定禁唱此歌曲。可学生们只要一走出校门便开始齐声唱起《喀秋莎之歌》来。而那些宣称禁唱的老师们也会在一人独处时,不经意间就在嘴里哼上了这首歌。

当时不像现在,不仅电视,连广播也还不够发达。正因为如此,正因为传播是出自人们的嘴里到嘴里的,因此歌曲更带着亲近感和共鸣在全国范围内传播开了。

这首歌的出版权在中山晋平手里,但当时录音商标权还不那么明确,因此各种非法的无注册商人任意出版了此曲,据说其种类明确知道的就有十几种之多。

同时,在女性之间还流行着一种叫"喀秋莎簪"的插头发的簪子。那是须磨子在舞台上戴的极为普通的东西,可因为此剧中喀秋莎使用了,因此也大大畅销了起来。

可以说正是《喀秋莎》一剧使艺术座获得了新生。

虽说演出受到大众如此热烈的欢迎,可艺术座本身却并没有赚到多少钱。

帝国剧院公演之后,全国各地都有剧院来买《复活》剧目的,这本该是能赚钱的,可事实上与其说是艺术座赚钱倒不如说是那些演出承办商们赚了钱。当然和这些演出承办商的交涉就非常重要了。以前交涉此事的木户口、担当会计的川村花菱还有水谷竹紫现在都已经不在团里了,结果不得不由抱月独自承担。

当然抱月也会要求得到除了公演实际费用以外的附加费用,但他也只能得到其中的二、三成。因此他们的演出也并非是那种只要观众越多,剧团的收入就越多的富有商业气的演出。

大致而言只要对方稍微减个价,抱月就会妥协了。

即使如此《复活》也使艺术座得到了增益。

在第一次外地公演归来时,艺术座就还清了借债,并还有剩余。借款中还包含着《复活》上演将临时,因为没有钱发给剧团成员工资,于是不得不向新潮社社长伊藤义亮所借的一千日元。

经济上多少有些充裕的抱月将早就有的想法告诉了须磨子。

"剧团如果要继续发展下去的话,我想建造一个可供我们自由使用的剧院。"

"但建设剧院的钱哪儿来呢?一定很花钱的呀。"

连续不断的演出盛况,加上身边没有了那些多嘴多舌的理事和演员,这段时期的须磨子心情显得颇佳。

"现在在博览会会场里的演艺馆建筑物,据说在博览会结束后要被拆毁。如果他们能就此转让给我们的话,我想一定可以很便宜地把它买下来。"

"如果能便宜买下的话,我想还是买的好。"

吝啬的须磨子一听到这类话也立刻响应起来。

"还有关于土地的问题,据中井君说在牛込横寺町有块空地。我想租地来使用,你觉得那一带怎么样?"

"横寺町倒不是那种交通不便的地方。"

须磨子说毕,顷刻之间两眼放出了光芒。

"嗯,如果说要造剧院的话,也弄一间我们两个的房间吧。反正那些帮忙干杂活的孩子和其他演员的房间也是必须准备的。我们的房间安排在二楼,另外也给先生准备一间房间。"

"那,你现在的家……"

"当然搬出来啦。那里很阴沉,我已经厌烦了。这样一来我们两个就可以不受任何打搅了。我每天给先生做大酱汤。"

难道须磨子果真会做诸如此类的富有家庭气息的事吗?虽说这点靠不住,但住在那里的话能不受任何妨害就可以和须磨子两人生活在一起了。这点对于抱月而言相当充满魅力。

"嗯,这样真好,就这样吧。"

须磨子好像已经决定了似的说道。抱月边点头却一边想着家里的妻子和五个孩子。此后和妻子市子并没有发生什么太大的争吵,与其说是他们的关系有所改善,还不如说他们维持着冷淡的关系,保持着平衡。

市子清楚地知道抱月和须磨子在交往,但那是在他们以工作名义下的关系而给与承认的。如果这种时候抱月提出要从家里出去的话,一定又会掀起一场波澜的。

可自己已经四十四岁了。……

抱月知道自己的余生已经不多了。按人生五十算的话还有五、六年。

对抱月而言好不容易降生到这个世界,并走到如今这一步,多么想和自己喜欢的人住在一起,度过毫无悔恨的余生啊。他已经厌倦了自己平日的压抑和伪装了。

"嗯,我们的房间要八铺席那么大的,卧室里放一张双人床你觉得怎么样?"

抱月看到须磨子的脸满怀着梦想,于是也从心里冒出了勇气来。

四

抱月和须磨子因《复活》获得好评而从中汲取了力量,他们以建设自己的剧场和生活场所为一大目标迈出了第一步。

最初的一步是抱月于大正三年（1914年）七月发表了《艺术座研究所设立旨趣书》一文。全文略微有些长，但从中不仅可以了解当时新剧界的动向，而且也可以看到抱月的魄力，因此我从松本克平的《日本新剧史》中引用如下：

"无论从狭隘的日本话剧革新的角度看，还是从广义的整个日本文明进程上看，我相信这四、五年来越来越显著的新剧运动是最应受到我们这个新时代大众欢迎的，并且也是我们最为应该倾注力量的新精神运动之一。

从这个意义而言，虽说这一、两年来变得格外兴盛的新兴剧团的勃兴是值得我们为之欣喜的，但是除了其中的三、四个剧团以外，大多数剧团都在并没有取得很大成效之前就发生了各种问题，因此就出现了这边起来了，那边又倒下了的情景，我们感到实在遗憾之至。

观察最近的形势，我认为对于我们的新剧运动而言，现在是最为关键的时期。至少我觉得我们这段时间的努力如何会给新剧运动的前途带来最大的影响。

就在这种趋势下，我们艺术座创立整整一年了。在不断和困难作斗争的同时，我们总算在现在的新剧团中奠定了最为坚固的基础。在这里我们越发需要做好准备、并需花费更大的努力。我们感到对于新剧运动的前途有着无法推卸的责任。

基于这一认识，此次我们终于决定执行本座创立当初就作为一项根本计划的研究所建设方案，方案的具体项目另纸所示。这主要是因为以前始终困扰我们的经济上的问题基本解决，还有创立费和其他负债最近也基本还清了。因此诸多人士认为如此情况艺术座的经营应该没有问题，同时在他们的鼎立支援下，我们才着手这一计划的。

建设研究所的主要目的是为了让剧团能有场所进行有规律地排练、增强新的男女演员的教养，还有就是能进行话剧及其他艺术的研究性小型表演。另外新造的这一简易建筑物也能用于有关一般文艺讲演或展览等等。由此艺术座能达到自由而忠实地进行话剧研究的目的，同时也尽可能给在社会上和我们怀有相同目的的团体提供方便。

望大家能理解我们以上的意图，从大的方面说是为了我们的新剧运动，从小的方面而言是为了我们仅有微薄力量的艺术座的事业，在这里我们殷切希望能得到诸位的鼎立协助。艺术座的事业不管怎样能取得今天的地位，应衷心感谢诸位所赐予的同情和协助，同时也希望得到大家更进一步的援助，由此使我们艺术座能得到更大的飞跃发展，从而使新剧运动得到更进一步的新进展，这就是我等的殷切期望。"

此后在《研究所建设方案》中计划建筑物将建造成两层楼，采用木结构，瓦片屋顶，面积为五十一坪。另外还各建造一幢面积均为十一坪的平房和一幢木结构白铁皮屋顶的临时建筑。总预算为五千日元，其中建筑费为三千七百八十日元，设备费和准备资金加起来为一千二百日元。

读了上述旨趣书令我想起了逍遥在设立文艺协会时所写的《文艺协会组织革新旨趣书》。那时逍遥吐露了自己的悲壮决心"在自费所允许的范围内将提供……"。这次抱月的情况也完全相似。

不过有所不同的是，逍遥有自己的私人财产可用来投入了其中，而抱月却是孤立无援的,他没有任何可供自己自由使用的私有财产。当然艺术座能依仗大受欢迎的《复活》,靠着到处巡演可以赚些钱。

在这旨趣书发表的前后起,艺术座的外地巡演一下子多了起来。

就像当今也依然如此,要去外地巡演需要如此这般的惯例和手续,光靠一般的方法是行不通的。再则那时当地有权有势的人和有实力的演出承办商,不通过这些人的话演出就休想进行。加上当时无论是舞台装置还是一些演出用的小道具,演出服等等全都依赖演出承办商提供,这也是他们赚钱的一个手段。有些剧团因为讨厌这点,自己承办演出,可这种情况下毫无例外会受到当地地痞流氓的捣乱和妨害,或者受到演出棚主的刁难。

艺术座的外地公演,当然也必须通过演出承办商才能进行。

担任交涉的全都是抱月。最初一段时间他常常受骗而损失不少。

即使抱月也并没有认为一天的演出收入只要能解决剧团成员的吃饭问题就行了。他在交涉中也考虑到要在这基础上有所收益。

可从当初喀秋莎的受欢迎程度看,艺术座的卖价也实在太低了点,其实他们是过于听任那些承办商了。虽然不同的地方、不同的季节收益会有所不同,可他们每天的演出收入都定为两百五十元四十的均价。从连日来的演出大盛况看,他们要求每天三百到四百也是不为过的。况且这个要求也一定会被对方接受。

可是抱月的口头禅是"我们做得要像个绅士",因此对方说什么需要花费这个那个的经费等等,抱月也几乎就此盘接受了。

"像先生那样的人要对付那些老奸巨猾的承办商,一定会受不少骗的吧?"

有一次，话剧评论家坂本红莲洞很担心地问抱月，可他却满脸认真地说：

"怎么会呢，没有那样的事。我这边只要做得像个绅士的话，对方也会以绅士的方式来对应的。"因而他毫不介意。

抱月完全不认为对方在欺骗他，他如此回答也是当然的。

确实那些承办商到后来也受抱月诚实态度的影响，因此他们中光知道自己赚钱的贪得无厌的人比较少。

不过"做得要像个绅士"这句话充满了对知识分子不懂世故的讽刺而成了当时的一句流行语。

其实抱月也并非光知道做得如"绅士"那般，便悠闲自得了。

当时新剧的地位很低，社会上尚有将艺人看作"讨钱的叫花子"的强烈意识。在这种情况下，去外地巡回演出所经历的艰辛自然不会少。

当时去外地巡演的剧团一到达当地，习惯上必须在队伍前头竖起一面旗帜，并有乐队领头，后面好几辆车排成一队，全体成员乘在车上亮相。就像是在一队沿街吹吹拉拉的队伍带领下，一边进行宣传一边沿街走过。这种走街如果不习惯的人会觉得相当害臊，也不是容易做到的。结束后，他们还必须到当地的报社、资助人、还有当地的地痞流氓之类的人那里去逐个打招呼。

起初还感到胆怯的抱月到后来也彻底下了决心，开始自己主动操办起这些事来。留着胡须、身材瘦瘦的抱月，身穿"五所纹"的黑色和服，亲自去报社和资助人那里。

"我是艺术座的岛村抱月，这次来这里演出，还请多多关照。你们也知道我们对这里完全不辨方向，非常不熟悉，如果这次演出能得到贵社帮助的话，没有比这个更让我们受到鼓舞的了。贵社的意见如何呢？"

说完他将身体折成两半，深深地叩了头。那样子完全已经看不出曾经站在早稻田大学讲坛上，讲授着莎士比亚、温切斯特的那留洋归来时的教授风采了。那时的抱月与其说是个大学教授还不如说更接近于一个商人。

外地报社里也有从早稻田大学毕业曾上过抱月课的学生们。在他们面前抱月也依然一副若无其事地样子低头行礼。他的学生看到先生变得如此，不仅不感到高兴反而为他痛心。

"为了话剧事业先生不得不做到如此程度吗？"

他们如此想着，再看到先生弯腰到如此低的程度，还有他口头上的老练辞令，他们更是感到辛酸。

不过感到辛酸痛心的人还算是好的，其中还有从最初就开始排斥抱月，拒绝和他见面的人。

艺术座在去仙台演出时，早稻田时代的老朋友登张竹风打算在某个晚上在一家和式餐厅招待抱月和须磨子。同时还打算约请二高校长、三好爱吉一起同席。

可当时三好却用一句话拒绝了邀请。

"丢下妻儿于不顾，和那种不三不四的女人私通，吹嘘什么自由恋爱，还一副不可一世的样子。特意在饭馆招待这种家伙喝酒究竟是怎么回事？做事不谨慎也要有个尺度。"

这也正是当时的教师和所谓规矩人的最为普遍的想法。

上大阪演出时，早稻田大阪校友会拒绝做艺术座的援助人，当时的校友会理事高山长幸和武内作平等人都拒绝和抱月见面。

即使如此受到排斥，抱月也只要觉得哪里对演出有利，他便会往哪里去。

大正五、六年（1916、1917年）要在上野举行妇女儿童博览会,他听说来自大阪的饭店女老板和梳头店老板们要在精养轩聚会,于是抱月便和须磨子结伴前往。"没有大家的支援就没有我们的演出"他多次反复对他们说道,还对他们低头行礼。

在演出人手不够时,他还会亲自站在门口做检票员,甚至做招徕观众的宣传员。

那时的他已经完全不能被称为大学教授或者是评论家了。为了维持剧团的生存,可以说他真正陷入了世俗的泥沼。

> 怀抱明月已是从前之事
> 如今唯有抱须磨子之腰

大阪流行起这样的歌来讽刺他们两人。

可抱月并未消沉。即使《复活》被说成通俗剧,抱月无论被说成是沦落为商人,还是被说成和女人逃到外地成了一个流浪艺人等等,他都依然不放弃巡回演出。越是被说得不成样子,就越引发了他毅然反抗争斗的勇气。

此时此刻抱月的脑海里只有要存满五千日元,建设自己剧院的一个目标。

总之首先必须成为受欢迎的剧团,必须在经济上富裕起来。那种不出钱光批判和非难的做法是于事无补的,不会因此而产生任何东西来。抱月对于光知道用嘴巴的知识分子的软弱和虚无了解得太透彻了。

"不管有人认为我的所作所为有多脏,但我比起那些从不亲自动手的人而言要强多了。"

抱月此时清清楚楚地相信这一点。虽说他是个不会大声主张的人，可与生俱来的坚强支撑着他。

对于"满身污泥"的抱月，须磨子表现得相当同心协力。要到报社或者资助人那里去打招呼她也总是温顺地跟着。本来须磨子的任务就只要跟着抱月在旁边低头行个礼，几乎什么都不用说的。其实如果要让须磨子说些什么，或者让她去交涉，去求人的话，她也是完全不在行的。

即便那样须磨子在和不在就完全不同了。

那时松井须磨子在外地已经相当有名气了，她和抱月的丑闻也几乎家喻户晓。他们一边为了满足当地资助人的好奇心，即通过亲眼目睹明星的样子来推测他们两人的情况，同时将交涉朝着对他们自己有利的方向推进。即便他们并没有如此算计的话，他们两个在一起事情也比较好解决。

须磨子对于跟随抱月四处低头行礼也并没有什么抵触感。本来须磨子就不了解作为一名大学教授的抱月是什么样子的，因此她也并不感到对资助人低头哈腰就有什么显著的权威失落感。相反讲究实际的须磨子简单地认为只要低低头就会迎来众多的观众，就能赚到钱，这样不很好嘛。

剧团在向资助人轮流打招呼的同时，去外地巡演还有一件无法避免的事就是"街道巡游"。剧团一行人到达巡游地车站时，首先必须放烟火，然后在车站前将汽车队伍排成一列，在最前列乘坐着乐队手，接着就是按照座长、名角、普通演员的顺序坐在车上。他们要对沿街来观看的人们挥手致意。车是租借当地最为上等的车辆，并且在车的四周装饰上鲜花，演员们也要尽可能穿上既花哨又鲜艳的服装，要尽可能地惹人注目。

尽管东京、大阪那样的大都市不需要这种傻乎乎的凑热闹似的玩意儿，可越是去偏远的外地，这种"街道巡游"的习惯就越需要搞得热闹非凡。须磨子习惯了在舞台上受众人瞩目，因此她对这种"街道巡游"倒还显得很无所谓。可作为原大学教授的抱月就觉得有些难以忍受了。

其实身穿黑色和服裙裤的抱月，满脸痛苦的样子即使跟在乐队后面也不成什么样子。

可作为一座之长是不得不坐在车上的。

乡下普通百姓并不认识抱月，他们的主要目的是要一睹须磨子。

须磨子总是化着浓妆，一副"我就是明星"的神情坐在先头车里。看热闹的人之中不知谁认出了须磨子，于是连呼她的名字，并鼓起掌来，他们还紧紧尾随在车的四周。须磨子面对这些观众，只是时而点头致意，时而轻轻地挥挥手，接着几乎始终面朝前方。她摆足了架子，给人一种自命不凡的印象。同时这种气概也是在表明"自己和以前的那种戏班子有所不同，是表演西方话剧的演员"，是有自尊的。

可须磨子有一次在东北巡演时，却突然宣称不举行"街道巡游"了。

演出承办商和剧团成员问她为什么，须磨子也不作答，只是说"不愿意就是不愿意"。

可"街道巡游"在当时是招揽观众的必不可少的活动，搞与不搞直接影响到至少两、三成的观众人数。对于买下了他们剧团演出的承办商而言这可是个大问题。

于是演出承办商立刻到抱月那里提出异议。

"松井先生如果不愿意参加的话，我们不得不重新考虑合同了。"

被演出承办人说成违约的话，抱月也不能原谅了。

"无论如何能不能参加巡游呢？"

抱月又做出那副常见的双手抱胸的姿势,求须磨子。

"如果让喜代下车的话,就举行街道巡游。"

"喜代?"

"那种根本就不是演员的女人,没有必要让她乘在车上。"

村井喜代就是那个叫村井健太郎的演出承办商的妻子。他全部买断了剧团的外地巡演。

那女人出生于秋田,不仅是个肤色白皙的美女,而且还曾在花柳界呆过,相当娇媚。加上又是承办商的妻子,因此她总是身穿上等的和服。

喜代确实并非剧团成员,但他的丈夫为了先赴演出地点,因此总是让她跟着剧团一起移动。因此从车站到住宿地的"街道巡游"她也总是跟着。当然她并非明星,坐在后面的车里,但由于她长相漂亮,因此总是很引人注目。他们一行到秋田、新泻去时,那些不认识须磨子的外地看客,错将喜代当作了须磨子,还有人和她打招呼,其中甚至有人还特意要求和她握手。

须磨子看到后感到相当不悦。

"连个演员都不是却还如此一副神气活现的样子,真是个厚脸皮的女人。"

"但那女人是村井君的妻子呀,又不能让她下车步行。"

"但我是明星,那个人不过是个普通女人。我和她到底哪个重要?"

"当然无疑是你了。"

"那么你就对那女人去说让她不要再跟着我们的队伍巡街了。"

抱月的懦弱当然令他无法讲出这种话来。但他也没有好的办法可以劝解须磨子的。

犹豫了半天,抱月只好通知承办商说终止"街道巡游"活动了。

"只要稍微转一转的话就可以赚到钱,真不知道先生你们在想些什么呢!"

承办商满脸愕然,可抱月却放下了一颗心。

"街道巡游也是很成旧的习惯了,这种近代以前的东西早晚要被淘汰的。"

"但在外地这件事可不能小看哪。"

"我知道,但我们是新剧,靠报纸和宣传画报进行宣传才是正确的方法。"

抱月用新剧的应有方法来批判"街道巡游",可须磨子却因为"这样一来就可以不让那种曾是娼妓的女人尝到那么美滋滋的感觉了",因而感到喜滋滋的。

同样是反对"街道巡游",可抱月和须磨子的理由却完全不同。

五

艺术座在巡演中,须磨子作为明星常会收到各地戏迷寄来的各种各样的礼物和慰劳品。

有鲜花、水果、点心,还有从酒类到布料等的各种东西,种类繁多。其中布料之类的东西,当然由须磨子独占了。其他东西她也几乎不分给别人。

点心之类的东西,常常是多得实在吃不了。但即便如此,可以事先不打招呼就拿着吃的也只有抱月一人。

可抱月本来就是个不怎么爱吃东西的人。因此剩余的点心、饮料等须磨子都让管理道具的男子拿去卖了。通常的办法是让出售这些食品的商店以八折、七折，有时半价收购回去，然后换回钱来。

如果在东京近郊等巡演地的话，诸如啤酒、汽水之类不会变质的东西，她就直接拿回家去储存起来。在艺术俱乐部的房子建成后，她在二楼的一角设立了一个小卖部，然后让她的嫂子在那里当售货员，须磨子将戏迷送给她的水果、饮料等在小卖部里出售。

一般客人因为不知原委还会买一些，可剧团里的人员谁都连瞧都不会瞧上一眼。其中还有人会规劝刚想买的客人说"这种不新鲜的东西还不如不买呢。"

"这个贪得无厌的肥婆究竟想干什么呀？"

剧团成员对她的行为倍感愕然，都在背地里窃窃私语。"肥婆"是须磨子的绰号。确实她那突出的颧骨、胖乎乎的脸还真有点像"肥婆"呢。

"她大概独自对着储蓄账本笑得合不拢嘴了吧。"

"但这种事情如果让那些戏迷们知道了可真丢脸哪。岛村先生知不知道呢？"

"告诉先生的话也是于事无补吧。"

可有个剧团成员实在看不过去，在一次喝酒时将这件事告诉了抱月。

"如果让外面人知道了这种事情的话，简直是我们艺术座的耻辱。先生，你觉得可以那样做吗？"

抱月被逼问得又是一副满脸忧郁的样子，他低声说：

"我不觉得可以这样做，不过作为演员表演出色才是最重要的。"

即使剧团成员不告诉抱月，他也很清楚地知道须磨子将别人送给她的东西换成了钱。须磨子的房间里总是堆满了汽水、饮料、水果篮等等。不过抱月只是装作没看见而已。当然他不会赞许她的行为，可即使让她不要这样做的话她也不会听。搞不好又会犯上歇斯底里的毛病来，这可让抱月受不了。

其实，抱月关于这件事曾说过一次。

"分给大家一些不行吗？"

他只是轻描淡写地说了一句，须磨子便立刻反驳道：

"这些都是给我的，我的东西我自己来处理有什么不对！"

从道理上确实如此。抱月被她的回答弄得目瞪口呆，与此同时他也对居然能说得如此断然决然的须磨子产生了一种近乎于羡慕的感觉。

抱月即使处于和须磨子相同位置的话，他也是无论如何都说不出这种话来的。按抱月的价值观，他本来是不可能接受如此的吝啬和小气的。可须磨子与抱月的这种价值观根本无缘，她有的是明快的合理性和独占欲。曾被自己收进的东西，即便是一个小点心也不会轻易给人。说吝啬也确实吝啬，不过可以说正是这种几乎让人感到愕然的独占欲才造就了须磨子这样一个演员的。

抱月对于须磨子的所有行为都从善意的角度去解释。即使别人以为她自私、傲慢、行为俗不可耐等等，可抱月却觉得这些无疑正是一个靠演主角为生的演员不可或缺的活力和生机的来源。如果她失去了这些，也是那种谦虚、谨慎，能和其他人协调同处的演员的话，就失去了她作为主角的个性。即使现在须磨子被人指指点点说这说那的，但作为抱月却希望她能彻底贯彻自己的想法，成为一名真正的大演员。

抱月是从更大、更广的视角来看须磨子的。因此她对金钱的贪欲这点便很简单地就被抱月忽略而不去计较了。

剧团里依然为了各种大小事情而引起纠风，可艺术座因为《复活》大获好评而稳步地坚固着自身的地位。这一顺利的形势当然是基于《复活》

剧的表演，同时中山晋平所作的《喀秋莎之歌》大受欢迎也是其中的重要原因。

这首歌的作词现在人们都以为只是相马御风，其实歌词的第二、三段是相马御风作的，而第一段的作词是抱月。

抱月将这首歌的作词任务托付给了相马御风，可他因为总也写不出好的歌词来而苦恼。尤其是写到"向上帝求个情吧"这个地方时就卡住无法写下去了。但演出日期却逼近了，直到《复活》上演前三天他还依然没有写成。于是他被抱月一顿训斥："既然接受了这个工作，可写不出来到底是怎么回事啊？！"晋平自十九岁起到以后的八年间，曾作为勤工俭学的学生一直住在抱月家里，最后他毕业于音乐学校。因此性情温和的抱月对他也相对容易训斥一些。

受了训斥的晋平脸色刷白，再次面对五线谱，可却依旧写不出来。时间却一步步逼近了。在焦急万分中他的嘴里不断重复起"向上帝……"这句话，这时突然从口中冒出了"啦啦……"几个字。

"向上帝 啦啦啦 求个情吧"他觉得这几个不经意中说出的"啦"字使歌词显得顺畅起来了。

"好，就这样。"

于是他决定在两个词中加进"啦啦啦"这个语气词，接着其他的部分一下子也就很顺利地写了出来。

就这样歌词在演出的前一天才勉强作成，舞台也顺利开演了。当然那时无论是抱月还是晋平都不曾想到这首歌此后居然会大获成功。

须磨子将这首歌灌制成唱片也是在舞台演出结束后,这首歌在全国范围内获得了大流行后的事了。他们是在京都巡演地的一个叫东洋唱片的公司要求下录制的。灌制唱片是在晋平和御风不知情的情况下由抱月和须磨子自己进行的。

他们的这种毫不介意的做法现在看来是难以想象的。作为作曲的稿费晋平只从艺术座拿到了十日元。从空前受欢迎的程度来看，更是显得太便宜了。不过当时抱月自己也十有八九是不拿剧本创作费的。

艺术座带着《复活》到全国各地的巡演大受欢迎后，在各地出现了模仿他们演出的剧团。而且他们都在艺术座将要进行巡演的地方演出。这种毫无自尊的做法多半出现在当时胡乱成立的各类小剧团里。其中包括泽田正二郎所在的"新时代剧协会"和以上山草人为中心的"近代剧协会"等在内，也偷偷地在演出此剧。

他们这些人都曾在文艺协会时期批判过抱月和须磨子的做法太过通俗，可现在他们却若无其事地模仿起艺术座来。

当然他们本来是不想这么做的。虽说其他剧团演出成功了，可如果自己的剧团也演出同样剧目的话，等于在亲自否定自己剧团的独立自主性。可外地的演出承办商和观众却不管这一套，他们对这些剧团自己想表演的剧目根本不予理睬，而一味地要求他们表演《复活》，唱《喀秋莎之歌》。事实上当时的话剧界除了《复活》根本无法招徕观众。

虽然自主性很重要，可持续不上座的话，为救燃眉之急他们也不得不为之了。

无奈，泽田正二郎在北海道数度公演了此剧，上山从九州到朝鲜、满洲（现在的中国东北）、中国内地、中国台湾总共十六个地方擅自抄袭艺术座，光明正大地进行了公演。他们以为在外地就不会被发现，可这种行为对于一个话剧人而言等于在否定自身。而且他们的遁词也颇为离奇。

"如果流行放糖的俄罗斯面包的话，那么即使是普通的面包店也不得不尽量烤出甜甜的味道来了。"

这种说法似乎在表示虽然他们擅自公演了,但其实错还在于艺术座。

如此一来,连抱月这样的人也大光其火了。尤其是朝鲜、满洲、台湾这些地方是他们艺术座已预定要去巡演的地方。

抱月和律师商量,下决心要告发上山和"近代剧协会"。

本来话剧的上演权应归属于剧本的原作者,这是一般的常识。《复活》的原作者是托尔斯泰,戏剧改编是安里·巴塔依尤,抱月不过将剧本再改编了一下。如果从日语的改编者这个意义上说的话,他是第一人。但抱月究竟是否真的拥有上演权也难下定论。

但《喀秋莎之歌》地地道道属于艺术座的独立原创,歌曲的著作权当属中山晋平。因此如果将如上这些要素集中起来看的话,显然上山他们侵犯了艺术座的演出权。这是抱月他们的见解。

上山从大陆巡演归来,知道自己被告发后感到很惊讶。可他却立刻靠着自己与生俱来的厚脸皮宣称他们所表演的《复活》和艺术座的不同。不过再怎么辩解,对于《喀秋莎之歌》他们却无论如何都找不到辩解之辞来。

报纸上用半带幸灾乐祸的口吻,以《岛村抱月和上山草人的师徒之争》为题报道了此事。可法官规劝他们说"都是文化人,这种争端有失体面",因此劝他们还是和解为好。

抱月其实也不想把事态闹大。结果和谈以"今后近代剧协会再也不准表演《喀秋莎之歌》"为条件取得了和解。

虽说是和解了,但过错在于上山他们一方,这点是很显然的。无论口头上说得多么冠冕堂皇,可在背地里却偷演别人的剧目,显然这种做法相当卑劣。

可上山对此却记恨在心。此后他将自身的三角关系束之高阁，却嘲讽说"艺术座的抱月和须磨子由性的同盟变成了实业同盟，他们是个古怪的剧团。"

不过无论他们怎么叫嚣，可正如"吠狗才是弱狗"那样，此后不久"近代剧协会"立刻就破产解散了。

艺术座越是受欢迎，越是有一部分人想诽谤他们。这是任何时代都具有的风气。艺术座因为大众性和艺术性的问题而成为众矢之的。

"日本的'新戏剧'啊，悲哀的日本'新戏剧'。看你这家伙近来的瘦弱样，你真正被人当做傻瓜大概就是从那首《喀秋莎之歌》开始的。《复活》并没有使你得到复活，反而使你陷于'毁灭'……

二元道路究竟是什么玩意？简单而言就是一边侍奉神，一边侍奉人。倘若如此依然难以理解的话，那么更清楚地说就是：一边为了赚钱，一边又要学做一个艺术家。也即是说即使是多少献媚于俗众，也要先赚上一大把钱，然后再向人们展示不考虑得失的纯粹艺术性的东西。(松本克平著《日本新剧史》)"

以上引用的是自由剧场的创始人小山内熏的话。

里面充满着一个理想主义者的批判，这位小山内也因为苦于没有资金，结果自由剧场被迫倒闭。因此他更能理解新剧活动是多么需要经费这点。这里他使用了"二元道路"这个词，但小山内所说的"献媚于俗众"其实是想说"需要有个什么资助人的援助"。

但当时的日本一心只顾富国强兵，这种时候是不可能出现将钱投入新剧的资助人的。"新的戏剧"无论多么瘦弱，无论被怎么看成傻瓜，为了将话剧活动继续下去，舞台演出自身必须赚到钱，而那些财界人和文化人是靠不住的。

做事现实的抱月比小山内要冷静、老成得多。

批判是谁都会的，口头上说什么漂亮话都行。可抱月觉得光标榜艺术，谈理想论实在是既虚幻又幼稚。在谈论艺术之前，首先要引起更多人对话剧的了解和关心。因此即使将话剧多少通俗化一些，也远远胜过光企图依赖资助人的卑劣手段。比起让艺术独善其身而言，让新剧艺术在一定程度上变得通俗一些，从而使其更广泛、更持久地发展下去，这才是更重要的。新剧唯有如此才有可能谋求生存。

抱月在每天进行演出的交涉和商洽中，有着切实的感受和体会，因此他有着不可动摇的信念。可抱月对外面却没有丝毫透露任何一点自己的不满。

自和须磨子的丑闻广为知晓后，抱月虽然知道无论自己说什么世人都只会以滑稽可笑的眼光来看他们，可抱月更加坚信人们最终将会理解新剧。

再被人怎么说三道四，行动者总是高于口头批评家。没有什么比不行动的知识分子更无意义的了。抱月对自己已经有了相当的自负和自尊。

不过抱月也不是一开始就如此坚强的。

正因为他走的是一条大学读书人的顺畅道路，因此他曾经比普通人更加羞怯和懦弱。他也有着只思想不行动的知识分子所特有的随心所欲。可自从不顾一切地和须磨子陷入恋爱后，又遭遇到从协会独立出来的考验，这些都使他迅速变得坚强起来，也使他懂得了在书桌上苦思冥想的东西是无法在现实世界里顺利通行的这一点。

不过在他的内心深处因为有着须磨子这么一个女人始终跟随着自己而给他带来的踏实和安心感。

话虽如此，但须磨子也并非是抱月特别可以商量的对象。

须磨子虽说比普通人加倍吝啬，可一旦说到演出的商洽或金钱上的交涉，她却完全不在行了。即便给她看那些繁复的合同书内容，她也不会看上一眼，即使看了也无法理解。虽然她会因斤斤计较眼前一块、两块的小钱而变了神色，可却会在大处吃亏。而且只要有一点点不顺心她就会立刻大吵大闹一番，实在也不是一个可以走到外面去和人交涉或求人办事的女人。

但须磨子却有着一种独特的厚颜无耻。

她毫不在意他人说些什么，别人怎么说她都无所谓。即使有人说了什么不中听的话，引得她大发雷霆，可转眼她便忘得一干二净并热衷于其他事情去了。即使有各种担心的事可只要一倒在枕头上便立刻就睡着了。再怎么心情郁闷，只要一到吃饭时间她便照样可以若无其事地吃饭。她就是有着这种可以说是迟钝，也可以说是超然的地方。

抱月有时会说"那个男人说我们什么什么"，然后给须磨子看奚落他们的报道或者批判艺术座的文章，可她却连瞧都不瞧上一眼。

"都写些什么呀？"

她不过是悠悠然地问一声罢了，然后抱月便将那部分大声读给她听，她也是"哦……"地嘟哝一声，接着说一句"写的人真傻"就算完事了。

即使读了别人的批评文章须磨子也绝对不会反省，或者改正什么的。相反当她知道有表扬他们的文章时，便会在口里一边说着"这个人真是个好人哪"，一边反复阅读这个段落甚至到能背出来为止。

对于自己有利的评论她就高高兴兴地接受，而对于自己不利的批评她便全然不顾。虽说她的做法任性又单纯，可却也明快而毫无犹豫之处。虽然抱月觉得须磨子太自以为是，可被她说得如此轻描淡写，使得抱月也渐渐以为或许事情果真如此呢。

"对这种愚蠢的话，再怎么介意也是于事无补。"

这么说来也确实如此。对别人的评论如此这般苦恼一番的话，客人也不会因此增加，经营也不会就此改善。

受须磨子意见的影响，抱月也开始无视那些吹毛求疵的家伙，决定走自己的路了。越是受到外人的欺侮，两人就愈发团结。

如果须磨子是个纯真、神经质的女性的话，抱月大概早就崩溃了。因为那样的话抱月的压力会更大，或许会因为顾虑周围的种种而筋疲力尽的。

可须磨子对世人的批评无所顾虑到简直令人愕然的程度。

虽然大家都非难须磨子说"她是个有着非人般唯我独尊的女人。"即使被人这么说，可她却能依然继续保持那种唯我独尊的态度，这点正是她不同于普通人的非凡之处。

被批评到这种程度可她却依然能坦然处之，这也可以说正是她的一个才能。而且对于一名从事舞台或艺术工作的人而言，这种才能是不可或缺的。

抱月能宽容须磨子的自私任性，一部分是因为爱她，同时他也承认在她的自私任性背后隐藏着战胜一切困难，求得生存的与生俱来的顽强才能。

正是这种顽强才是女优松井须磨子能量的来源和个性所在。抱月相信这点。他从更宽广的视角注视着须磨子，爱着须磨子。

第五章　成熟

一

　　大正三年（1914年）三月，自帝国剧院《复活》上演以来，艺术座新上演的剧目如下：

　　首先在同年七月十四日至十六日，作为研究剧首次上演了岛村抱月所作的《报仇》第一幕。演出地点在文艺协会解散后依然保留在坪内宅邸内的小剧场。正如"研究剧"这一名称那样，观众以少数人为对象，内容上也是艺术倾向颇为浓厚。可结果却未必获得好评。不过在"喀秋莎"受到绝对欢迎的时候，这次艺术座脚踏实地地对研究剧所进行的挑战却受到了人们的关注。

　　因《复活》之类的大众剧目而使抱月他们在经济上有了一定的宽裕后才有可能进行"研究剧"演出的。这正是抱月所提倡的"二元道路"。他认为要使新剧得以生存唯有走这样的道路。

　　此后在同年八月七日至十二日，艺术座打上了夏季公演的旗号，上演了苏德尔曼所作、岛村抱月翻译的四幕剧《玛葛达（故乡）》。角色分配如下：须磨子扮演玛葛达，武田正宪扮演修华尔兹，胜见庸太郎扮演冯凯拉，中井哲扮演海弗塔丁格。

　　此外他们还上演了舒密特鹏所作，由森鸥外翻译的《第欧根尼的诱惑》第一幕，此剧中须磨子扮演了女儿伊诺一角。

　　这一时期的须磨子人气绝顶，只要有须磨子出演，预售票便即刻告罄，当天票也加价出售。

　　"艺术座此次公演并不打算让大家观看'玛葛达'，更确切地说玛葛达对他们根本就无所谓。……须磨子的表演异常卖力，为此她对观众也变得渐渐热情起来。现在不是观众去接近须磨子,而是须磨子亲自去接近观众了。"

当时的话剧杂志《演艺画报》中,对于人气骤然上升的艺术座和须磨子如此挖苦。

接着艺术座从大正三年(1914年)十月二十六日至三十一日,又在帝国剧场上演了中村吉藏所作的《剃刀》和莎士比亚所作、岛村抱月翻译的《克里奥佩特拉》五幕剧。前者须磨子扮演了御鹿一角,后者须磨子扮演了克里奥佩特拉。其他的角色安排为:安东尼由田中介二、凯瑟由武田正宪扮演。

克里奥佩特拉实在是须磨子所喜欢的那类华丽角色,事实上须磨子对这一角色的扮演也相当热衷。正当观众觉得她的表演流于过分柔和、感伤时,她却突然明显地变得粗野又暴躁起来,整体而言她的表演太缺乏品位了。有人甚至严加批评说:"那简直是个高级娼妇……"

与此相比,《剃刀》中的御鹿一角虽说演技质朴,却获得了好评。此后《剃刀》排在《复活》之后共上演了三百多场,成为艺术座擅长的剧目之一。

接着艺术座于年末的十二月十五日,在本乡座上演了易卜生的《玩偶之家》三幕剧、契诃夫的《求婚》独幕剧,还有《剃刀》。

翌年即大正四年(1915年)四月二十六日,作为艺术座的第五次公演,上演了中村吉藏的《饭》独幕剧、屠格涅夫的《前夜》五幕剧、王尔德的《莎乐美》独幕剧。

须磨子在第一个作品《饭》中扮演了幸作的妻子御市,第二个作品中扮演了叶莲娜,第三个作品中扮演了莎乐美。三个作品中她均扮演了主角。其中第二部作品《前夜》中须磨子演唱了《贡多拉之歌》,此曲由吉井勇作词，中山晋平作曲。

　　话剧中插入歌曲是模仿了《复活》，可剧评家们并未给予其好评。在四月二十九日的《东京日日新闻》中写道："……最后一幕也许正是充满了喀秋莎气息的艺术座所期待的，但不仅须磨子的声音不纯正，而且曲调也比'喀秋莎之歌'难得多，因而并无流行的可能。"

　　确实这首歌虽没有"喀秋莎之歌"那么流行，可却也在一定程度上流行开了，并成了大正时代具有代表性的抒情歌曲之一。

　　自大正四年五月十三日起的一周时间里，在大阪的浪花座进行了同样的公演。此后艺术座一行又去了京都、神户、名古屋、北陆、信州、东北和北海道巡演。之后回到东京，于九月二十六日又从东京出发，终于迈出了去海外公演的漫长旅程。

　　巡演地从台湾到北朝鲜，然后是满洲，最后到了海参崴。那是一次持续了三个月的漫长旅行。

　　正是在大正三年到四年之间，抱月和须磨子将作为他们毕生一大事业的艺术研究所的创立之事作为现实加以具体化了。

　　在大正三年七月召开的大正博览会上，艺术座在演艺馆上演了《复活》，当时每天公演两场，以五十钱的几乎接近于义务演出的费用进行了演出。连日来迎来了观众爆满的盛况。

　　这次公演的大受欢迎给抱月带来了力量。博览会结束后，抱月听说演艺馆要拆毁，于是他便去交涉希望就此能买下演艺馆来，而且事情很快就谈妥了。

　　起初预定的建设地点在神乐坂一个停车场附近的高台上。大正四年二月四日，在房柱子都已树起来后却被一阵暴风雨摧毁了，建设也就不得不因此中止。一个月后，他们又在牛込横寺町九番地买下了土地，重新开始建造房子。如此在设计图完成一年后的十月，在抱月一行去海外巡演时建筑物建成了。

主楼是木结构的二层楼房，在正面三角形的山墙顶封檐板下，雕刻着象征艺术座的假面，其下方挂着一块镶嵌有"艺术俱乐部"几个文字的横匾。

据松本克平说，一楼正面中央有窗户的那间房间的左侧是办公室和接待室，入口处在其左边，从入口处可以直接进入试演场。舞台宽七间（即42尺），深四间（即24尺），观众席位铺着榻榻米草席，面朝舞台呈细长形，纵深有十间多（即60多尺）。舞台背后是一间放置舞台装置及舞台道具的土屋和铺有地板的屋子，再往里又有一间十二铺席子大小的排练房。

二楼从外观上看有三个窗户，相应就有三间房间，隔着走廊，对面是二楼观众席。与排练房相反一侧的舞台左边角落处有一个通往二楼的楼梯，须磨子的房间就在上面，靠外侧的房间是抱月的书斋。

正如《艺术座成立旨趣书》中所提到的，抱月将这里作为艺术座的总部，在踏实而热心地展开近代戏剧研究的同时，尝试着演员培训，并期待着将来此地能成为话剧人共同休息和交流的场所。

作为一个剧团研究所的建筑物，这里可算是相当奢侈的了。由于建造过程中曾受到过挫折等原因，建设费用大幅度增加，最终的建设费比预算的五千日元多花费了二千日元。虽然当时的物价无法和现在比较，但当时骨干演员的月工资为五至六日元，因此七千日元差不多相当于现在的五千万日元吧。

当然艺术座并没有如此一大笔储蓄。虽说事先在立下创立旨趣书的同时募集了捐款,但结果募集到的钱款还不到二千日元,剩余的就全靠艺术座自己的努力工作了。

当时抱月也只是根据《复活》的演出盛况才预测钱的事"大概没问题吧",事实上并没有切实的保证。

建造接近了尾声,可再也没有钱可付了。结果不够的资金只能向演出承办商或剧场方面提出预支演出费才得以筹措。

研究所建成在即时,十月初艺术座便出发开始了到海外进行的为期三个月的公演。此次海外公演的目的成了被债主催逼下而进行的海外"走穴"。

这次海外公演的日程最初部分如下安排:

九月二十六日,东京出发。

十月三日,台湾台北。首日于剧场朝日座,演出剧目《剃刀》、《复活》。

十月八日,台北。剧场同上,演出剧目《嘲笑》、《饭》、《莎乐美》。

十月十二日,台北。剧场同上,演出剧目《玛葛达》、《熊》。

十月十三日,台北演出结束。

十月十五日,台湾台中。首日于剧场台中座,演出剧目《剃刀》、《复活》。

十月十六日,台中演出结束。

十月十八日,台湾嘉义。首日于剧场嘉义座,演出剧目《剃刀》、《复活》。

十月十九日,台湾嘉义演出结束。

十月二十一日,台湾台南。首日于剧场新泉座,演出剧目《剃刀》、《复活》。

十月二十二日,台南演出结束。

十月二十三日,打狗(现在的台湾高雄),剧场打狗座,演出剧目《剃刀》、《复活》。

连日来如此过密的演出计划从台湾一直持续到朝鲜、满洲和海参崴。

当时的旅程不是坐飞机,而是现在无法想像的慢悠悠的乘船和坐车。当时他们全然像一只被演出承办商带着东奔西走的"候鸟"。

可无论是抱月抑或是须磨子都毫无怨言地努力工作着。剧团成员中也时不时有吵架的,可因为地点是在国外,他们也无法简单地说一句"真没意思"就走人了。远在国外大家也只能同甘共苦了。

他们这种异常的工作热情照例遭到了国内作家和评论家的冷嘲热讽。比如水守龟之助笑曰:"这一时期的抱月既不读书也不写作,是他的荒废期。"小山内熏也非难说:"艺术和营利的二元道路不知什么时候变成了只为赚钱的一元道路了。正是这个时期新剧运动失去了自我。"

可松本克平却评论说:"为了集团而抛开自我的话剧人(指抱月)的自我牺牲,在个人艺术家眼中只会被看作是自我荒废。无论是话剧人还是文坛人都只将他看作一名'实践者',只可惜他的文才,却没人能理解在他(抱月)的行动深处燃烧着的梦和理想。"接着他又替抱月辩解道:"小山内为新剧所付出的钱只是在'新剧场'亏损的时候。他自己总是坐在特等席上,却从来没有脚踏实地在泥地里走过。(省略)小山内从来没有做到过经济上的自立。这种软弱只能将新剧局限于知识分子的业余爱好范围内,而无法亲自去开拓,从而使新剧走向职业化的道路。可抱月却立足于如何平衡通俗剧和研究剧的关系,他在一心为话剧事业勇往直前的同时,应该说他也开创了一条将新剧职业化的艰难之路。"(《日本新剧史》)

可在当时能如此善意地理解抱月的人相当之少。多少可以被称为知识分子的那些人一味受西方艺术至上主义的影响,自己不动手,却只会袖手旁观而已。

相比之下唯有抱月虽然沾了一身泥巴,可他却试图协调现实和理想的关系，并努力将理想付诸实际行动。他那真挚的、一步一个脚印的行动从以下的《成立旨趣书》中可见一斑，从中也可以让我们更好地理解抱月。

"我们艺术座的有关人员发起并成立了艺术俱乐部。艺术俱乐部以在东京市牛込区横寺町九番地所新建的建筑物为中心，其中包括艺术座的研究剧场，事务所和集会场所，并且增设了新型咖啡屋和供出租的宴会厅。我们的目的是设立一个雅致而充满艺术气氛的娱乐场所、社交机构和休息场所。建筑物中既演出艺术座的研究剧，也作为艺术学校和话剧的排练场。艺术座本身作为新剧团另有着独立的话剧事业，而艺术俱乐部则展开比艺术座更为广泛的工作。主楼的建筑物里有一个能容纳二百五十人以上的西式观众席和设备齐全的四间（24尺）宽、七间（42尺）长的正规舞台，还打算建设适合进行各种话剧、诸种演艺、展览会、电影、讲演会、演奏会等的整洁利落又令人感到舒适的设备。在艺术座的演出之外，俱乐部自身还筹办各种活动，同时以低廉的场地使用费出借场地给需要举办同样活动的团体。我们的宗旨就是希望人们只要进入到这里的气氛中，便会忘却工作的疲劳，让因烦恼而疲惫的身心得到舒缓和休憩，并让大家能从中获得新的生活刺激和养分。我们衷心希望不论从事何种事业的人们都能赞成我们的这一旨趣，使我们的艺术俱乐部得到更好的发展。"

只要读过这篇文章，我们就可以看到里面丝毫没有任何知识分子所喜好的那些难解的文字或转弯抹角的表现手法。所有的文字都是口语体，如果不知道的话还以为是哪个大厅所写的出租广告呢。在当时是连新闻报道都使用文言体的时代，因此此文实在是一篇谦逊而浅显易懂的文章。从中很好地体现了抱月为了在普通百姓中传播新剧，让更多的人来看新剧的心愿和意图。

十二月二十五日，大正四年（1915年）也逼近了尾声。剧团成员一行从外国公演三个月后回到了东京，在新建成的研究所里举行了庆祝仪式。

虽说那时建筑物已经建成，可内部装修以及家具等具体细节都还未备置齐全。

须磨子却已立刻从自己住着的大久保的家里将生活用品、家具等都搬到了研究所二楼最里边的一间有十铺席大小的房间里。说到家具，她也不过仅有一个洋式柜子和日式柜子，再加上一个矮饭桌而已。既没有桌子也没有书橱。本来须磨子就是一个对自己身边用品毫不介意的人，甚至衣服也没有多少。几乎只有几件铭仙绸之类的便宜和服，还有就是几套连衣裙。

有时抱月给她一些零花钱让她去添置些衣服，可她却不花，而将钱存到自己的银行账户里。

搬到新房子里时正值隆冬，室内需要火盆和被炉，可须磨子让剧团事务所一起购入后搬到了自己住的房子里使用。

更有甚者，她还将在巡演地住宿的旅馆或自己买东西的店给的擦手毛巾——拿回家，让实习生们将这些布缝合在一起做成靠垫。而且还将靠垫以一个两钱的价格出售给客人，而她却毫不客气地将如此得来的钱收归己有。

"现在这里无论从建筑物还是土地，一寸一分都将成了那肥婆的东西了。"

剧团成员们纷纷议论，房子归根到底是属于艺术座全体成员的共有财产。

　　剧场租赁费决定每天八日元，这在当时也算是很便宜的了。立刻，新剧研究会、民众剧社、近代艺术社等一些不太有名的剧团和业余爱好团体纷纷来这里租借场地。甚至法语讲习会、妇女问题研究会等团体也来租借，还有早稻田文学社也每月都会来这里定期租借场地，用以举行演讲会什么的。因此虽说租金便宜，但靠着频繁出租而减少了闲置，这正是艺术座的目的。

　　在进行大厅出租的同时，艺术俱乐部为设立演艺学校的准备也在进行中。

　　学校的正式名称为"艺术座附属话剧学校"，共募集了几十名男女学生。学科分通过正式考试招收进来的本科生和希望自由学习的选科生。本科生的学年当时暂定为两年。学习时间为每周十八个小时，课程内容为文艺概论、剧本研究、演技研究、音乐、舞蹈等。每月学费为三日元。岛村抱月任校长，中村吉藏、须磨子为主任，干事为田中介二。

　　伊原青青园、相马御风、中井哲、秋田雨雀、井上正夫、小山内薰、中山晋平、山田耕作、泽田正二郎等被聘为讲师。

　　不过学校实际上却并非按校规进行授课。大致只要从这些讲师的名字就可以看出，有好几个人显然是抱月的反对派。并非是他们愿意做讲师，而是受抱月的请求不过借用一下他们的名字而已。而且关键人物抱月、须磨子、中井哲他们受债务所累，成天奔波于外地公演，根本没有时间安安静静地呆在研究所里。

　　结果连学生也不过徒有虚名，实际上他们被带到各地巡演，在那里一边帮忙一边学习。说他们是在现场进行实地学习，听起来似乎很好听，可实际上他们无非是当徒弟打打下手而已。

抱月是无法独自一人管理从剧团经营到学校经营等诸多事项的。可事实上，要经营研究所的话做不到逍遥那般严格是不行的。

在学校创立的同时，他们还刊行了《话剧》这一相关杂志。在创刊号里刊登了为艺术座捐款者的名单、话剧学校的开校通知、艺术座的日程安排等。另外还刊登了戏曲、剧评等，可因销售不佳，仅出版了三期便停刊了。

另外作为艺术座的相关事业，抱月还筹划举办艺术座音乐会。当时在这里举办了刚传入日本的西洋音乐演奏会、独唱音乐会，还有日本音乐会。

这些全都出自抱月的主意，此时的抱月已经完全超越了一位学者的范畴，成为一位有能力而又精力充沛的策划人。

正如旨趣书中所说的，抱月以艺术座为中心试图创设一个集话剧、音乐、舞蹈、文学等在内的包罗万象的艺术沙龙，并且向着这个目标果敢地向前迈进着。

可随着这些对外活动的不断活跃，内部不得不解决的问题也日益增多。

"哎，我说你，什么时候才搬到这里来呀？"

每当夜里他们两人在一起时须磨子便如此问抱月。在艺术座特意安排的他们两人的房间里，此时却只有须磨子一个人住了进来。抱月的房间依然空着。

须磨子是怀抱着与抱月同居的梦想才努力至今的。

二

当时抱月还住在谀取自己的家中，可已不过是徒有虚名了。实际上他常常在外地巡演,基本上不住在家里。即使偶尔在东京的话,也总是号称要排练或有碰头会而离家,却时常泡在须磨子那里。

市子因为丈夫的事而患上了神经官能症,住进了医院。后来虽说是出院了,可依然为了不归家的丈夫和须磨子的传闻而烦恼不堪。

事到如今再怎么辩解,市子也已清楚地知道两人之间有了肉体关系。如果不是那样的话,对于一个明白事理的四十岁男人和三十岁女人是不可能保持如此长久关系的。现在市子也在一定程度上承认了他们的关系,觉得那也是无奈的事。

可令她无法忍受的是有传闻说自己的丈夫对须磨子异常痴迷,像奴隶一样听从须磨子使唤,伺候着须磨子。

比如,在京都南座再次上演《复活》时,抱月和须磨子曾受在京都的长田干彦之邀在祇园玩了一夜。当时大家喝了不少酒,酒席上相当吵闹。到了深夜,艺妓也夹杂在一起,大家挤在一个房间里睡下了。须磨子虽说暂且和艺妓在同一房间里睡下了,可立刻她便叫抱月说:"先生,你快来这里呀。"

"已经太晚了,快睡吧。"

当着其他人的面,抱月试图劝须磨子,可她却不听。

"那有什么,我可没有和女人一起睡觉的兴趣。"

须磨子大声说道,床铺上躺着的艺妓们偷偷地笑出声来。

"哎,我叫你来就来嘛。"

抱月被须磨子死乞白赖地央求着只得起身,在黑暗中徐徐地移动过来,然后到须磨子身边躺了下来。同一间房间的艺妓们也呆不下去了,只得起来移动到旁边的房间里。

"请吧,你们俩好好休息吧。"

"对不起。"

抱月道着歉，可须磨子却根本无视艺妓们的存在。

"果然还是和你两个人在一起的好啊。"她故意大声说。

大家以为就此可以安静下来了呢。可就在这时，须磨子似乎起身去了卫生间，过不一会儿，走廊的一角传来了须磨子那尖锐的嗓门。

"先生，把手纸给我拿过来。"

"……"

"快点拿过来啊！"

话音未落，只听一阵拉门声响起，抱月在走廊里的脚步声传进了大家的耳里。

艺妓们听到后用被子捂住嘴，抑制不住噗哧哧地笑出了声来。

这整个经过都灌进了长田干彦的耳里，后来他谈到那时的感想说："当时对于须磨子那过分的蛮横霸道感到非常气愤，甚至想去揍她一顿。同时又觉得仆人般侍奉着这么一个自私任性女人的抱月实在傻得可怜。"

"原大学教授为一个蹲在厕所里的女人小跑着拿手纸过去。"这个传闻立刻从京都传到了东京。

不知为什么还有一则同样的传闻。也是在京都公演时，两人到住在下鸭的安田德太郎的阿姨家去玩的时候，当时十七岁的德太郎（医生、评论家）在以后的《改造》这本杂志中以《文豪的尾巴》为题披露了如下这段文字。

"院子里有厕所，我刚好想从那边过时，却见厕所外站着一位瘦弱的绅士，而厕所里和在舞台上所见到的同样胖乎乎的须磨子用尖锐的嗓门像是在训斥似的吼道：'先生，手绢！'她这么一吼，那位瘦弱的绅士立刻说了声'好！'便从口袋里取出手绢递了上去。我觉得那个瞬间简直傻得可笑极了。一把年纪的人了，还如此为一个女优神魂颠倒的，还一声'好！'地就将手绢送了上去。如果弄得家里的夫人和孩子哭哭啼啼的话，还搞个什么艺术啊。我突然涌起了一股异样的反抗心来，于是便一溜烟地跑回了家。"（摘自松本克平著《日本新剧史》）

虽然须磨子应该知道上厕所是要带上手纸和手绢的。尤其是当时的厕所均为日式的，很多地方还不备有手纸和擦手巾。

当然她并非是忘记，而是想对抱月撒娇，让他为自己拿过来而已。把一个有教养的原大学教授叫到厕所，为的是满足须磨子自己的虚荣心和施虐狂的心理。而对于抱月而言，给露着臀部蹲在厕所上的须磨子递上手纸或者给刚如厕完毕的女人送上手绢之类的事，令他感到一种淫靡的快感也是事实。

当然从旁人看来她是个粗野、蛮横而又不知羞耻的女人，可对于相爱的人而言这些行为不过是不足为道的调情，并非有什么恶意。不过一旦让别人看到后，对两个人的传闻就变得极端恶俗了。

可他人原本在须磨子的眼中就是不存在的，她是个想干什么就干什么的女人。虽说用普通人的一般常识看她的举止不够检点不够谨慎，但可以说或许艺术正是从这种唯我独尊和天真烂漫之处才得以表现出来的。

安田的那句"还搞个什么艺术……"的说法，恐怕正是出于年轻人所有的洁癖而发出的抗拒之声吧。不过这也是一般人的理解，实属无奈。

类似的此种传闻传到市子耳后令她难以容忍。抱月在家里总是一幅表情严肃、深思熟虑的神情，可到了外面居然给如厕的女人递上手纸去。知道了这些,市子心中对抱月的爱情和尊敬也全都消失殆尽了。

听到这些传闻后,市子再也沉不住气了,于是便问询回到家里的丈夫。

"真有这种事吗?简直太不成体统了,大家都在笑话你呢。"

可抱月却一语不发地径直往二楼自己的书斋去了。

市子看到消失在楼梯尽头的抱月的背影曾哭得死去活来。

以前当市子责问抱月时,他还会或者否定,或者编个什么谎话出来,总之他会辩解一下。有时候还会扔一本书过来什么的,而当市子以为他要乱闹一通时,突然他又会转而说一句"你再忍一忍吧。"而恳求起市子来。

但现在他却甚至懒得答话,一脸满不在乎的样子一走了事。简直可以说"对着癞蛤蟆撒尿",毫无反应。那时的市子就像对着一个毫无感情的人在申斥。

此后市子表面上再也不诘问丈夫了。

那个人疯了。对一个发了疯的人再说什么正当的话也是无济于事的了。市子对于抱月与其说把他看成丈夫还不如说把他看成了一个病人而冷眼旁观着。实际上如果当时她不如此想开的话便无法忍受下去。

当然他们之间早就没有什么夫妻关系,也失去了一家团团圆圆的气氛。偶尔抱月回到家也是径直去自己的书房,好不容易从书房出来却又出了门。

和他们冷冰冰的关系无关,抱月每个月都必定会将生活费给市子。

自从早稻田大学辞职后,抱月的收入来源于艺术座的收益、稿费和演讲费等。其中他将稿费和演讲费的大部分都给了市子。这些钱是抱月个人工作所得的收入,艺术座的收益则是和须磨子及剧团其他成员的共同收入。为了养育妻儿,抱月觉得没有理由将和须磨子有关的钱给妻子。在这点上抱月的界限分得很清。

对市子而言只要在家,自己和孩子们的生活便不会有什么问题。可作为交换条件,就必须承认丈夫的婚外恋情,这点对她而言尤为痛苦。而且如果对丈夫不管不顾的话,无疑他会越来越离自己远去。事到如今,市子并不认为能让丈夫回心转意,可长此以往也令她觉得心里不上不下的没有个着落。

本来抱月的心情也是同样。如果要问他爱两人中的哪个,答案无疑是须磨子。可他也下不了决心抛弃共同生活了二十年的妻子以及孩子们,那样的话自己就太自私和无情了。

老实说,妻子市子并非有什么过错。结婚是通过相亲而成的,既谈不上喜欢也没有什么讨厌的。不过因为她是为自己出了学费的亲戚家的女儿,便觉得也未尝不可。实际上,结婚后市子除了多少有些任性以外,现实生活中并没有什么特别的不合适。当然她也没有什么生病啦,或者对丈夫不贞之类的问题。

要是抱月没有迷恋上须磨子那样的女性的话,虽说他的生活是有些无聊,但他会始终维持这一平凡的家庭生活。

无论从哪个方面而言,现在他们夫妻不和的原因在于抱月,或者也可以说在于唤醒了抱月这头沉睡狮子的须磨子。

即使身处热恋之中的抱月也对自己所做的事并非是世人能够原谅的这点还是很清楚的。世人还没有宽容到因为爱上了于是便会承认你们的程度。

抱月爱着须磨子,可又觉得妻子和孩子们很可怜。

索性抱月也如须磨子那样自私又独断的话,他就能够抛弃妻儿了。正因为他有那么点理智,因此他无法做到如此冷酷。抱月是个懂得事理,也是个性情和善的人,这反而使得他优柔寡断,把自己赶到一个不上不下,无法作出决断的地步。

可事情已经走到了极限了。

把自己的家具生活用品等等全都搬到了艺术俱乐部的须磨子，每次见到抱月都要催问他什么时候搬过来住。

"锅碗瓢盆桌子椅子一切都准备就绪了，先生只要空身一人出来就行了。"

刚以为她真这么想时，突然她又想起什么似的说：

"服装之类的还是全部拿过来比较好吧。一件件添置的话又得费钱，而且先生将衣服什么的放在家里也没有什么用。书就让搬家公司的车给搬一下吧。"

而抱月考虑的却不是这些表面上的东西，他更担心的是如何告诉妻子自己要离开家搬出去住的事，并如何想办法让妻子能够理解。实际上抱月至今还未向妻子提过任何一句有关分居之类的事呢。他总是想着：今晚一定得说，一定得说了，可又始终说不出口，于是拖拖拉拉地拖延着。

可艺术俱乐部建成后便立刻搬过来和须磨子一起住，这是他对须磨子许了诺的事。为此他们曾写下了誓约书，并按了血手印的。

从台湾一直巡演到满洲也全都是一心为了建造俱乐部，然后能和须磨子在里面过上同居生活。

现在建筑物已经建成了，须磨子也已经搬了进去，自己是没有理由说不愿意的了。因此从须磨子的角度来看也难怪抱月的态度令她焦急了。

新年过后，须磨子的催促更厉害了。

"快点搬过来吧，我一个人又害怕，又冷得要命。"

须磨子的房间有十铺席那么大，窗户朝东，北侧附设有壁龛和壁橱。走廊对面是俱乐部招来的徒弟们住的房间，而且楼下还住着两个女佣，她自己的哥哥小林放藏也作为会计住在里面。说寂寞、害怕不过是撒娇，其真意是想早点可以和抱月一起过上同居生活。

"刚过新年就说要离开家住出去，实在也难以说出口。"

"反正早晚要出来的，什么时候说还不一样啊。"

须磨子说得轻松，可有家室的抱月却无法做到如此。

"那过了一月七日立刻就出来吧。"

这几个月来市子或许觉察到了抱月的心思，因此她的态度变得比以前温顺一些了。抱月回家再晚她也总是起来迎候。抱月一人躲在书房不出来，她也蹑手蹑脚地端上茶去。抱月一大早出门也不告诉市子去哪里，可她却照样对着抱月挥挥手，说声"你走好啊"，送他出门。

市子完全改变了以前生硬冷淡的态度，温顺得简直令抱月无法想像。这是一个女人为了挽留就要离自己而去的丈夫的可怜努力。

对于心地善良的抱月，妻子越是态度谦恭，他越是觉得心里难受。索性她大发歇斯底里，又是吼又是骂的话，抱月也就有了离家的理由。不过须磨子是不会理解这些的。

"再不快点搬过来，我就要让其他男人住进来了。"

一月七日过后，须磨子对抱月这么说，搞得抱月惊慌失措的。本来一般人这么说的话他还可以当作笑话听听而已，可须磨子是做得出来的。以前在排练时她还抓住某个男演员，若无其事地对他说"我旁边的房间还空着呢，你搬不搬过来住？"等等。虽说现在她这么说不过只是威胁一下而已，但将来什么时候她真的把男人带进来住也说不定呢。

十日晚上，抱月下定决心将妻子叫到了书房。他坐在桌边，眼睛看着正面的墙壁。

"虽说很突然，但我想搬出去住了。"

刹那间，抱月感到站在身后的市子惊讶得身子哆嗦了一下，可他依旧继续道：

"以前就这么想的，我想分开过一段时间。"

"分开的意思是……"

虽说抱月没有看着她的脸，却感到她的声音在颤抖。

"也就是说分居。"

本来抱月想一下子说出离婚的，可听到妻子打颤的声音实在是说不出口。

"这样下去的话只会给你增添苦恼，两人都不幸福。"

"可是……"

"是我不好，我很清楚这点。光让你受苦，对于这点我真的感到非常对不起。对孩子们我也感到自己有责任。可是我要是再如此下去的话，我的一生将会是不伦不类，什么都做不成的。现在这么说或许是太晚了，总之我想彻底去做自己想做的事。照现在这么下去的话我会永远留下遗恨的。"

"你意思是说和我过不下去了吗？"

被如此直截了当地一问，抱月也是无言以对。虽说妻子认为丈夫所说的"现在想做的事"就是话剧，可抱月觉得做这项工作的前提就是必须和须磨子同居。他想向妻子说明这点，可看来越说明事情会变得越加复杂了。

"即使我离开了家，不过我不会让你和孩子们的生活受苦的。"

"………"

"抱歉，还望你能原谅。"

抱月坐在椅子上，依然背对妻子低垂着头。市子强忍着就要流下来的泪水，保持着沉默。终于她用低沉的声音说：

"你果然还是要到那女人那里去。"

"……"

"那个自私自利、狡猾傲慢的女人,还自以为只有她才是个好女人呢。愚蠢透顶……"

"你别说了!"

在抱月大声说出这句话的同时,市子的泪水哗哗地像决了堤似的哭了起来。

"你是个魔鬼,自己想怎么样就怎么样,抛弃妻子和孩子。你这个魔鬼、魔鬼、魔鬼……"

市子用双手捂住自己的脸,大声哭叫着。

抱月依旧背对着市子,听到她的哭喊声轻轻地闭上了双眼。

市子哭喊着,可她越是吼叫,抱月的心越是平静。越是被她狠狠地大骂、越是被她藐视就越好。彻底被憎恨、彻底被讨厌的话,抱月倒能想通并能从家里出走了。如果市子说"这也是没办法的事"而充满无限凄寂的样子点头称是的话,抱月反倒觉得心里难过,便令他难以冷酷地抛弃如此顺从的妻子和孩子了。

抱月看到市子又哭又叫的狂乱样子,终于下定决心从家里搬出去了。

翌日早晨,抱月命徒弟十点叫来了人力车,然后自己身着平日的服装,将两本书往布包裹里一裹,拿起就下到了一楼。

此时是早晨十点,可不知为何,上中学的长子和在女校读书的长女都没去学校而留在了家里。妻子和孩子们默默地看着抱月从二楼走下来,在门口穿上外套。在他穿上木屐,用手去开门的同时市子叫了起来:

"大家看好了,这就是你们的父亲!他抛弃了我们,现在要逃到别的女人那里去了!"

三

大正五年（1916年）一月，抱月和须磨子开始名正言顺地过起了夫妻般的生活。

两人的爱巢就在艺术俱乐部二楼左边的两间房间里。里间带有壁龛和壁橱的和式房间是客厅兼须磨子的房间。外侧六铺席大的洋式房间为抱月的书斋，里面放着书桌和床。

他们没有登记结婚，是所谓的同居，可须磨子几乎不做饭也不打扫，家务事全让楼下的女佣帮着做。

本来她的性格就不是一个在乎别人眼光的人，此时的须磨子更是肆无忌惮地对抱月撒娇，开玩笑逗弄他。晚上只有他们俩时，须磨子便俯身躺下，让抱月为她揉腰，为她剪指甲。有时剪得太深了，她便很夸张地大叫"痛死啦！"有时腰揉得发痒痒了，她还高声大笑起来，笑声通过走廊传到对面住着的徒弟们的房间里她也丝毫不在意。她甚至还睡在抱月的腿上就毫不忌讳地让人端茶上来。

抱月到底还是不好意思，便别过头去，对女佣说声"辛苦了"。

不过只有他们两人时，抱月也会将头躺在须磨子的膝头，让她给自己掏耳朵。虽说抱月还因为被人看见会觉得不好意思，可从旁人看来他们俩也是半斤八两了。至少和白天看到他的艺术座总导演的那副严肃样子相差十万八千里。

可抱月却也喜欢须磨子的这种轻浮，应该说不知羞耻的行为。

抱月本来成长于一个质朴的人家，他为人稳健、成绩优秀而被看重当了亲戚家的入赘女婿。他和妻子之间从来没有过那种调情啦、相互逗笑的事。正因为他只体验过一个学者家庭里的丈夫和妻子的刻板生活，因而奔放、淫荡的须磨子令他感到新鲜。在旁人看来邋遢而不检点的须磨子，抱月却感到那是难得的女人魅力所在。

有时当别人还以为他们俩正相亲相爱时，他们却大吵大闹起来，就像猫咪眼睛似的变化不断。当然大声吼叫、训斥的总是须磨子。每当听到这些声音时，徒弟和女佣们便耸耸肩，好像在说"又来了"。而当他们开始相互扔东西，传来茶碗打碎的声音时，吵架也差不多要接近尾声了。于是从他们房间里便会传来一句"来收拾一下"的声音。

起初他们争吵的原因全都是因为抱月家里的事。

抱月在离家时几乎除了身上的一身衣服以外什么都没拿。搬过来后才发现什么都缺。当然和服、和服里面穿的内衣、腰带，还有书籍、本子、钢笔等等不胜枚举。当然要买的话也未尝不可，但吝啬的须磨子让抱月尽量到家里去拿了过来用。

"放在家里谁都不会用，岂不可惜吗？"

话虽说得没错，但出于自己的随心所欲现在离家搬出去住了，也不能因为要用腰带啦、内衣什么的而恬不知耻地回家去拿呀。便宜货倒也算了，可抱月的有些和服相当高级，像盐濑绸的黑底带有花纹的和服和平织和服等，要说可惜还确实可惜。

最为不便的要算书籍了。抱月在搞翻译和剧本写作，可当他想查阅一些资料时手头却什么都没有，因此他根本无法工作。更麻烦的还是邮件，各种通知、信件等等，这些全都是寄往家里的。

搬到艺术俱乐部后，虽说他给一些比较重要的人们发过搬家通知，可要给所有的人都发邮件却很费时间。因此有时有紧急事情的信件也寄到了家中。于是抱月在不知不觉中惹得对方不愉快。

无奈他只得给妻子写了一封将他的邮件转送过来的信,可却毫无反应。恐怕如此下去的话妻子也不可能将邮件转送过来的了。

"是你的东西,你堂堂正正地去取就是了。"

须磨子说得轻松,可对于性格懦弱的抱月而言那么做却并非易事。

"真窝囊,那我去帮你取来吧。"

被这么一说抱月只得叫来了以前住在家里的半工半读生,现在住在艺术俱乐部的中山,把一张写上了必需品的纸张递给了他,让他去把这些东西搬过来。

"夫人会给我吗?"

"这就靠你了。"

中山勉勉强强地拉了一辆板车出了门。虽说他算是把要拿的东西都拿了来,可回来后却立刻抱怨道:

"实在是让我难堪,就这一次,以后我再也不去了。起初夫人还采取了'随你便,爱怎么样怎么样'的态度,可后来却渐渐地又是讽刺、又是挖苦。最后还大哭了起来。"

抱月很抱歉地说了声:"辛苦你了!"可须磨子却若无其事。

"还很留恋的呢。你将住的家和日常用品都留给了她,还不说声'谢谢'。"

"你怎么能这么说!"

中山责备道。须磨子立刻翻了脸。

"你说什么!你不过是个听人使唤的而已。"

"所以我是说这种使唤再也不想听了。"

"你要是不愿意的话就说不愿意好了。以后我叫辆车去就是了。"

"这么做的话只会被人当成笑话的。"

"要笑的人让他们去笑好了。他们有谁知道我们俩为了在一起费了多少苦心啊。"

中山知道对于激动起来的须磨子说什么都是无用的,于是早早地逃了出去。

抱月离家后,虽说形式上是很鲜明了,可心里却依然还是挂念着被自己抛弃在家里孩子们。

抱月和妻子市子之间养育有四男三女。抱月离家时,长女春子二十岁、二女儿君子十八岁、下面一个儿子震也十五岁、秋人十一岁、真弓和夏夫已经死了。小女儿聪六岁。虽说孩子很多,但在当时并算不上特别多。

为了养育那么多孩子和妻子,当然需要很大一笔生活费。抱月即使从家里住出去了,可他并不打算放弃养育妻儿的责任。他依然打算承担起一个父亲和丈夫的责任。

可那时抱月的脑海里闪过了二年前在鹿儿岛所发生的事。

抱月在艺术座创设后不久便带着剧团去了九州公演。在鹿儿岛的演出结束后,当地一位有名望的人士在一家日式餐厅招待他们一行。当宴会进入高潮,大家酒也喝了不少时,有个艺妓坐到了抱月身边,脱下身上的短外罩,要求抱月在她的衣服夹里上写上些什么留个纪念。抱月高高兴兴地拿起笔写下了:"和我胸中燃烧的激情相比,樱岛山的烟雾是如此淡薄。"

艺妓大为高兴地说"我要把它作为传家之宝。"一边毕恭毕敬地双手拿过衣服。这时在旁边的须磨子突然说"我要回家了!"并站起了身。

大家慌忙阻止,可须磨子依然不顾一切地朝着门边就走。

"怎么了？突然站起来要走对大家不是太失礼了吗？"

抱月看不过去，责备了她一句。须磨子立刻回过身来，对着抱月吼道"好色狂！"接着就将前面的小饭桌一脚踢翻了。

艺妓们齐声惨叫了起来，女招待们也立刻拿着抹布跑来。须磨子藐视地看着这些，匆匆从出口走了出去。

"是我太随便了，请先生写。实在太对不起了。"

艺妓道着歉，可抱月说道："并非你的过错。"此时他却脸色苍白。

由此酒席立刻变得极为扫兴，随即大家也就散了。抱月回到住地后，再次引起了一场吵闹。

先回到旅馆的须磨子怄气地睡着，抱月训斥她说："你能不能稍微考虑一下场合呢？"可睡着的须磨子立刻起身，回嘴道：

"先生你自己都一把年纪了，还写什么破诗给那种乡下艺妓……"

她边骂还一边将东西朝抱月扔过来，并且用手朝着抱月的脸和肩膀就抓过去。始终忍耐着的抱月最后听到须磨子说"你这个狡猾的老东西，剥削我的劳动，把我赚来的钱去送给那个干瘪老太"时，便再也忍不住，终于打了须磨子一个耳光。

挨了打的须磨子一个踉跄后又站直了身子。这次她咬牙切齿地冲过来用嘴就咬抱月的手臂。

旅馆中充斥着他们的大吵大闹声，于是大家都赶了过来，终于将事态平息了下来。可抱月和须磨子两人你一句我一句地都说"要解散艺术座！"那天晚上他们以各自分房而睡收了场。

剧团成员听了他们俩的话，都在心里作了准备，以为这下终于剧团到了要解散的地步了。可翌日早晨须磨子从房间出来到走廊去梳洗时，若无其事地问道："几点开始排练？"

简直太满不在乎了，宛如一股台风吹过，其态度变化之快令人难以置信。不过本来须磨子就是这种忽三忽四、性情不定的人。虽然艺术座的解散风波就此平息了，可须磨子所说的"剥削我的劳动，把我赚来的钱去送给那个干瘪老太"的这句话却令抱月无法忘记。

须磨子所指的事或许一般人不会领悟到其中的意思，可抱月却立刻就明白了她指的是自己给市子寄钱的事。令他感到惊讶的是须磨子居然知道他偷偷寄钱给妻子的事。

即便如此"剥削我的劳动"这句话也太过偏颇了。当然须磨子确实不辞辛苦始终在舞台上表演，可抱月更是有过之而无不及。现在不过给自己抛弃了的妻子寄些生活费，哪有被她说三道四的道理。而且说自己的妻子是个"干瘪老太"也真是岂有此理。即使她曾生过七个孩子，比须磨子年纪大，确实也瘦弱又憔悴，可再怎么样说出如此损人的话也太过分了。

这次风波过后，抱月暂停了给妻子寄钱。

为了避免万一遇到什么事须磨子又惹是生非地给自己添麻烦，于是抱月便只将自己和艺术座无关的收入——稿费、演讲费等收入寄给了家里。可每天抱月忙于艺术座的工作，根本没有时间写什么稿子或出去演讲，因此实际上他寄给家里的钱几乎等于零。

结果抱月只得和须磨子商量，使须磨子对抱月给诹访町家里寄必需的生活费这点取得了谅解。这既可以说是抱月的软弱，是他对须磨子顾忌太多，同时也从另一个侧面可以看出他是多么爱着须磨子。

虽说得到了须磨子的谅解，但抱月依然显得有些顾忌。虽说他给家里寄去了固定的钱，可其实他还是觉得太少了，于是在女儿来艺术俱乐部给他送邮件时，常悄悄地塞一些钱给女儿。

抱月的女儿中，大女儿已经二十岁也懂得事理了，因此她和母亲同样恨抱月。给抱月来送邮件的总是二女儿君子。

君子十八岁，长着细长的脸蛋，总是怯生生地来到俱乐部。她一进俱乐部总是显得惴惴不安地向四周张望一下，然后在走廊里询问道："这个，我父亲在吗？"

女仆和徒弟们由于一个个都对须磨子的蛮横心存反感，因而总是对她说"小姐，快来，这边请。"他们常常会高高兴兴地将她带到抱月的房间里。抱月回来得晚时，他们便将她带进自己的房间，用点心、汽水等来招待她。

可君子却常常是什么都不吃，只是一门心思等着父亲回来。

对于十八岁的君子而言，艺术俱乐部与其说是排练话剧的地方，还不如说是父亲被女人"拐骗"而幽居的场所，因此实在是个可怕的地方。

女儿独自一人来这么一个地方，一方面是女儿对父亲有着一种依依难舍的心情，同时也有一部分心理是想看看这个可怕地方。

在家里母亲常说"你们的父亲抛弃了我们，跟着别的女人走了。他冷酷得像个恶魔。"这些话听得她耳朵都要生出茧子了。

抱月见到君子后，总是会说："辛苦你了，家里情况怎么样？"

"没什么……"君子摇摇头回答。

当抱月问"肚子饿了吗？"君子总是回答"不要。"可父亲依然会叫来荞麦面或者寿司什么的。而且总是仔仔细细瞅着君子然后说句"你长大了点。"接着便问一些家里人的事。

两人见面时，父亲总是如此和善慈祥，君子常会不可思议地觉得：这个人真是抛弃了我们的冷酷的人吗？

到了君子终于要回去时，抱月就会递过一个装着钱的信封，然后说道:"把这个给母亲。"

"路上小心,再来啊。"

抱月说完便总是站在走廊里一直看着君子消失在走廊的尽头。对于抱月而言,君子是自己和被抛弃在家的妻子的唯一纽带。

可在须磨子看来君子不过以送邮件为借口,其实是来向父亲死乞白赖地要钱的。偶然她们在走廊里相遇,君子便会慌忙往墙边一闪,即使君子给须磨子点头行礼,她也多半是"嗯"的一下,几乎不对她说什么话。

可当她情绪好的时候,也会笑着说声"噢,你来啦。"

川村花菱曾有一次将君子带到抱月房间时,途中遇到了须磨子,当他心想"这下可不好了"时,须磨子却满不在乎地对君子说:"好久不见了,你父亲在呢。"

川村觉得平时好妒忌的须磨子此刻却很难得。过后川村对须磨子说:

"松井先生,你真了不起。见到先生的女儿也能如此热情地和她说话呢。"

须磨子微微一笑,说:

"我对别人不感兴趣。那孩子来还是不来根本就是无所谓的事。"

"但虽说是孩子,她也可以说是对方阵营里的人吧。对那样的人一般难以说出欢迎之类的话来的呀。"

"你还真能考虑这种无聊的事呢。那孩子到这边来不过是为了时不时来讨点钱罢了。"

本来川村很佩服须磨子能如此对孩子,可听了她的话令他感到失望。

确实每次女儿来抱月或许总会给点钱,可对方还是个身穿学生服的少女呢。这样的孩子为了一点钱难道会特意到这种'敌方'阵营的艺术俱乐部来吗?无疑她是为了见到父亲,感受到父亲的爱,是出于一个青春期少女对父亲的依恋。可须磨子却用一句"来讨点钱的"来解释一切。可见这女人是多么没有同情心，多么粗野啊。

认识须磨子的人几乎都有同感。

须磨子忽而任性霸道，当大家以为她要发疯似的暴怒时，她却瞬间变得和颜悦色起来，宛如换了一个人。瞬间前的疯狂就像做梦一样消失得无影无踪，又高兴得欢蹦乱跳起来。

如果仅仅看到此刻她开朗豁达一面的人还以为须磨子是个女性气十足，感情细腻的人呢。可其实她对于别人的存在根本就漫不经心。

无论是君子来这里或者抱月给她钱也好，在须磨子心情好的时候什么都好，心情不好的时候就什么都不好了。一切都要看她自己的感情趋向如何了。她根本不想去控制自己的这种感情，实际上她也做不到。因此在某种意义上说，须磨子有着一种类似狂躁忧郁症的气质。

四

和抱月成功同居后的须磨子接下来考虑的便是要和抱月正式结婚的事了。无论实际生活如何，只要形式上没有完成，她就感到无法安心。

可在这点上无论须磨子怎么努力，只要正妻市子不点头说声"嗯"的话就无法做到。须磨子再三再四地催促抱月和妻子正式离婚。可让别的女人抢走了自己的丈夫，心中满是仇恨的市子不可能就这么简单答允的。虽然市子对抱月的爱情也已彻底地冷却了，可要是答应了离婚的话，对她而言也就等于被夺走了最后抵抗的手段。

"先生想打破我们的约定吗？"

焦躁不安的须磨子每次都必定会拿出两年前他们共同所写的誓约书。

证　明

如下两名签订合同，发誓一生爱情不变。作为证明岛村泷太郎将于今年六月之前与现妻离婚，并在此后的一年内与小林正子结婚。如果不履行此合同的话，必须赔偿对方五千日元。同时作为证据小林正子发誓任何事情都与岛村泷太郎共同行动。特立此为据。

大正三年四月三日
岛村　泷太郎
小林　正子

此证书将一式两份，两人各执一份。

另，岛村和小林如果哪一方秘密地或没有经过对方同意而与其他异性交往的话，一方将有义务向对方支付五千日元。

此誓约书是在半张大小的纸上抱月用墨笔写下的，在两人的名字下各盖了图章。在"证明"上还贴有印花纸，盖上了骑缝章，显然相当用心。

可这一誓约证是将两个月前两人曾联名签订过的《誓》的内容加以发展强化后的产物。

上次的誓约中曾写下了如下内容"两人相爱一生，绝不背弃，为早日成为真正的夫妻而努力。双方相互协力，成就事业"。可两个月后明确发誓要结婚，如果做不到的话，甚至定下了将向对方赔偿五千日元的罚款规定。

这是因为抱月虽然嘴里说着要离婚，可一边却犹豫不决，这点让须磨子焦躁不安，于是强迫他又一次写下了誓约。须磨子目的是为了让抱月写下此誓约后使他那游移不定的心坚定起来。

可他们的现实生活中此"证明"的内容却总也无法得到进展,一年半后好不容易两人才实现了同居生活。

"你到底要将我怎么办?"

对于执拗追问的须磨子,抱月无言以对。誓约书中写道只要付了罚款后事情便可以得到解决,当然这不过是条件,其目的还是要结婚。虽说万一做不到便将付五千日元的罚款,可当时的抱月哪会有如此一大笔钱呢。

无奈,被逼急了的抱月给市子寄出了一封信,传达了要离婚的意思,可却没有任何回音。

抱月束手无策,他既不想去见市子进一步直接交涉离婚的事,也做不到积极提出离婚条件,以求得离婚的目的。

说实话,抱月觉得离开家和须磨子同居就已经心满意足了。他并不希望更进一步和妻子离婚。他觉得那样的话自己就做得太过分了,市子和孩子们也太可怜。由于他内心是这么想的,所以即使被须磨子催逼,他也总是回一句"对方不同意……"而已。

"那是你说得不够坚决。如果你说不离婚的话,生活费、孩子的养育费一切都不再支付了的话,对方也不得不放弃了。"

须磨子虽然依旧说些岂有此理的话,心里却也明白按抱月的性格反正离婚实在是件困难的事。

"如果你怎么也做不到离婚的话,我可就想怎么过就怎么过了。"

这种心情使得须磨子变得贪得无厌,也是她采取虽然和抱月生活在一起可两人的钱却分开的原因之一。

由于同居却无法结婚,于是须磨子想出了一个收养子女的方法。

本来须磨子嫁到木更津时,得了现在所说的淋病而导致不孕。虽说表面上是以自己和夫家的家风不和为由,其实因为淋病而使她得了忧郁症才是离婚的真正原因。

当然现在她的这个病早就治愈了,可却无法生孩子。事实上她和前夫前泽诚助以及抱月都保持了长久的性关系,可却始终没有怀孕的迹象。

当时如果须磨子真的怀孕生下了孩子的话,又会出现其他问题。须磨子一旦热衷于舞台演出的话,便会忘记一切的,因此即使生了孩子,或许她也一定会将孩子丢给别人,而自己却毫不关心。

作为养子,须磨子首先看中的是嫁到七泽家的第三个姐姐的小女儿。

起先他们的交涉迟迟没有进展,最终对方以"绝对不能让女儿当女优"为条件才终于谈妥了。

可须磨子却给女孩子起了个艺名叫"月子",并作为孩子角色让她登上了帝国剧场的舞台。这件事被七泽家知道后,月子母亲大为光火,于是打了一份"父亲病危"的假电报,让女儿回到了自己的家。

虽说须磨子过后很生气,可无奈是她自己打破了不让孩子上舞台的约定,因此错在自己。于是她不得不让抱月陪同,来到了信州家乡,再次去请求。可七泽家坚决不接受,结果他们反倒被赶了出来。

收养第一个孩子失败后的须磨子此后又看中了同样是自己侄女的胜子。

胜子父亲小林放藏已经在艺术俱乐部做事务工作了。因为有了这层关系,小林放藏也不得不接受。不过他提出了"不能将孩子带到外地巡演"的条件。

对此须磨子虽说有不满,可也能理解。此后她又通过别人收养了一个叫木村若子的少女为自己的养女。

若子是本所木屐屋的女孩，也是此后日本象棋名将木村义雄氏的妹妹。若子并非亲戚，也没有提出什么特别的条件，因此在外地巡演时，须磨子便时常带着她四处走动。

从这些事情中可以看出须磨子收养孩子的目的并非是为了将来继承家业或者财产，也不是为了向孩子倾注自己的爱情。确切地说是为了在演出需要时确保立刻就有孩子角色可以使用，为此她才收养孩子的。

当时歌舞伎界里实行世袭制，因此不缺孩子角色。可新剧界却没有固定的孩子角色。每次舞台演出时，他们不得不四处去寻找孩子。可刚找到的孩子实在太没有经验，几乎派不到什么用场。再则当时演员还是个被贬称为戏子的时代，一般家庭都不愿意让自己的子女去演戏，因此几乎没有父母愿意为了舞台演出而将自己孩子"出借"的。

此外只有从贫困家庭买来孩子的方法了，可这也不能明目张胆地进行。在这种情况下，收养女孩或者男孩就是一个最迅速的解决方法了。

只要在法律上获得了做父母的权利，孩子受到怎样的对待就没有道理可以被人说三道四的了。

正因为如此作为亲戚的姐姐或哥哥们的担心就很可以理解了。况且须磨子又是个光顾自己的人，他们担心须磨子光知道教孩子演戏而不让他们去上学。

须磨子最初还说一定会让孩子去上学，一定给他们母亲般的爱等等好听的话。可一旦排练开始后，她就让孩子和剧团的其他成员一样成天参加排练。而到了舞台演出将临时，更是连学校都不让去了。为此须磨子和哥哥放藏吵过好几次架。

"与其去学校学那些无聊的东西，还不如上舞台演出更能学到人生道理呢。"须磨子如此说。可孩子的真正父母却不能答应。

对须磨子而言，对待没有父母在旁边看着的木村若子要容易得多。事实上，自大正六年（1917年）后，所有的外地巡演若子都作为孩子角色参加了演出。

木村氏自己也说将若子给了须磨子做养女是因为木村家贫困的缘故。

起初若子被起了一个叫"若平"的艺名，可由于容易被误认为是男孩，此后便改艺名为"若叶"。胜子则被起了一个"松井小浪"的艺名。这两个养女和其他弟子同住在二楼靠里的房间里。

起初胜子称呼须磨子为"阿姨"，中途改称为"母亲"，可这些称呼使得须磨子见老了，于是在若子来了以后都改称为了"先生"。

平时须磨子对两个养女并不怎么关心，可一旦排练开始后，她便忘了她们还是孩子，时而训斥时而怒吼，不过当她情绪好的时候也会给她们一些点心吃，从外面回来有时也会给她们买些绢花、头饰什么的。

孩子们对她心情好时和心情糟糕时的态度落差感到十分困惑。在这点上同样须磨子也恬不知耻地表现着她那多变的性情。

自抱月离家后，家里留下了妻子市子和两个儿子、三个女儿。最大的从二十岁的长女春子到最小的六岁小女儿聪。

市子结婚当初的快活性格早就烟消云散了。虽说并没有住院，可歇斯底里和内心郁结着的忧郁令她时常卧床不起。母亲常常沉郁寡言，家里的空气自然也就变得阴沉沉了。

年纪稍长的春子和君子竭力装作开朗快活的样子，尽量避免谈到父亲，可母亲却会突然想起来似的大骂一通须磨子。

"你们的父亲，他抛弃了我们，逃到这种品行恶劣的女人那里去了。春子不能买新的浴衣，君子无法买新鞋都是你们的父亲和那个女人的不是。"

"妈妈,不要在弟妹们面前这么说了。"

"没有必要假装不知道,我也要清清楚楚地告诉秋人和聪,就是那个女人抢走了你们的父亲。"

说罢,市子便突然把印有须磨子照片的报纸撕得粉碎。

看到疯狂的母亲,大儿子震也和小儿子秋人也无言地将视线转向别处,而最小的女儿聪吓得直哭。

须磨子和抱月的动向常常会刊登在报纸上。市子虽说劝自己不必在乎,可却总免不了要看上几眼。当看到报纸上须磨子的灿烂笑容,或者两人并排站在一起的照片,市子的歇斯底里症状便更厉害了。

"这种女人去死吧!"

"妈妈,松井先生也未必就是那么一个恶人。"

君子劝解道。

"难道连你也被那女人诓骗了吗?"

君子看到母亲吊起双眉怒目紧盯着自己,吓得再不敢出声了。

对于时不时去一下艺术俱乐部的君子,须磨子有时也以笑脸相待,因此她对于须磨子有着和母亲不同的印象。可君子对于处在兴奋中的母亲也是束手无策。母亲接着常会跑回自己的卧室大哭一通。男孩子们闷闷不乐地回到自己的房间,客厅里只留下姐姐春子和君子了。

"妈妈那么痛苦,你为什么还要说那种话?"

长女春子责备君子。春子曾有一次去艺术座为父亲送邮件,结果被须磨子一句"不要做什么多余的事,赶紧回去吧。"而赶了回去之后,从此她对须磨子非常讨厌。

"确实那人是抢走了父亲,可父亲喜欢她那也是事实吧。"

"喜欢的话，为什么还要让父亲喝酒，还让他穿那种不成体统的浴衣呢？"

最近听来家里的早稻田大学的人说，近来岛村先生也许是不断地操劳过度吧，心脏很弱，可却还喝酒，身上穿着犹如艺人似的大花纹的真冈浴衣。

另有传闻说抱月凌晨身穿睡衣，腰间系一条女人的红色腰带，静悄悄地在散步。

原本春子只知道父亲对任何事情都那么认真，喝酒只喝一、两杯，夏天也只穿白色碎花纹浴衣，因此每每听到这些传闻春子无法掩饰自己的不安，觉得父亲变得连自己都快不认识了。

"父亲再也不会回到我们这里来了，他已经不是我们的父亲了，我们没有父亲。这么想的话更好，更彻底。"

虽然听到春子这么说，可看到每次见面总是和颜悦色问起家里情况的父亲，君子无法在心里如此简单地抛开父亲。

"那种人早点去死算了。"

"姐姐，你说什么呢！？"

春子一年前的春天曾和帝国大学一名文科学生谈恋爱，在将要订婚时，对方父母知道了抱月离家出走，和须磨子同居一事后便取消的将要进行的订婚。

"这么下去的话，也许我们一生都将不得不独身了。"

君子大概比春子小了两岁的缘故吧，她不像春子那般悲观。她觉得独身就独身也没什么不好，不过想到每当有什么事的时候就被人在背地里指指点点地说"她就是那个为了女人而疯狂的抱月的女儿"的话，当然心里也不会好过。

"就像母亲说的,如果没有那女人的话一切都很好。"

"但现在再说这些有什么用呢?"

"你忘记了对她的恨吗?读到那封信时的委屈……"

春子所说的信是半年前须磨子从巡演地的京都给她们写来的:

"你们这些东西:

想要什么大阪的特产?告诉我好了。不过太花钱的东西可不行。现在正是建造研究所缺钱的时候。最多也就是十五日元以下的东西了。阿春和你这东西各给一份。是你父亲命令我称你为'你这东西'的。不过你们'这些东西'呢,称呼我要叫须磨子大人,一切都要像称呼父母那样用尊称。还有家里如果有给父亲大人的来信,好好封上寄给我就是了。地址如下:

京都三条桥万屋转　松井须磨子 收

假如在二十四日后才能寄到的话就写如下地址:

大阪戎桥北诘岸泽屋转　松井须磨子 收

你们这些东西的来信当然也如此啦。阿市(指市子夫人)要丈夫买些什么的话也由我代为选择吧。不过因为是我选择的,说不定会很艳丽,或许不能中意呢,那我看还是算了吧。我可不懂这些。好了,老老实实听话,我会奖赏你们的。

即此。

须磨子"

此信是抱月为了让寄到家里的信转给自己而叫须磨子代笔的。

抱月刚离家,自己怎么也没有勇气写信给家里,于是让须磨子代写了这封信。须磨子在信中转达了抱月的意思后，同时借着抱月的名义将平时想对她们说的话也在信中和盘托出。

虽说让她代笔，可却没有必要写什么让须磨子代购巡演地土特产的事。而且说你们"称呼我要叫须磨子大人，一切都要像称呼父母那样用尊称"也实在太傲慢无理了。即使父亲再怎么爱她，难道有她那样逞威风的吗？！

市子读着信，中途眼泪扑簌扑簌地流了下来。"那个狗东西，那个狗东西！"母亲万分委屈，抓住春子和君子手，母女三个人哭成了一团。

不仅须磨子蛮横无理，那个慈善的父亲是否看过那封信？难道是在他点头答应后才投函的吗？她们多么希望那封信是须磨子自己写的，父亲完全不知晓。

春子怎么也无法忘记那天母女三人因为这个可恶的女人和无情的父亲一直哭了一个通宵。

五

大正五年（1916年）艺术座结束了外地巡演，终于专心致志地在东京开始了严谨的话剧活动了。此后须磨子主演的舞台剧目如下：

首先同年一月二十六日至二月一日一周间，她扮演了在大阪浪花座上演的《真人间》三幕戏剧中的御品。这是中村吉藏的作品，中井哲、田中介二和泽田正二郎他们共同参加了演出。

同时公演了岛村抱月所作的《清盛和佛御前》二幕戏，其中佛御前由须磨子扮演，泽田正二郎扮演清盛。

曾一度脱离了艺术座的泽田正二郎和田中介二他们再次参加了演出，

令人乍以为很奇妙。那是那年元旦过后，两人和抱月、须磨子取得了和解后再次加入到艺术座的。因此，这次公演是他们两人再度合作后共同参加的首次公演，因此相当令人瞩目。

《真人间》虽是现代剧，可却内容朴素，因此并未得到好评。不过，须磨子和正二郎的表演得到了广泛的好评。

可《清盛和佛御前》中扮演佛御前的须磨子由于用了和现代剧同样的表演手法，因此和作品不够协调，剧评也批评说她学习不够。不仅此剧，一般而言，须磨子不合适表演日本历史剧，而对于现代剧，尤其是外国翻译剧的表演则常常能得到好评。

此剧不仅从导演，到服装、道具等的准备都不够充分、对作品的研究也不够以外，须磨子自身不是一个能将自己的想法内藏于心的演员，她是属于向外发散型的演员，再加上她外表看起来身材高大，长相丰满，因此这些都导致了她演戏时的现代剧倾向。

总之须磨子最不擅长扮演就是沉稳安静、性格内敛的角色了。

《真人间》一剧公演时，须磨子扮演了御品，是一个军人的遗孀。由于戏中有对自己境遇表示悲悯不平的部分，因而当时被警察局提请注意，引起了一场风波。

当时还尚未进入真正的思想镇压时代，但从那时开始由于新剧中常有释放人员以及娼妇等角色自由登场，因而引起了警察局的注意。

其实无论抱月还是中村在思想上并没有什么特别的意图，不过是想让新型人物登场而已，可结果却引起了官府的注目。

被提请注意的中村结果将军人的遗孀改为了偷猎者的寡妇，将剧本的一部分作了修改，剧名也改成了《御叶》。于三月二十六日至三十一日在帝国剧场公演。剧中须磨子扮演了一个叫御叶的乡下妇女，不仅剧中人物的年龄比她的实际年龄年轻很多，而且她又照例是一个人在舞台上表演过分活跃，因而没有表现出一个乡下女人的死板。

此剧又一次证实了须磨子不适合扮演质朴踏实性格的角色。

翌月，四月八日至十七日，艺术座以普及新剧为名，在浅草常盘座上演了托尔斯泰的《复活》和中村吉藏的《嘲笑》。

当时的常盘座因为浅草这一地区的位置关系，上演的都是一些历史剧或老百姓风俗剧，因此外国翻译剧在那里上演显得相当不合时宜。可一旦开演后，不仅喀秋莎的人气不减，再加上二十五钱和五十钱的两种大众票价相当奏效，观众蜂拥而至，结果迎来了第一天上演便挂出了满座无票牌子的盛况。

正面的一等观众席坐着的都是些贵族夫人和小姐们，可二楼看台上来自浅草和向岛的艺妓们将座位挤得满满的，和以前常盘座的气氛迥然不同。

当时经过精心安排，首先在上演了莎士比亚所作的《冬季夜物语》幻灯片后才上演舞台剧《复活》的。当须磨子一出场，观众席立刻传来了一片"须磨子"的叫声。

扮演喀秋莎的须磨子宛如回应着观众的呼声似的，只见她充满深情地凝视着聂赫留朵夫，然后将初恋男友的照片往地板上一扔。接着向观众展示了自己充满穿透力的声音和丰满的胸脯，威望十足的样子。当时的整个表演完全是须磨子独占了舞台。

可剧评家们之中依然有那么些人批判《复活》太过通俗，冷嘲热讽地批评说：将作品的层次降低到如此程度的话，自然在浅草这种地方也会引来观众的。

此次公演给艺术座赢得了切切实实的一万五千日元的收入，使他们在经济上宽绰了很多。

可无论是艺术座还是抱月并不希望将赢得的钱一门心思全都投入到走通俗的艺术路线上去。

抱月将赢得的收入用来坚固剧团的经济基础的同时，努力展开了实验剧的研究，显示了他的从容不迫。

《复活》等剧吸引了那些对新剧一无所知的观众，通过这次演出告诉了他们新剧并非是那种自命不凡的东西，由此扩展了新剧迷的范围。从这个意义上说正是《复活》才打下了新剧能持续维持并发展至今的基石。

接着从四月三十日到五月七日的一周中，在明治座上演了《复活》和《莎乐美》一幕戏，后者须磨子扮演了莎乐美。

由于刚在浅草上演了《复活》，因此艺术座担心到底会有多少观众来看戏，可明治座照旧被观众挤得满满的。

可以说他们顺利得只要演出《复活》无疑就会成功的地步。

明治座公演之后不到一周的五月十二日和十三日，这次在牛込田町小笠原伯爵家的内院中公演了野外剧《俄狄浦斯王》。

那是东京儿童游园协会主办的慈善活动，入场券金额为一日元和二日元，虽说很贵，可观众几乎都是贵族院议员和企业家的夫人和孩子，另外还有很多外国人等。

在此剧中须磨子扮演了王妃约卡斯塔，俄狄浦斯王由泽田正二郎扮演。

两个月后，从七月五日开始的九天时间里在牛込俱乐部内上演了托尔斯泰所作、林久男翻译的五幕剧《黑暗的势力》。须磨子扮演安妮兹西娅，苹特尔由田边若男扮演，尼基塔由泽田正二郎扮演。

这是因为有人批评《复活》太通俗化，因此艺术座为了推翻这种批判而对这一研究剧进行了挑战。结果受到了很大的好评。

比如森田草平对此剧赞不绝口，评论道："新剧开始以来，不，日本戏剧开始以来，还从来没有过如此有意思的演出。"本间久雄也在《早稻田文学》杂志上竭力赞赏道："这次上演实在太杰出了，无论给多少赞词都不为过。"连那个小山内薰也称赞道："在艺术座至今为止的所有演出中，这次可以说是排名第一的杰作。"

由于此作品的演出，艺术座真正实现了二元化的道路，也就是说一条是赚钱的道路，而另一条则是追求艺术的道路，两者都获得了成功。此后评论《复活》不过是一个通俗剧的非难之声也逐渐微弱了。

抱月一边受着各种恶毒评论和连篇的骂声，一边拼命努力，他终于取得了胜利。

休息了不久，在一个月后的八月十八日开始的三天时间里，艺术座在国技馆上演了坪内逍遥翻译的《麦克白》，须磨子在其中扮演了麦克白夫人。

此次舞台演出是作为名流共同大汇演的一个环节进行的，其中还有义太夫、浪花节、琵琶和舞蹈等等各种演出都有。而艺术座作为新剧界代表参加了演出。

可是在第一天舞台就要上演时，须磨子却突然晕倒了。当时她身体有些摇晃不定，本来就有贫血倾向的须磨子此前也曾一度在排练时头昏过一次。

大家立刻让须磨子到后台休息，在谈到是否要立刻中止演出时，本来还以为睡着了的须磨子突然抬起头来，说"我没关系。"

"不能这么胡来！"

抱月试图劝阻，可须磨子却敲打了几次自己的头部，然后将头一甩，斩钉截铁地说：

"观众是来看我的，我不出场怎么行呢？！"

须磨子那无比的自信和那股拼命劲头在这里也表现得栩栩如生。剧评家中内蝶二听到这件事后在《万朝报》中称赞道：

"富有坚强的忍耐力、不服输的性格正是她的特点，同时也是她今天成功的原因。她那比男人更倔强的性格，最为适合扮演这次的麦克白夫人一角了。须磨子的麦克白夫人，或者说扮演麦克白夫人的须磨子在挑唆丈夫麦克白犯下杀君之罪的那个可怕场面，从真正文学意义上可以说相当逼真吧。"

接着九月二十六日至三十日在帝国剧场上演了由松居松叶改编的托尔斯泰的《安娜卡列尼娜》。

当然安娜·卡列尼娜由须磨子扮演，亚历山大·卡列宁由泽田正二郎扮演，奥布隆斯基由中井哲扮演，渥伦斯基由森英治郎扮演，吉提由衣川孔雀扮演。其中森英治郎是"舞台协会"的成员，而衣川孔雀是"近代剧协会"的成员。如此由其他剧团成员扮演主要角色的演出在艺术座还是第一次。正因为这次富有特色的角色安排引起了大家的兴趣，头天演出便全席客满。

此剧中须磨子的演技亦得到了好评，不过一部分剧评家批评说须磨子将自己表演的部分毫无必要地拖长，动作幅度也过大，因此破坏了演出的整体和谐。

翌月，十月八日至十七日，在曾取得过成功表演的常盘座，艺术座再次为普及新剧而进行了公演，剧目为《饭》、《莎乐美》，同时还有《第欧根尼的诱惑》、《新归朝者》。后两者衣川孔雀和水谷八重子也参加了演出。

可这次的结果却未得到好评，演出到中间期间来看戏的客人逐渐减少了。

虽然艺术座有须磨子出场，但如果没有像《复活》那样能让观众同声赞叹的部分的话，众人便不会来看戏了。从这个意义上说，出钱来看戏的观众某种程度上他们的眼光比剧评家更加严厉。

可艺术座也不认输，从年底的三十一日到第二年的一月十日，在常盘座进行了第三次普及新剧的公演。这次上演了《记忆》和《剃刀》。接着又从一月十一日到二十一日连续上演了中村吉藏的《爆发》和《御叶》。

从大年三十一直演出到一月七日，也就是说从年末一直演出到年初，这么做是新剧界有史以来的第一次。专家们对此感到很吃惊。不过因为要过元旦新年，因此行情不错，确保了八成席位上坐着观众。

抱月虽然表面上做事谨慎，可他能沉着镇定地实行这类计划，正是因为他精于策划，有着表面上不易察觉可实际上却做事相当大胆之处。

大正五年（1916年）一月的《真人间》上演以来，艺术座的主要公演共举行了十次之多。那年是艺术座最为活跃的一年。而须磨子在其中相当活跃，除了表演喀秋莎和莎乐美以外，她还参加了其他共九部新作品的表演，并且全都获得了不错的成果。

当然其背后有着如泽田正二郎、中井哲、田边若男等炉火纯青的男演员阵容的支持。这一年对须磨子而言是最为充实的一年了。

趁着这股劲头，大正六年（1917年）三月，须磨子再次挑战了希腊剧。

三月九日至十六日，在筑地的新富座上演了阿瑟·皮内尔所作，岛村抱月翻译的《波拉》四幕剧，须磨子扮演了波拉。接着又出演了在谷崎润一郎所作，谷崎精二、岛村抱月共同改编的《御艳和新助》。

须磨子扮演御艳，泽田正二郎扮演新助，中井哲扮演德兵卫。

波拉的演技还马马虎虎，可御艳一角是须磨子初次扮演艺妓角色。而且新剧采纳这类世态剧为表演题材还是第一次尝试。

虽说剧团成员们对这一剧目也充满了热情，可是无论从导演还是演员，甚至舞台布景、道具等等全都是第一次，因而对这一切大家都有些不知所措，结果舞台表演显得很有些奇妙。比如，在表演堤坝上厮杀的场面时，从一般的打杀场面而言，他们的表演慢吞吞的，引得观众哄堂大笑；还有在戴着顶髻的男人旁边站着一个光头男人；在扮演将钱递来递去的场面时，用的却是现代纸币；在艺妓房间里却挂着现代的摩登漂亮的扇子等等。因此喜欢看歌舞伎和新派剧的观众觉得显然他们对时代的考证相当荒唐。

中内蝶二在《万朝报》中苦笑道：

"……其中须磨子扮演的御艳是艺妓，因此她苦于难以处理像'你这家伙'这类的词语。在扮演骏河屋时代小姐的那段戏时，她看起来却像是一个买块豆沙烧饼随意吃着的路边小摊家长大的女儿。"

另外，在《东京朝日》中的评论也对他们的表演显示出了非常不满：

"《御艳和新助》可以说是近来的稀奇品种，我真佩服他们的胆量。深川的艺妓也好，侠客也好，船老大也好，还有游手好闲的人也好，他们的乡土气十足的发音和泼辣的念台词方式令人直打寒战。"

可是抱月和须磨子却是认真的。有个专访演员的记者看不下去了，在对须磨子的采访中，问道："今后还打算继续演此种类型的角色吗？"抱月代替回答道："当然，我们打算以这次为起点今后不断试着演出这类剧目。首先我觉得近松一类剧目很不错。"听了这话后

那位记者简直惊呆了。(摘自川村花菱著《松井须磨子》)

不过艺术座此后却再也没有选择过历史剧,这不仅是抱月自身因为各种批评而吃够了苦头,而且他们相信即使不选择需要麻烦历史考证的历史剧的话,西方戏剧也依然有很多可以演的东西。

这次舞台演出不仅证明了无论是艺术座,还是抱月或者须磨子都不适合演出历史剧。同时这次舞台演出也成了泽田正二郎再次退团的一个契机,因此无论从哪个意义上讲都是一次令他们难以忘怀的舞台。

泽田上次曾因为须磨子的蛮横和抱月的懦弱而退过团,因此再入会后为了竭力避免和须磨子发生冲突,他总是采取自我克制的态度。须磨子也在演出的不断进行过程中,认识到了优秀男演员的重要性,因此她也不再像以前那样尽说些随意任性的话了。而且当时须磨子不仅在艺术座而且在整个新剧界都成了一位明星,因此她也没有必要再和泽田他们去争什么了。

可她毕竟本性自私任性,小的冲突依旧不断。每次都由抱月从中调解,但在《御艳和新助》一剧中,是泽田和抱月在导演问题方面发生了冲突。

泽田认为既然要演历史剧,因此无论从台词还是服装,舞台布景、道具等等必须正确无误地反映历史,可抱月却觉得这点他们无法和歌舞伎或新派剧相比,新剧应该有新剧自身的台词方法,因此他对服装、道具等并不怎么太重视。

即使现在来看也很难说哪个正确,是属于一个难以立即得出判断的问题。泽田的主张确实符合原本的主题,可抱月同样也有他自己一定的道理。

泽田虽然心存不满，可自己是第二次加入了艺术座的人，面对抱月和须磨子反正也没有占上风的可能。结果他原本就心存狐疑的舞台演出，果不其然大受批评。由此泽田获得了勇气，再次对抱月的做法吐露了不满和批评。

上次退团是因为须磨子一人的蛮横无理，只要这点有所改善的话，问题便可以得到解决，可这次是对导演抱月提出了批评。

虽说这次冲突的起因是《御艳和新助》的舞台演出，可结果却表明他和抱月、须磨子的关系其实是水火不相容的，分裂也不过是时间的问题。

"那样的话，你就请便吧。"

抱月说道。泽田也当即点头道：

"给你们添麻烦了，不过以后我再也不会给大家添麻烦了。"

对于抱月而言虽然遗憾，但他再也没有多余的精力去挽留要辞团的人了。

虽然这次不像上次那样，充满了相互间的咒骂和憎恨，这次是一次静静的分手。也正是因为如此，这次的分手才是致命的。

退团后的泽田正二郎立刻组织了新国剧剧团。

泽田虽说和抱月、须磨子对立，可他的目标却是建立"为庶民的新国剧"，这点上他领会了抱月所提倡的有必要动员大众，并对此加以身体力行。

可此后新国剧一味追求通俗性，作为新剧运动的一个分支，被认为是一种对新剧的变相背叛。

与此相比，虽然被认为通俗的、追求金钱的抱月和须磨子的艺术座却始终走在新剧的道路上，始终点燃着新剧的灯火。

六

大正六年（1917年）十月三十日，作为艺术座的第十次公演采用了托尔斯泰所作，岛村抱月、川村花菱编译的《活尸》。上演剧场在明治座，全剧为五幕六场，上演期间为十一月五日为止的一周时间。

此剧中须磨子扮演了玛莎，中井哲扮演卡列宁，武田正宪扮演费佳。这出戏对艺术座而言是一出大戏，按照以前《复活》所走的路线便会成功，可也包含着几个问题。

首先剧本名义上是以岛村抱月和川村花菱共同执笔，可其实却是花菱独自编剧而成的。在他编译完剧本，决定以此剧本进行时，抱月却突然提出："说不定你会有不满，这个剧本的署名请用我和你联名的方式。"

花菱当面也不能反对，只能同意，可内心却大为不满。

对于抱月而言，将这出戏剧本化的计划是自己提出的，虽说自己没有直接执笔，可在剧本编写过程中，也给花菱提出过各种意见，因此算他们共同执笔也并非不可。

本来抱月在艺术座主要的演出中，在导演或者剧本上总会和他有着各种关联。他也希望自己能在这些方面参与其中。他觉得自己作为剧目的主办人那是理所当然的事。

这次公演抱月所担任的职位按现在的说法应该被冠以"制片人"，或者"编制人"的头衔，因此也可以说他和川村之间的不幸分裂是因为当时没有这样的名目而出现的混乱。

《活尸》为了将《复活》所得到的人气进一步确定下来，因此在剧本制作阶段便彻底地将其大众化了。比如，模仿《复活》在剧中因为插入

《喀秋莎之歌》而大获成功那样，此剧也插入了《流浪者之歌》，并由须磨子来唱这首歌。

此剧演出时观众也是蜂拥而至，公演几乎场场客满。而《流浪者之歌》也成了"大正浪漫"时代的代表之一，在当时得到了广泛的流传。

当然对于这种演剧方法提出批判的人也为数不少。

那些将艺术至上奉为一切的不负责任的批评家们，其中如小山内薰，在《中央公论》杂志上，激烈批判了此剧，说"是对托尔斯泰艺术性的亵渎"。

而对抱月和川村而言，"大众化"本来就是他们最初的意图，对于这一点至今还引来批判令他们感到很意外。受到小山内那些人的刺激，一些文学青年甚至追到艺术座的巡演地，对他们大肆谩骂。

对于这一切，抱月几乎无言以对，只是有时会想起什么来似的叹起气来。

可当这些人走了以后，他便苦笑道："反正这些人也是因为看了《中央公论》所以想来发表一点他们的看法吧。"

且不谈一小帮文学青年的评价如何，总之《活尸》的公演再次给艺术座带来了经济上的富足。从各地都发来了要求公演的邀请，从关西到中国地区、四国、九州，接着又延伸到了满洲。

以前抱月总是穿一些相当普通的和服，可那时开始他也系一些上好质量的萨摩上布或者花样拧布制成的和服腰带了。

这次巡演之后，松竹座提出了要和艺术座签订合同，将他们的演出以每天五十日元的价格，每个月中将两周时间彻底买断下来，如果每月演出超过十五天的话，超过的部分另外按天计算。

在当时那可算是破例的好条件了，如果能实现的话，艺术座每个月就能确保两千两百五十日元的收入。而剩下的多余时间他们就可以自由地进行纯艺术的研究或者去外地巡演了。

当时在和松竹签订合时，抱月脸上难得地喜形于色，并握着这次交涉介绍人川尻清潭的手，频频说着："多谢了，多谢了。"

被非难为"金钱至上主义"、或者"亵渎艺术"的艺术座如此一来便确立了自己得以立足的基石。

即使在新剧大众化如此发达的现在，也从来没有出现过任何哪个剧团能与大的演出承办公司签订这类合同的。从这点也可以想象这一合同多么具有划时代的意义了。

不过要注意的是合同中所谓的每月十五天并非全都是由艺术座单独公演，其中包含着艺术座的职员和演员中的一部分成员必须参加和松竹有关的新派剧团的表演内容。

这也使得须磨子获得了参加其他流派一起表演的机会。

这一时期事实上全权负责艺术俱乐部日常事务的是须磨子的哥哥小林放藏。

他是须磨子的长兄，起初他在横滨海关工作，之后辞职去了上海、旅顺、香港等地四处周游，结果再次回到了横滨。据说他曾一度以外国船员为对象经营过一家土特产商店。

须磨子提出要将在艺术俱乐部和放藏夫妇住在一起的女儿胜子收为自己的养女。

放藏的妻子叫富，两人除了胜子以外还有两个孩子，分别叫武昭和禄。

由于放藏曾一度从中国东北到香港各地巡游，因此多少令人觉得有些来路不明,有一部分人对他敬而远之。不过放藏自己却是一个出身农村,多少有些粗野,却生命力旺盛的男人。

和须磨子同样,他也相当唯利是图。因此在须磨子死后,那些描写抱月和她丑闻的小说、戏剧中,放藏作为两人之间的绊脚石,被写成了恶棍、流氓的居多,可这点其实是冤枉了他。

须磨子对于艺术和文学并不感兴趣,她的粗野性格和那些令人讨厌的文人、早稻田派的那些人合不来。在这点上放藏也是同样。这也是此后文学作品中总是将放藏描写成一个恶棍的原因之一。

但事实上放藏作为俱乐部的管理者,不仅管理着俱乐部的事务工作,而且从对住在俱乐部的杂役的管理,到房子的锁门等等全都由他一个人操心着。从这一意义上而言,对常去外地巡演的抱月和须磨子而言,当时他是个不可或缺的人物。

艺术座还另有一个话剧学校,田中介二是实际上的校长。

可是田中本身是个喜好玩乐的男人,他以抱月和须磨子常常不在为借口,不好好授课,有时还和学生一起打花纸牌或赌博。

本来艺术座成立话剧学校时也并不打算将学校办成像文艺协会那样的正规严格的学校。他们是采取学生跟着剧团巡演,一边从中学习的方式,因而对于到底上课应该讲些什么内容田中其实也不是很清楚。

抱月在创立学校时虽然充满了热情,希望能办成比文艺协会更好的学校。可实际上他整天忙于艺术座自身的经营和舞台演出,根本没有空余时间来管理学校,结果学校只得听任他人管理了。

除了放藏一家以外,曾一度被须磨子收为养女的木村若子、戏服管理员荣子、小道具管理员宫坂、弹日本三弦琴的女琴师、还有从打杂活的少女到打扫卫生的大嫂等等,他们随演员们一起也时不时地在艺术俱乐部进进出出。

抱月和须磨子在二楼靠里的两间屋子里过着形同夫妻的生活。

里间的客厅里放置着须磨子的衣柜、梳妆台以及长形烤火盆，很有些刚成立新家庭的新鲜味。

可费心安置的房间保持整洁也只是一时的事，此后不久房间里立刻变得杂乱无章了。空碗、寿司木盆等，还有戏迷送来的花束，喝剩的啤酒、报纸、杂志，甚至还有衬衫、毛衣等等堆得到处都是。

偶尔有空时，须磨子也会自己做做饭什么的，那也充其量不过做个烤干竹荚鱼、煮个豆腐大酱汤什么的。因为她总也烧不好米饭，因此常去下面的放藏家里拿些饭来吃。

虽说她只做些简便而毫不用心的饭菜，可抱月也只一味默默地吃下去。

须磨子本来是在长野县山里出生长大的，因此即使粗茶淡饭她也毫不在乎，什么都吃。

以后川村花菱说到须磨子吃饭的样子时，说："她非常能吃，就像往肚子里倒进石炭似的。"在没有时间时，她甚至在茶泡饭上洒上点盐照样吃。舞台排练时，她就站着吃个饭团便可当作一餐了。

和她相反，抱月吃饭时，就像是一颗颗数着碗里的米粒似的慢吞吞地咀嚼着。

与其让不擅长做饭的须磨子做吃的还不如叫外卖，来得既省事又好吃呢。不过须磨子叫外卖专叫一种"川铁的亲子盖浇饭。"，而且就像是一个傻子好不容易才记住一件事似的只是一味地叫这个吃。

即使有客人来，她也总是说"这家店的亲子盖浇饭又便宜又好吃。"也将就着对付一顿。

比起盖浇饭一类的，抱月却更喜欢吃荞麦面条。只要能吃到荞麦面他就没有意见了。

他吃的样子也是用筷子夹起几根面条，轻轻地蘸一下专用调料，然后不出任何声音地静静地咽下去。

如果光看他们吃饭样子的话，还真分不清谁是男人谁是女人呢。

对于须磨子的日常生活，抱月从未说过任何不满的话。无论须磨子吃饭样子多么粗野，房间多么乱糟糟，他也从来不会脸露不悦的。

他觉得须磨子竭尽全力在舞台上费心劳神地工作，因此即使在生活面上有所疏漏也是没有办法的事。因此他对于须磨子是否做家务活之类的女性本分的一面也就断了念了。

可偶尔晚上要在他们房间召开艺术座干事会时就连抱月也会让须磨子将房间收拾干净了。

"不过今天不就七个人吗？这点人可以坐下的。"

须磨子认为只要确保七个人能坐下的空间就万事大吉了。

"可不知道过后他们会说些什么呢。"

"真是的，到人家家里来还有意见，这些人也真讨厌。"

无奈，她只好将堆放在火炉边的茶杯、送来的外卖饭碗等收拾一下，可也不过是将这些集中到水池里堆着而已，她自己也不洗一洗。抱月实在看不过去只好自己动手洗碗。

"先生洗碗的背影看起来真老练，果然书生和一般人不同呢。"须磨子还会满不在乎地说起抱月不愿意提起的过去。

大正七年（1918年）九月五日，艺术座和"公众剧团"合作演出，在歌舞伎座公演了戈哈特·豪普特曼所作，楠山正雄翻译的《沉钟》和松居松叶所作的《上帝的女儿》两部戏。在《上帝的女儿》中须磨子和新派旦角老演员河合武雄竞演。对须磨子而言是首次和其他流派的大演员共同竞演。

河合本来就轻视历史短暂的新剧,虽说最近新剧人气上升,可他对须磨子所表现出来的态度俨然在说:只会模仿一下外国女人的须磨子还能演些其他什么呢?

须磨子再也不能像以前那样趾高气扬了。在排练开始前她早早就记下了台词,并让抱月帮着她预先排练一下。

可新派排练的方式首先是演员事先碰头并对台词,这时的对台词只是用普通方式念一遍台词,之后才进入和正式演出时同样的方式念台词的阶段。

可须磨子并不知道这点。一开始对台词时她就突然用抑扬顿挫的语调开始念起台词来,引得河合笑出了声。

"松井先生,已经开始正式说台词了吗?"

"是啊,不行吗?"

"你想这么做也无妨,不过我只用普通的方式念台词而已。"

须磨子劲头十足地念着台词,可河合却像念书似的用同一个语调回应着。这么一来正拼命感情十足地念台词的一方看起来就如同受到了对方的嘲弄。周围的演员们每当听到独自感情充沛、抑扬顿挫地念着台词的须磨子,全都露出了一副"对这种外行真是没办法"的表情。

可从来没有像念书一样练习念台词的须磨子也没法改过来。

头一天排练结束时,须磨子略带疲惫的表情对川村说:

"这种排练还是第一次呢。"

"对方有对方的做法,没有必要去在意。再这么说是对台词,但如果用正式表演的方式说台词的话，就再也没有能超过这样的方法了。"

"就是，我们也有我们的做法嘛。"

须磨子将一对好胜的双眉往中间一挤，一副斗志昂扬的样子。可排练到了站起身对台词阶段时，河合依然一副冷冰冰的样子。

"大家在自己的位置上站好。"

当时的导演对于什么人该站在什么位置，采取什么姿势等等并不作什么特别的指示。演员都根据各自的直觉，在适当的间隔采取一个合适的姿势就行了。

可须磨子对自己究竟站在什么地方才合适感到犹豫不决。看着她环顾左右的样子，河合开口问道：

"松井先生，你站在这里吗？"

"不行吗？"

"你自己觉得那里合适就行，我就采取其他方式。"

"那我移动一下吧？"

"不必，无论你怎么站，我都会和你保持适当位置的。"

平时觉得须磨子的自私任性不可救药的川村此刻看到须磨子在别人的地方受人欺负，渐渐也感觉她可怜起来。

河合武雄竟然会如此,不要这么刁难人不行吗？虽然他心里如此想，可当着面却也说不出口。

须磨子虽然受欺负，可她依然很好地按自己的方法表现了自己的演技。面对老经验的河合，须磨子也并不却步。有时还一幅看不起河合的样子呢。最初讪笑她的其他演员，中途也对须磨子的排练热情和魄力所感染，渐渐开始赞扬她起来。

"确实松井须磨子真是颗闪亮的大明星啊。"

一个演配角的演员深感佩服地对川村窃窃低语道。

"她到别人的地方排练,还不像平时那样进入状态呢。"

"那样还没有啊,可从我们来看已经够新鲜了。而且身材丰腴,是个不错的女人哪。只是脸长得不怎么样。"

确实再怎么看须磨子的脸也算不上一个大美人,不过一旦站在舞台上她却相当进入状态,宛如大明星。她就是那种在舞台上很惹眼的人。

这次公演中,须磨子扮演妹妹朝江一角,而河合武雄则扮演成一个叫樱木艳子的女子角。

中内蝶二在《万朝报》中,提到他们两个的表演时说:"须磨子扮演的朝江和河合扮演的大女儿(姐姐)两人不够和谐,而且河合还有个漏洞就是他扮演的女子太假了,可相反须磨子的扮演则真实多了。"名仓生则在《东京日日》报上评论道:"虽然须磨子有被河合瞧不起的倾向,但不会说谎也是河合的一个长处。"

这次舞台演出须磨子一来自己扮演的是女儿角色,二来又是和其他流派合演,因而多少不得不收敛一些,她的这种收敛的表演显得很清新,反而表现出了青春期少女的情感。因此与河合相比须磨子的表演却获得了好评。

此后在《沉钟》的表演中,因为回到了艺术座自己的"娘家",这一轻松的环境令须磨子的表演如鱼得水、活龙活现,舞台演出充满了激情和活力。

"须磨子出色地将一个森林姑娘扮演成天真烂漫、快乐又活泼的少女。少女在通过和钟匠接触而进入了令她羡慕的人世这一序章开始,她鼓励那个制钟人并和他同居,直到被钟匠抛弃成为水之精灵的最后一幕为止,这一角色在此剧始终很重要,而须磨子的表演和这一角色的重要

性完全相符。"（摘自伊园青青园的《都新闻》）

合作演出后须磨子对川村和长田秀雄直截了当地说：

"新派也不过是普通的表演嘛。"

"那当然，无论什么表演所走的路都是一样的。"

"大家都吹捧着什么新派长，新派短的，我还以为有什么了不起呢。和我们也差不多嘛。"

须磨子与河合交过手后，切实体会到作为一名演员自己成长了一大圈。

她觉得无论对方自以为历史有多么悠久，多么有传统，人做的事大致也都差不多。只要拼命努力总不会输的。

须磨子所获得的自信也就是艺术座全体的自信。

第六章 孤立

一

大正七年（1918年）秋，"西班牙感冒"在日本大肆流行，也就是现在所谓的流行性感冒。由于最初起源于西班牙，此后才流传到全世界，因此俗称"西班牙感冒"。

那年秋的十月，作为艺术座第三次研究剧在牛込艺术俱乐部内公演了有岛武郎的《死和其前后》的三幕剧。这次舞台演出是艺术座在通过和松竹的合作，从而在经济上确立了一定基础后，初次回归自身所希望的研究剧表演这一原点而进行的表演。

剧中须磨子扮演了妻子，丈夫由高山晃扮演。

这次公演不仅舞台狭小，而且布景等的准备也如普通人家的客厅那般相当简朴素洁，演员的表演也尽量按照日常原有的样子展开。这正是艺术座遵照所谓的自然的现实主义而进行的表演。

虽说对于那些看惯了歌舞伎"亮相"和那极富表情的演技的观众而言，他们这次演出显得颇为奇异，但他们台词中的日常会话在用踏踏实实的演技表现出来后，令人觉得既新鲜又富有真实感，因而获得了相当的好评。

"如果歌舞伎可以用歌川风的木板画作比喻的话，那么这次他们的演出就可以比喻为是一次在脚踏实地的写生基础上的油画。虽说现在歌舞伎也渐渐出现了崇尚写实的倾向，不过要说这种写实的极致还必须回到艺术座的这次演出法来。"

以伊原青青园的剧评为首，其他报纸的评论也都充满了好意。

《死和其前后》上演一个月后，艺术座挑战了邓南遮的《绿色的早晨》。这次也是和歌舞伎进行的合作演出。须磨子扮演伊莎贝拉,市川猿之助(后来的猿翁)扮演医师、市川寿美藏(后来的三世寿海)扮演吉尔杰尼亚。

舞台在明治座,演出预定从十一月五日至二十六日进行。

可是排练途中,须磨子得了西班牙感冒。

那年冬天来得特别早,十月中旬便刮起了凌厉的寒风,薄冰都积了起来。

以前从中国的满洲到海参崴巡演从不得感冒的须磨子现在却病倒了,这令大家感到惊讶。

"唉,那个肥婆也会得普通人的感冒哦。"

不排练的日子,艺术座成员们说着这类笑话来嘲弄须磨子。

可当时日本人中据说有一半人或轻或重地染上了西班牙感冒,因此剧团成员中也不断出现请假的人。

被起了"肥婆"绰号的须磨子,发烧到三十八度以上后,双颊红扑扑的,宛如红色的月亮一般。可她在额头上放块冷毛巾,一边咳嗽一边想的却依然是舞台表演的事。

"明天我无论如何也要去了。"

"不行,再怎么至少要等热度降到三十七度左右才行。"

抱月制止着须磨子,让她服了药后,又在她的额头换上一块毛巾。

"我总不能在舞台上对观众说因为感冒了,我没有参加排练吧。"

如果只是艺术座单独公演的话那还算了,可这次是和歌舞伎合作公演,因此她更是焦急。和猿之助、寿海他们比较,如果被人说果然艺术座和新派比较还是相形见绌的话,须磨子可受不了。

"知道我休息后大家如果也停止排练的话那还好说,可现在大家却都在排练呀。把那本书给我吧。"

说罢她拿过枕边的剧本。

"先生,你读这部分,我来答话。"

"不行,现在乱来的话到时候感冒反而会拖久的。你好好安静地睡着。"

"就当我独自睡着在说胡话好了,那也不一样嘛。"

无奈抱月只好念起了吉尔杰尼亚以及医师的台词,须磨子则在被窝里答着话。

虽说感冒,可她的声音却高亢而富有穿透力。

可持续念了两、三分钟后,她便开始咳嗽起来,脸也被泪水和鼻涕弄得一团糟。她擦一把后又继续练。练着练着,结果抱月也打起喷嚏来。

"啊呀,先生也感冒了吗?"

"我没问题。"

"真是风吹杨柳柳不折啊。"

须磨子笑着道。可不久玩笑便开不成了。

翌日抱月也开始患上了感冒。他整天和须磨子呆在同一个房间不染上才怪呢。

头天只是鼻涕和咳嗽而已,可接着便浑身发冷并开始发烧。第二天须磨子和抱月两人并排铺上各自的被窝躺倒休息了。有个"呆子"绰号的叫宫坂的佣人,时不时来房间照顾他们一下。

"先生和肥婆并排睡着呢。"

"居然感冒也要一起,真是亲热啊。"

剧团成员们开着玩笑,而须磨子却像是等着抱月传染上似的,她自己却开始恢复了。

抱月的感冒却不断加重,三十八度以上的热度持续不断,而且咳嗽也加剧了。

"叫医生来看看吧。"

这次轮到须磨子担心起来。

"什么？没关系，多躺一躺就会好的。"

抱月看到须磨子好得很快，因此对自己的病情也很乐观。认为只要暖暖地睡着，早晚总会好起来，因此他自己根本不放在心里。

可三天过去了，到了第四天依然高烧不退。须磨子因为公演将近，她的排练一直到吃了夜宵之后依然持续着。须磨子回来总是在晚上十点以后，有时甚至过了十二点。

幽暗冰冷的房间一角，抱月将被子盖得严严实实地睡着。

即使如此，每当须磨子回来后，他也一定会睁开眼睛，问一声"怎么样？"

"啊，真冷，真冷啊！像要下雪了。"

须磨子说着便打开房间的灯，围巾也不脱就开始生起火炉来。

房间好不容易暖和起来了。灯光下抱月的脸色毫无精神。他本来就瘦弱，加上现在几乎没有食欲，此时他的双颊显得更加凹陷，一副弱不禁风的样子。

"我看还是叫医生来出诊一下吧。"

"不过，再忍受两三天就会好的。"

"布景师小暮君的叔叔就是因为患了感冒之后转成了肺炎，结果死了呢。不当心可不行啊。明天我去叫出诊医生来。"

须磨子看着憔悴万分的抱月的脸，非常担心。

翌日医生来出诊了，检查的结果说还是西班牙感冒，并不需要过分担心。

医生给他打了一针退烧针，开了一些药便走了。

以前须磨子的任何舞台排练抱月都必定会在旁边看着。

抱月本来就是个即使自己做导演也很少说些什么的人，而在别人导演时更是一语不发了。即使有什么意见也是在排练结束后，只是对本人悄悄地说"那个地方这样演你看如何？……"正因为他从不训斥人，也很少明确表示自己的意见，因此他的意见反而特别起作用。

《绿色的早晨》也是共同演出，抱月也不会从中插嘴，但再怎么说排练时一次都不来看对他而言真是很少有的事。

"先生病情还没有好转吗？"

艺术座的人问道，须磨子也只是开朗地回答：

"还有热度，所以睡着呢。不过再过两三天就会好起来的吧。"

三十日开始正式进行舞台排练了，可抱月依然没有出现。这惹得大家真的担心起来了，于是又问道：

"到底怎么样了？"

"似乎有点加重了……"须磨子也只如此回答。

大家觉得排练中途过于啰嗦地询问病情有些失礼，于是只好不再多问了。

可正是这个时候抱月的感冒变成了肺炎。

十一月一日，又一次叫了出诊医生，结果说是感冒拖延了，引起了支气管炎，如果希望住院的话可以让他住院治疗。

俱乐部的二楼房间在须磨子走了后只剩下抱月一人，更是把人冻得透心凉。

有时佣人宫坂出现也只是在吃饭的时候，至于其他方面他也不会更细心注意些什么了。因此如果抱月想喝杯热水的话也不得不起身到走廊里去叫宫坂。

"那就住院吧……"

抱月嘟哝着。须磨子问医生道：

"可去了医院还不是和这里一样躺着而已吗？"

"现在这种情况也不需要打点滴或者隔一个小时打一针什么的。只要睡得暖和一点就行了。这里当然也行。"

"那么白天就让宫坂照顾一下，晚上我会回来的。这样可以吧。先生在这里的话我也可以每天看到先生，也觉得安心。"

须磨子说着断然拒绝了住院的建议。抱月内心也并非就那么想住进医院里。

可当时须磨子还有另一个打算。

确实抱月在俱乐部的话自己夜里再晚回来也能立刻见到他，立刻可以问他的病情如何，或者做点热的给他吃，给他换件睡衣什么的。可如果抱月住进医院的话，便等于从自己一人的手中放了出去。

住院后，当然就会通知抱月的妻子。市子听到消息，说不定会乘此机会赶到医院照顾抱月。而且还会带上孩子们，这时他们一家紧紧团聚在一起，这可就没有须磨子的戏了。

而须磨子却因为公演在即，排练连日进行着。而且排练一直会持续到晚上十一点、十二点，等她赶到医院也已是半夜了。一来这种时间医院不可能让她见病人的，二来他妻子在旁边也无法好好说话。如果在那里两个女人吵起架来，也只会让抱月心痛。医院方面无疑也会更重视他的妻子市子的。

好不容易抢到手的先生，由于住院这一契机再被他妻子夺回去的话可就糟了。

　　因此即使抱月稍微有所不便的话，也只能让他呆在他们自己的房间里。

　　而且只要他还在俱乐部，那么舞台表演上不明白的事就随时可以问了。虽然抱月还发着烧，但只要是舞台表演的事他总还是会帮着自己一起出出主意的。

　　一方面须磨子有着如此盘算，另一方面她更不愿意抱月被他妻子抢回去。

　　"那就由我们这里自己来照看他吧。"

　　须磨子断然决然地说。

　　十一月四日，次日《绿色的早晨》就要迎来首场演出了。那天须磨子心里显得很不踏实。

　　虽说台词几乎全都记住了，可和猿之助和寿海之间合作的节拍还似乎没有合上。在上次刚结束的《死和其前后》的表演中，须磨子从头到尾尽量做到像平常那样发声。因此这次更是觉得跟不上歌舞伎演员所特有的那种语调措辞了。而且他们的动作也比须磨子要慢一拍。对于这点，导演却故意不让他们合上拍，认为他们表演时的这种关系反而更有意思。可须磨子却总觉得别扭。

　　不过更令须磨子担忧挂念的却是抱月的病情。

　　抱月不仅三十八度多的高烧始终不退，而且呼吸局促不断，看起来很痛苦。只要稍稍讲几句话便不断咳嗽，并痛苦地用手护着胸口。

　　虽说他发着烧可却脸色苍白，眼睛也毫无精神。即使外行的须磨子也知道他的病情相当严重。

"不稍微吃点不行啊。我去叫点寿司吧。"

中午过后，须磨子试着对抱月说。可抱月却说不用。从早晨到现在他只吃了一个冰冷的橘子，喝了一点茶水。

"再让医生来看看吧。"

"算了吧。我说你在念台词的时候要注意停顿，速度比现在再慢一拍的话就会比较好了。"

抱月一边艰难地呼吸着，一边对她的舞台表演提出了意见。

"我说台词到句尾的时候会拖长，觉得有些吃不准。"

"那时你只要看着对方的眼睛就可以了。"

"我懂了。不过你真的没事吗？宫坂是个粗心大意的人，我真担心。"

"今天病情应该算是到了高峰了，再过两三天烧就会退了吧。"

还没说完，他又咳嗽起来。

"先生……"

须磨子慌忙将被子掀开，为抱月揉着蜷曲的背部。

几分钟后咳嗽停了，只见他嘴唇苍白，两边的鼻翼颤抖着，并不断急促地呼吸着。

须磨子支撑着抱月让他坐起身子，她的手伸到抱月的腋下时感觉他的全身滚烫如火。须磨子担心得一步都不愿离开，于是抱月紧闭着双眼说道：

"你快走吧，时间到了。"

"还没关系。"

排练从下午四点开始，此时已经过了三点。

"我的事你不用担心。"

以前须磨子总是一到时间就出门了。可那天她却怎么都不想起身出门。她用枕边放置着的水将手巾冰一下，又放在抱月的额头上。这时抱月又说话了：

"可以了，你走吧。"

"去晚一点没关系的。"

"舞台犹如战场。你不用担心，去吧。……"

被抱月催促着，须磨子终于站了起来。

"那我去去就来。今晚回来得会很晚的。你好好休息吧。"

抱月点点头，用充满倦怠的双眼微微笑了。须磨子叫来宫坂，让他一步不离地守护在抱月身边，自己便出了门。

可到了明治座不仅舞台布景还没安置好，而且一些在其他剧场兼职的演员尚未到场呢。结果正式的舞台排演到晚上八点以后才开始。

须磨子相当焦急，这期间曾两次打电话到俱乐部向宫坂询问抱月的情况。

"先生说今天谁都不见，他睡着呢。"

脑子不怎么灵光的宫坂不知所云地回答道，但至少可以知道先生在休息。

"万一先生有什么异常立刻打电话和我联系。"

须磨子反复叮嘱后自己便去排演了。

她就此埋头参与着排演，一直到晚上十二点过后接到了宫坂打来的电话。

可由于是道具师接的电话，等过了一小会儿须磨子去听电话时，对方却已挂了。

"刚才他打过来两次电话，说先生的情况不好。可那个男人讲的话令人摸不着头脑。"

须磨子可能的话真想放弃排练立刻就回去，可明天就是首场演出，而且是合作公演，无法如此为所欲为，于是她依然继续排练。这时明治座经理趁幕间走近了须磨子，对她耳语起来。

"刚才一个叫宫坂的男人来电话，说先生好像很痛苦的样子。我让他立刻把医生叫来。"

"这么晚了，医生能来吗？"

须磨子看了看手表，这时已经十二点过了。

"只要拼命求情的话，我想会来的吧。"

须磨子点了点头，又回到了舞台。就此自始至终参加了排演，等排练结束已经过了凌晨两点了。

"辛苦了！"

须磨子和大家打了个招呼立刻回到后台休息室。这时山室跑了进来。

"听说岛村先生处于垂危状态。"

"你说什么！……"

"你马上回去吧，外面人力车已经叫来了。干事先生们都已经坐车先去了。"

"为什么不早点告诉我？！太过分了，太过分了！……"

"说'垂危状态'是二十分钟前才接到的电话。那个男人好像不懂'垂危'的意思，说了半天好不容易才明白……"

"是我的先生呀，他死了我可怎么办？！"

"总之你快换件衣服，立刻乘车回去吧。"

须磨子将身上的戏服脱下猛地一扔，在平时穿的衣服外披上一件短外罩就钻进了人力车。

从浜町的明治座到牛达再怎么赶也得要三十分钟。

此间须磨子一边用毛巾擦去脸上的化妆,一边不断念叨着:"上帝啊,救救先生吧。"

人力车到达俱乐部已是两点半过了。

须磨子下了车,身上的披肩还拖在地上就一股脑儿地往楼上跑去。

当她打开里面抱月躺着的那间和式榻榻米房间的门时,抱月的被子四周围坐着川村、秋田、加藤等干事,他们一个个双手插怀,沉默不语。

"先生……"

在进门处的榻榻米上须磨子叫道,接着在下一个瞬间映入她眼帘的便是抱月脸上覆盖着的白布。立刻她大声惨叫了出来。

"啊……"

她就此倒在榻榻米上,旁边没有一个人抬起头来的。

"先生,先生……"

须磨子瘫软地匍匐着身子爬到了抱月身边。她揭开白布,摇动着抱月的肩膀。

"先生,你起来,你起来呀……"

"……"

"他真的死了吗?怎么会有这种事?!太过分,太过分了!不能想想办法吗?请你们想想办法吧!"

接着须磨子又将身子压在抱月的身体上。

"请给他打针,快点打针呀……"

"……"

"死的时候要一起死,我们不是说好了嘛?为什么你死了呢,为什么! ……"

须磨子的哭叫声响彻了深夜的艺术俱乐部。面对抱月,干事们全都低垂着双眼没有人作答。

二

实际上看护着抱月到最后死的只有俱乐部跑腿的宫坂一人。

急急忙忙赶来的人当然都会追问宫坂抱月最后死时的情况。

"我也觉得情况很糟糕,但只有我一个在旁边,一个人什么都做不成,没有办法。"

宫坂正如绰号所说的是个"呆子",是个笨脑袋瓜的男人。可现在再去责备他也毫无意义了。本来让这样的男人独自看护抱月就是个错误。

"那么先生最后的情况是如何的呢?"

"他'哈、哈、哈'地看起来呼吸很困难的样子,然后说'给我水',我就给他了。"

"后来呢?"

"还说'给剧场打电话',所以我就打了。打了好几次,可总也打不通,有时候又断线。"

"那后来呢?"

"就这些……"

宫坂表情漠然地说道。接着又想起来什么似的说:

"打最后一个电话时,先生紧盯着我的脸说'宫坂'我到了垂危状态了。我问他'垂危'是什么意思,可先生却什么也不说,只是闭上了眼睛。"

抱月在呼吸困难的时候向笨头笨脑的宫坂拼命地求助。

为什么谁都不来?须磨子一个人回来也好啊。抱月或许是这么想着拼命坚持到最后的。想到这些,急急忙忙赶来的山室等干事们心痛得说不出话来。

终于干事中有个人用生气的口吻说：

"除了你以外还有其他人呢，他们都在干什么？！"

"大家都睡了。"

艺术俱乐部除了管理人小林放藏，在他手下工作的女性加起来通常都有五六个人常住在里面。抱月病危的话，大家理所当然应该起床守护在他的枕边。可他们却一个个都在安闲自在地睡觉呢，这究竟是怎么回事？！

"太过分了！"

干事明显是要谴责小林的疏漏，可小林是须磨子的亲哥哥。因此指名道姓地责备多少显得有些苛刻，况且小林以前和抱月之间一直也是当作外人交往的，从未怎么接近过。

"那么什么时候叫医生来的？"

"我最后给剧院打电话回来时就看到先生软绵绵的，一看呼吸好像也停止了，所以我就立刻给医院去了电话。"

"等我赶到的时候，先生已经去世了。"

枕边的护士很抱歉地低着头代替宫坂作了答。

"那连针都没打啦？"

"还是给他打了一针，不过他那时已经没有脉搏了。"

"那么，先生去世的时间呢？"

"我到达的时候两点过了，我想大概稍前一点时间吧……"

"我也没好好看表，我也不清楚。"

这么说来连个准确的死亡时间都无人知晓了。

事实上在收集了艺术座创立以来记录的《艺术座剧本部记录》中，记载的是"十一月五日凌晨一点五十三分,岛村抱月先生逝世。"可在《早稻田文学》岛村抱月追悼刊中记录的是"凌晨两点",而在《秋田雨雀自传》中记录的却是凌晨两点零七分。

"他一个人走得一定很孤单吧。"

山室经理低语着,须磨子再也忍不住了,放声大哭起来,结果大家全都拿出手绢擦起眼睛来。

可总不能老这样悲伤下去。虽说是深夜也不得不立刻给家人和亲戚、还有报社、大学、剧团有关人员等等传达抱月的死讯。

抱月的遗体原本横卧在客厅中央,此时被移到房间东边的一角,头朝北停灵。枕边凌乱堆放着的药品和水瓶此时也被收拾干净,房间显得相当整洁。须磨子抱住抱月不断哭闹了差不多一个小时,终于被山室他们劝说后曾一度退到了隔壁房间。可不到三十分钟,她又走进来将抱月的遗体又摇又晃的。

"先生,你起来呀,快起来呀……"

当知道这样不行时,她便坐下身,又将遗体压在自己身下,大哭了起来。因为从舞台排演刚结束就赶了回来,因此在她的领子和脖子边还依然留着斑斑驳驳的白粉,领子和衣服下摆全都走了样。

"明天会很辛苦的,你还是稍微休息一下吧。"

经理再次劝说,须磨子哭肿着脸蛋说:

"先生一定等着我回来的呀!"说罢,又扑到了抱月身上。

山室又安慰了她一番,便将她带到了隔壁房间。

如此这般反复了三次,迎来了十一月五日的黎明。

那天一大早天就很冷,还下起了雨。

接到讣告的剧团干事和剧团成员们一个个急急忙忙地赶了过来。

须磨子洗干净了脸上化的妆,换上了一件紫色无任何花纹的和服,双眼依然肿肿的,脸色也很苍白。

七点稍过,抱月的亲弟弟佐佐山雅一赶了过来。

佐佐山先是合掌,然后确认了抱月的死后,说:

"为什么在这之前没和我有任何联系呢?"

于是须磨子立刻恶狠狠地紧盯着佐佐山,回答道:

"他死的时候连我都没见到,连我都……"

此间集中过来的人分头开始处理各种事情了。有的给有关人员打电话或发电报联系,有的接待来吊唁的客人,还有的开始准备追悼会、葬礼等等。以秋田雨雀、川村花菱为首,还有中村吉藏、金子筑水、中岛半次郎、中桐确太郎等艺术座的干事们,以俱乐部会议室为据点着手处理这件事。

在另一间房间里,正宗白鸟、加能作次郎、中村星湖、生方敏郎、水谷竹紫等《早稻田文学》的有关人员,以及抱月的学生等聚集在一起共同协商。

他们首先想到的是让坪内逍遥做治丧委员会主席。

可逍遥和抱月自吵架分手后始终没有复合,甚至再也没见过一面,因此恐怕这点有些困难。不过两人并未从心底相互憎恨过,如果能借此机会让坪内博士至少来吊唁或参加追悼会的话,不仅已故的抱月会高兴,艺术座的将来也可能会有希望。

干事们考虑了半天决定去求坪内,可对于让谁去坪内那里又发生了争执。结果楠山正雄担任了这件事,并去了坪内宅邸。

逍遥惊讶万分,立刻答应去吊唁。

这时山室经理正带着须磨子出了艺术俱乐部。哭过的脸依然肿肿的,稍事化妆后，她在和服外披了一件雨披。

她只说了句"我出去一下"便走了，并未告知去哪里。

当天是《绿色的早晨》的初演日，大家还以为须磨子是为了舞台演而出去开碰头会了呢，可实际上他们去的不是明治座而是邮局。

在那里须磨子首先将抱月名义的储蓄账本上的姓名改成了自己的。

当然那时抱月的死尚未被一般人知晓，而储蓄账本和印章又全都在她手里。

此后须磨子又冒着蒙蒙细雨赶到了电话局。本来她是想将以抱月名义登记的艺术俱乐部的电话转到自己名下。

可意外的是，号码为五四一二的电话号码已改为了哥哥小林放藏的了。而且仅在一个小时前，放藏亲自到邮局柜台办了手续。

"太过分了！他居然自说自话地处理了先生的东西，太任意妄为！"

须磨子大为光火，可电话局是不可能将刚改了户主的电话在同一天内再改一次的。

"小林君说他是俱乐部的管理人。"

如此说来，仅在形式上作为同居妻子的须磨子的地位就显得颇为不利了。

"我一定要拿回电话权来。"

被抢了先的须磨子感到委屈，可从道理上讲，岛村抱月名义的东西在他死后应该归还给岛村家，这才是正理。

可须磨子认为抱月的遗物是和自己共同的劳动所得，因此他的东西由自己继承是理所应当的。

其实，须磨子在紧紧抱着抱月遗体哭泣过后便将山室单独叫到其他房间里，告诉了他抱月遗产的事，并和他商量如何将遗产归为自己名下。

山室说只要拿着抱月的个人印章去就行了吧。于是在邮局一开门两人就出去了。

须磨子也是的，可放藏也不含糊。俗话说"是夫妻三分像"，而他们真可以说"是兄妹三分像"了。

从现在的人看来，电话算个什么，可当时能拥有电话的仅限于一些极少数的富裕阶层，因为仅电话权就要两千日元，而当时两千日元是可以购买一幢豪华宅邸的价格了。

因此两人抛开抱月的死于不顾却为了电话过户而奔忙也就可以理解了。

须磨子做这件事是在她失去了最心爱的人的当口。普通女子早就悲哀得不知所措，脑子一定不会那么快就转到那方面去的。从这点就可以看出须磨子脑袋灵敏以及她精明强干的一面了。

结果电话过户这件事当场没法解决，须磨子只得无奈。可此后她却去警察局以侵吞罪告发了哥哥放藏。

神乐坂警察署立刻传呼了放藏，进行了情况调查。可两人是兄妹，并且一个是艺术座演主角的女优，另一个是艺术座的管理人员。于是警察规劝他们不要上法庭，而由当事人协商解决，因此警察局并未插手此事。

可相互对立的兄妹是不可能协商解决问题的。因此这个问题此后被艺术座整理委员会接收了。最终电话权作为抱月的遗产，先是归还给了抱月的长子震也，然后再以须磨子的名义将其买了下来，就此解决了问题。

可是十一月五日那天须磨子为了过户去了邮局和电话局的事谁都不知道，事隔很久始终是个秘密。须磨子从电话局回来后，又在抱月的遗体前双腿下跪，接受了吊唁客人的慰问。她时而泪眼朦胧，时而又想起来什么似的倒下哭泣一番。

　　一般人看来会觉得她那样做有些异样,可其实这既不是她的演技也不是在掩饰羞怯,而是她真真切切地看到遗体后从心底涌起的悲哀。一旦离开遗体,她又会担心起自己的将来。这一切的一切都是真诚而切实的。

　　五日临近中午时分,来吊唁的客人越来越多了。

　　首先正午刚过时,中山晋平赶了过来。一进榻榻米房间,他便大叫"先生,先生……",并扑倒在榻榻米上紧紧拽住遗体。随着悲痛欲绝的叫声,只见他将紧握的拳头挡在眼睛前抽抽搭搭地哭了起来。

　　晋平作为半工半读生住在抱月家,对他而言抱月不仅是恩师,而且给了他《喀秋莎之歌》作曲的机会,因此也是将他带出道的恩人。而且他对于市子夫人和须磨子之间的纠葛也了解得一清二楚。

　　"怎么会这样呢……"

　　随着大滴的眼泪往下掉,晋平用他那圆滚滚的手抚摸着抱月的脸颊。

　　此后小山内薰坐着人力车出现了。小山内始终批判抱月的二元道路,一直贬斥他为"堕落的艺术家"。可一旦人死了,他心里也感到相当遗憾。

　　"如果能活着的话,总有一天会相互取得理解的吧。"

　　他双手相合,嘴里嘟哝着。无疑这句话也一定是抱月更想对小山内说的。

　　小山内走后,松竹的大谷竹次郎总经理坐着一辆黑色汽车赶来了。

　　他是最能理解抱月,并且将艺术座在一定期间内买断了下来,因此是在经济上让艺术座确保了安定的人。须磨子相当郑重地接待了他。

　　大谷在表达了哀悼之后,对须磨子提出:"今天虽然是演出的第一天,但出了这种状况,舞台演出就延迟到明天开始吧。"

须磨子一早就在担心演出的事该如何是好,听到大谷的这句话她也放心了。

大谷总经理走后便接到了岛村家里传来的消息说,抱月夫人和孩子们马上就要往这边过来。

干事们急急忙忙商议究竟该如何接待他们才好。

最大的问题是如何让市子夫人和须磨子见面的事了。干事们商量了半天,觉得关键人物须磨子如果不按照预定安排行动的话便会出娄子。

结果川村花菱和长田秀雄被推选出来担任接待夫人的工作。他们俩首先将须磨子叫到了另一间房间,对她仔细叮咛了一番。

"我们是站在你一边的,所以希望你不要惹恼他们。为此最重要的是你自己要表现得谦逊,要彬彬有礼地接待他们。"

"我们知道你一定有很多话想说,可今天无论如何请你必须沉默地接待他们。大家都能理解你的心情,都是同情你的。"

两人一个接一个地说道,于是须磨子冷漠地说:

"我没有任何话想对夫人说的。"

"也许你并没有什么特别想对她说的,可对方会说些什么就不知道了。总之无论对方说什么,你是这里的主人,不要还嘴,我们希望你只对她说一句话'给你添了种种麻烦'这就行了。"

"我给她添什么麻烦啦!?"

"这点你要克制一些,要忍耐,现在这种时候和她争也毫无意义。"

"那你们的意思就是让我低头沉默啦。"

"你要想一想,自己的丈夫死在其他女人那里,她是忍受着莫大的耻辱来这边的。"

"明白了,我什么都不说就是了。"

"俗话说'沉默是金',沉默就是胜利。"

"可是,如果对方说了什么多余的话,我可就不能沉默了。我也有千言万语要讲呢。如果你们想平安无事,就最好让对方也闭嘴。"

须磨子依旧不改她那好胜要强的性格。像她这个样子难说中途会生出什么事情来。于是川村和长田想出了对付办法。就先是让两者见面,等寒暄过后就以须磨子今天必须去参加首日舞台演出为由拉她离开。

"没问题吗?我怎么觉得自己无论如何都不适合这个差事呢。"

对于长田的懦弱,川村露出了一副失望的表情。

"这种时候不妥善处理的话,先生会死不瞑目的。"

终于黄昏来临了。抱月夫人和长子震也、长女春子和二女儿君子四人到了。随着门口负责迎接的人员一声"岛村先生夫人到了",顿时榻榻米房间犹如掀起了一阵紧张的波浪。

长田立刻到走廊迎接,将一家人领进了榻榻米房间。

按事先安排的,遗体旁仅坐着佐佐山雅一和人见元吉两人。

夫人向两位轻轻点头行了注目礼后,便在抱月遗体前坐下。她似乎是为了让自己冷静下来,良久地闭上了眼睛。接着她双手在胸前合掌。三个孩子也并不两掌相合,只是在夫人身后低垂着头。

听到夫人他们到达的消息后,须磨子在隔壁房间对着镜子梳理起头发来。可她的双目依旧哭得红红肿肿的,细碎的小头发根根竖立着。在她胸前还挂着一个大花模样的小口袋,里面放着抱月的印章和存折本,还有两人曾相互交换的誓约书等等。她打算万一出现什么争执的话可以拿出来显摆一下。

"行吗？请你就按照我们商量好的那么做。"

川村再三叮咛。须磨子进了榻榻米房间时，遗体旁边靠近墙壁的一侧坐着夫人和春子，后面坐着长子震也，遗体的双脚处君子俯首坐着。

须磨子从孩子们旁边走过，来到了夫人面前，深深地低头行了个礼。

"夫人，好久不见。给您添了不少麻烦，真对不起。"

她口齿清晰地说完又低头行了个礼。夫人低声回答：

"哪里，你没有任何错。自他从岛村家出走后，我就不再把他认作家里人了。所以他如何都和我无关了。"

须磨子始终低垂着头和双眼，此时她已经双眼噙满了泪花，于是用手绢去擦拭眼角。

可夫人却垂着双目毫不动容。长子和长女别过脸去，只有二女儿君子轻微地颤动着身子，用手抓着被子一角。

长田似乎终于无法忍受此时的紧迫气氛，说：

"哎，孩子，到你父亲这边来，好好看看你父亲大人的脸。"

"不用了，在这里就可以了。"

君子摇着头说罢，紧接着便大声哭了出来扑倒在被子上。

川村宛如等着这一时刻似的轻轻推了一下须磨子的肩。须磨子再次向着夫人这边行了礼。

"我要去演戏，这就失礼了。"于是站起了身。

三

抱月的正妻市子夫人和三个孩子在须磨子走后依然留在房间里。

当时的市子夫人一袭黑色丧服，手里拿着念珠，往前仰着头，似乎凝视着宇宙中的某个点，几乎没有表露出任何感情来。

和须磨子昨晚抱住遗体反反复复"先生、先生……"地哭个不停相比，市子夫人的样子看上去显得尤为冷漠了。

"她这个样子，先生逃走也就不是没有道理的了。"

大家好像忘记了抱月刚死似的，背后嘀嘀咕咕地议论道。第一次见到夫人的川村花菱更是嘟哝道："她满脸一副任何人都无法接近的险恶表情，简直是个少见的恶妇。"

确实当时的市子夫人形容憔悴瘦弱，皱纹凸显，唯有双目闪着异样的光芒。

不过想到她当时由于丈夫和其他女人私奔所受的刺激而长久陷于忧郁状态，此刻又接到丈夫死在别的女人那里的讣告，因此她的表情险恶也就可以理解了。

她越是要摆出自己是正妻，决不输给须磨子的态度，就越会显得自己的态度笨拙，甚至冷漠了。

但一旦须磨子走后她的紧张情绪也就松弛了下来，于是开始和抱月的弟弟佐佐山雅一小声说起话来。

终于时钟过了五点，在周遭昏暗下来时，坪内逍遥坐着人力车赶到了。

"先生来了。"

门口传来了消息，在两楼会议室的干事们一起迎了出来。逍遥一边和他们一个个点头致意，一边走近遗体边坐下，看了抱月的遗容后便双手合掌。

"哎呀，哎呀……"

合掌后逍遥最初说出的话就是这句。其实，对于逍遥而言，除了这么说以外也没有什么话好说的了。

"啊，是夫人哪。"

他这才注意到了身后的市子。逍遥低头行了礼后，市子也郑重地回了个礼。

"特意远道而来，万分感激。"

"哎，居然出了这样的事情。不过你也不要太沮丧。这些是孩子们吗？"

于是市子介绍了孩子们。

"是嘛，是嘛。"逍遥逐个看了他们，点着头。

然后他坐到了抱月枕边。接着听佐佐山及夫人讲述了抱月临死前后的情况。又过了一会儿，长田来叫逍遥了：

"先生，请您来一下吧。"

长田将逍遥领到另一个房间，让他和须磨子见了面。

"先生……"

须磨子一看到逍遥突然叫了出来，并往逍遥的胸口扑了过去。

逍遥刹那间蹒跚了几步，接着扶住须磨子，又轻轻地拍着抽抽搭搭直哭的须磨子的肩膀。

"你振作起来，不要哭，不要哭……"

"可是，可是，我今后可怎么办才好呢？……"

须磨子不顾对方是曾和自己反了目的师长，而逍遥也如父亲般地一边点头，一边说道：

"有什么困难告诉我。我会尽可能帮助你的。"

"求您了，先生，一定要帮帮我。"

须磨子哭着使劲握住了逍遥那苍老的双手。

以前须磨子从未曾和逍遥真诚谈过话，唯有一次在文艺协会的时候两人单独见过面，当时逍遥是为了训斥须磨子和抱月的丑闻一事，并且告诉她被文艺协会开除一事。

此刻须磨子却犹如见了自己年长的亲密恩师似的撒起娇来。

接着逍遥来到了二楼会议室，和干事们一起商量葬礼和追悼会的日程安排。

夜色降临了。七点过后艺术座的装置师冈本归一来了，他开始为抱月套取死者面模。他先将橄榄油涂在抱月的整个脸部，将有些僵硬的部分搓揉开，然后将他的眼帘和嘴唇合拢起来。于是抱月那张显得有些苦闷表情的脸还原了他生前那柔和的面影。

由于死前一周抱月几乎成天躺在被窝里，因此脸颊四周隐约长出了一些胡须，此时做成的死者面模上也粘上了几根胡须。

九点遗体入殓了。大家决定将棺木放置于舞台中央。可由于楼梯很陡，无法将棺木搬运下来。

无奈在剧团五六个成员的撑托下到了楼梯处，他们将遗体几乎垂直地站立起来，然后再徐徐往下搬。由于死后已近二十个小时，遗体开始出现了死后僵硬，先生的白色双脚也从白衣下露了出来，看上去宛如浮在空中。

"先生的脚在动呢。"

在下面准备接棺木的男子胆怯地嘟哝着。川村见此又一次合起了双掌。

这个从二楼通往舞台侧面的楼梯，本来是抱月生前为了须磨子演出舞蹈剧，不顾布景师的反对坚持让人给做的。

可是表演时却一次都没有使用过，始终被搁置一边。

这次为了搬运抱月的遗体才第一次使用了这个楼梯。这是个多么具有讽刺性的结局啊。

翌日，即十一月六日，从一大早就下起了冬雨，天气异常寒冷。

那天遗体入殓后的棺木被安置在舞台中央。艺术座的干事和成员们守护着灵柩。

此间会议室里举行着各种碰头会。经过讨论，决定七日上午十点在艺术俱乐部举行追悼会，接着下午四点在青山火葬场举行葬礼。

同时决定了治丧委员长为金子筑水，丧主为长子震也（十七岁）。

六日最后一个守夜日的夜晚，回到新潟县的相马御风赶了过来。御风在艺术座时代曾参加了和抱月志趣相投的新剧运动，可他立刻厌倦了内部的纷争，于是离开了东京。

另外还有正宗白鸟、田山花袋、上司小剑、前田晃、中岛孤岛等文坛和评论界也来了众多的知名人士参加了抱月的守夜。

舞台中央的祭坛上安置着用白色的布覆盖着的抱月的寝棺，上方放置着四周围着黑框的抱月遗像和做成的面模，还有写着"安详院实相抱月居士"的白木灵牌。寝棺四周围满了白色和黄色的鲜菊花。在其左右两侧摆放着坪内逍遥、高田早苗（早稻田大学校长）等人赠送的花圈，后面悬垂着蓝底布上绘有蓝色波浪花纹的幕布。这是一个华贵又盛大的祭坛。

来守夜的客人坐在舞台正面隔成正方形的观众池座上，他们合着诵经的声音一起合掌。随着夜色渐深，大量的酒和食物被端了上来。立刻引来一阵骚动，其中甚至还有人在大声谈论抱月死后新剧运动该如何展开的问题。

御风到达时已近晚上十一点，有人打开寝棺让他见了抱月后，他似乎无法忍受周围的骚乱，立刻退到了其他房间。

大多数来守夜的客人都在半夜三点左右走了。一部分人则守候了一整夜，有些人因为实在累，便去其他房间休息了。

可那天须磨子却无暇悲伤，因为那天是《绿色的早晨》的首演日，那晚她正站在明治座的舞台上呢。

观众的大部分都已得知抱月去世的消息，他们屏声静气地看着须磨子究竟如何表演。可须磨子却充满自信地扮演着，不见任何悲伤的影子。尤其是剧中有一场伊莎贝拉疯狂大笑的戏，只见须磨子长大嘴巴格格地尽情大笑着。然后在演下一幕哭戏时，须磨子真的泪流不止，她抽噎不止地哭泣着的样子，从观众席也能看得清清楚楚。

原本观众席总会掀起叫好声或喝倒彩的声音，可那天整个剧场却始终鸦雀无声。

观看了那天首演的秋田雨雀低声道："太难过了，真不忍心看下去。"花菱看到刚失去了最爱后却依然能如此镇定地演戏的须磨子，既佩服又充满惊讶地说："演员真是不可思议。"

不过且不说首演日吧。随着第二天、第三天的演出，须磨子的演技渐渐黯然失色了。第三天终于被观众大声起哄说："我们要换人！"

"我是忍着悲痛，在拼命进行表演的。我想死！"

舞台演出结束后，须磨子如此说罢便痛哭欲绝。不可否认此时的她正处于低潮。

伊原青青园在《都新闻》报中评价说："即使是须磨子也显得气势不振了，她失去了原来在舞台上的那份活跃劲。"而在《东京日日》报的剧评中也评价道："单调而乏味，缺乏吸引观众的力量。"总之评论欠佳。

六日晚，艺术座的干事、剧本部成员、事务员等全体人员集中在二楼会议室，对于艺术座今后的经营问题首次举行了会议。

须磨子在结束了明治座的演出后也赶来参加了。她先向大家致意，然后表示了自己对将来的决心。"我决定继承先生的遗愿，一定要将这一事业进行到底。因此我殷切希望得到大家更大的协力和帮助。望大家不要弃我于不顾，今后还要承蒙大家多多关照。"

那天须磨子是从守夜中途退出的，因此她身穿洁白的丧服，此时她老老实实地给大家低头行了礼。

聚会的人中有人以前就对须磨子的自私任性抱有反感，抱月死后只剩下须磨子一个人了，因此不少人觉得她活该。不过对她此时的谦逊态度却也都觉得比较可以信服。而且如果在这个节骨眼上责备须磨子的话就显得太卑鄙了。

结果大家觉得须磨子的态度确有悔改之意，因此全体一致赞成今后继续为艺术座贡献自己的一份力量，将事业继承下去。

次日又决定了如下事项：

1、松井须磨子氏担任艺术座座长（即院长）。

2、中村吉藏为剧本部主任，并负责艺术座的事务工作。

3、剧本部在接受了座长委托后，处理艺术以及执行方面的事务。

同时在有关艺术座事务整理的分担问题上，决定成立负责明治座的部门（松井、中村、长田）、残留业务部（松井、秋田、本间、楠山、中村）、图书整理兼财务部门（松井、楠山、仲木、川村、冈本、加藤）、演员部门（松井、中村、中井）。

最后又写上了"十一月六日晚，守护先生的棺木，以观众席为座席守夜。细雨飘飘，这是个多么伤心的夜晚。"如上的三个项目在次日先于追悼会在艺术座求得了全体成员的同意和理解。

十一月七日十点开始，在艺术俱乐部举行了追悼会。先生的寝棺再次被打开。与会者对遗体进行了最后的告别。

做面模时所涂的橄榄油渗进了抱月的脸，此时正发出了铜色的光亮。

"先生……"

须磨子再次将身子探进灵棺，久久地用手抚摸着抱月的脸颊不放。

"我们要出发了。"

干事长田要拉须磨子走，可她依然紧抱着抱月不放手，"我不要，我不要"，最后她还是被拖开了。每随着一次棺木四周被钉上钉子的声音，她都会惨叫一声。

下午三点，四周铺满了鲜花的灵柩被移到了马车上。马车向着青山火葬场出发了。

从牛込到青山走路的话要三十分钟左右的时间，载着灵柩的马车后跟着人力车，车上坐着须磨子、逍遥以及死者家属。再后面就是一排徒步的人们。

四点不到时分，送葬队伍到达了火葬场，为了一睹须磨子，入口处吵吵嚷嚷地拥挤着两三百个围观人群。

预定的四点过了，最后的葬礼开始了。

在葬礼大厅内部，正面灵柩上垂挂着五十岚力氏所书的"已故岛村泷太郎之柩"字样的幕布，四周放置着三十多个花圈和鲜花。无数的蜡烛光映显着周围的一切。

葬礼首先由真言宗丰山派宗主早川快亮大师作为葬礼的首席开始诵经。超度亡灵结束后，在长谷川天溪的主持下金子马治（筑水）作为友人代表被叫到了前面。

接着艺术座剧本部总代表中村吉藏、早稻田文学社的同仁总代表本间久雄、门生总代表相马御风、艺术座艺人总代表中井哲、早稻田大学校友会会长平沼淑郎、文学界人士代表田山花袋、松竹总经理大谷竹次郎、帝国剧院专务董事山本久三郎、女优代表森律子等依次致了悼词。

另外还有唁电五十多封，来参加葬礼的人超过了六百人。葬礼大厅的四周隔着篱笆被几百人团团围住，他们都想一睹与会者，尤其是须磨子。

当时在青山火葬场，抱月葬礼的盛大程度也是数一数二的了。正宗白鸟用他特有的嘲讽口气评价道："这是一个不相称的葬礼。"

确实作为曾被说成是"和丑闻一起堕落的艺术家"、被始终骂为"逃往二元道路的通俗家"的葬礼而言，这次葬礼的豪华程度是破了例的。

可抱月不顾周遭的批判依然勇往直前，为新剧的兴盛作出了贡献这一事实是千真万确的，在人们心中留下了深刻烙印。无论白鸟怎么嘲讽、无论小山内薰如何不愉快，抱月却拥有着能让那么多人赶来参加他的葬礼、为他合掌送行的巨大影响力。

代表们一个接一个地念完了悼词。在与会者烧香时，离祭坛最近的家属席位，并排站着和父亲长相很为相似，也是身材瘦弱、看起来颇为神经质的震也，他低垂着双眼。他的旁边是市子夫人，还有女儿们。

须磨子在相反一侧的艺术俱乐部和早稻田有关人员的最前列，她身穿丧服站着。此刻两个女性之间的对立物已经不存在了，看起来似乎憎恨和妒忌也烟消云散了。可另一方面隔着遗体两人似乎还依然处于三角关系之中，依然相互仇视着。

与会者们自然而然地首先向左手方向的须磨子行目视礼，烧香后又向右手方向的市子夫人行目视礼,然后离开。

快五点时,长田在须磨子身后拉了拉她的袖子。

"到该去明治座的时候了。"

火葬场前车已经备好待用了,去明治座最快也要十五六分钟。

"须磨子先生,快!"

长田又一次说道,可须磨子却依旧低着头毫无反应。

无奈长田告诉了川村,于是两人将她强行拉出了会场。

"再不快去要迟到了。"

须磨子充满留恋地不断回头看着,一边走出了会场。一到休息室,她立刻大叫起来:

"啊,太讨厌了!什么演出,讨厌!"

"你要振作。"

长田安慰着她,伺候在她身边的女人将替换衣服递了上去,却被须磨子一把推开。

"从此我再也见不到先生了,为什么这种时候我一个人还要干活呢?!"

"别这么说了,大家都想看你,都等着你呢。"

"别把我当傻瓜!"

边说须磨子边仰天就要往地下倒。

"哎,哎!"

长田慌忙一下子抱住了须磨子,支撑着她的身子,然后托住她的头让她喝水。须磨子这才放弃抵抗开始换衣服。

葬礼上依然还在诵经。须磨子听着诵经声,一边急急忙忙地往停着车的方向赶去。

夜里的雨变成了纷飞的小雪,帐篷上的积雪重重地落到了地面,须磨子只在这时抬头看了一眼，接着便低头径直往前走去。

车子附近也围着一群想一睹须磨子的人们，他们指指点点地说："那就是须磨子！"须磨子似乎对这一切毫无知觉，又一次回头往葬礼会场方向看了一眼，定了心钻进了车子。

那晚须磨子在舞台上扮演了一个疯狂女子，而正在那个时候抱月的遗体被火化了。

翌日，即八日下午两点，装着抱月遗骨的小小骨灰盒被埋葬于杂司之谷的新墓地。

首先由长子震也在骨灰盒上洒上了一把土，接着两个女儿，然后是抱月的亲弟弟佐佐山，接着便轮到了须磨子将土覆盖于骨灰盒上。

可在这里也有几十个人为了一睹须磨子的风采将他们团团围住。

不过须磨子却对这些人连看都不看一眼，用小铲子轻轻地铲了一铲子土，然后便往后退了一步。她的双眼紧紧盯着被埋在土里的那小小骨灰盒。

第七章　淡雪

一

随着抱月的去世，立刻出现了他的遗产处理问题。

以艺术座干事为中心的整理委员会试图重新调查抱月的遗产，可究竟有多少根本无法推断。本来艺术座的经营管理在艺术座创立之初就由抱月一手掌管。从一般公演到外地巡演以及和松竹的签约，还有艺术座的成员和下面工作人员的工资也全都由抱月一人决定。即使偶尔他在干事会或全体会议上作个会计报告，也不过是罗列一下结算的数字而已，至于背后是否有什么手段则谁都不得而知。

当时剧团成员们不像现在那样有着发达的经济观念，他们只要所得到的东西够生活开销就满足了。而艺术座能有今天也全靠抱月，因此没有人对他的做法有任何异议。

据传闻仅抱月的个人资产估计就有二至三万日元，可一旦调查起来却发现他没有任何现金。

明明白白可以归抱月个人名义的只有艺术俱乐部的房子以及电话权。而从理论上讲这些都必须归还给岛村家，可建筑物和电话都是艺术俱乐部维持下去所必不可少的。

于是整理委员会采取了先将电话权归还给抱月的长子震也，然后再由须磨子将其购买下来的方案。

可整理委员会中的一个成员去了电话局后才发现电话的户主已改为了小林放藏。

万分惊讶的委员们质问了放藏，他招认说自己在抱月死去的当天就将户主改为自己的了。

"先生去世的当天早晨就干出了这种事，再怎么自私自利也要有个度嘛！"

委员们极为愤慨，可当他们知道须磨子也知道这件事后，事情就变得复杂起来。

结果，须磨子写了一封道歉信，内容大致为"由于自己的疏忽大意，给大家添了麻烦。"此后电话的户主改为了震也。

而有着各种风言风语的放藏也因这件事而无法继续在俱乐部里呆下去了。于是他拿了相当于退职金的五百日元，回到了以前呆过的横滨。

如此一来，作为抱月的遗产正式留下来的就是房子和电话了。当时按时价估算为六千五百日元。

另外抱月丧事所得到的礼金有七百十四日元。

整理委员会将共计七千二百十四日元中去掉艺术座为葬礼所垫付的一千一百二十六日元后，所剩下的六千零八十八日元作为抱月的全部遗产交给了岛村家。作为交换，艺术座的房子和电话则改为了须磨子的名义。于是事情得以了结。

无论房子还是电话，须磨子认为都是自己和抱月两人共同努力的结果，现在自己却要出如此巨款将它们买下来，因此起先她并不答应。可通过周围人的劝说，她也只好勉强同意了。

可六千日元的巨款是无法立刻筹集到的，于是须磨子暂时向松竹借了三千，其余的从自己的存折中取了出来，将这笔钱付给了岛村家。

对于以上的处理，岛村家（市子）也没有提出任何什么来。

虽说她有不满，会觉得丈夫如此呕心沥血工作的结果就剩下这些吗？可这一切全都是抱月离家以后所做的。因此再怎么从妻子的立场提出不满的话，作为一个被丈夫拒绝了的妻子而言，也就没有什么意见可说了。

不过遗产的详细内容却很不可思议。一位如此有人气的艺术座总负责人，一手操纵着账务，却没有任何储蓄。这件事实在太奇妙了。

抱月还曾怀抱有在市中心建立大剧场以及去国外演出的梦想。而且蓝图也已形成，甚至他也曾在他的好友们之间谈到过此事。再加上抱月自己为艺术座创作的原作、剧本和导演等所得的报酬，如果好好计算一下的话也应该有相当一笔数额了。虽然这些抱月并未一一向艺术座算清，但无疑是抱月的个人收入。

另外，虽说没有每月定额给岛村家寄去生活费，但每次女儿来他还是给一点零花钱的。从这些情况看，抱月不可能一点都没有自己的存款。

不久之后，谜团被解开了。

在抱月死后的那天上午，须磨子立刻去了银行和邮局，将抱月名下的存折全都改成了自己的。

虽说具体金额并不清楚，但据推测有四万之多。如果将其换算成现在的金额，估计有二、三亿日元吧。虽说须磨子掌握着抱月的银行图章和账本才能这么做的，但即使那样的话，她的动作也快得令人咋舌。

整理委员会从须磨子平时的吝啬和当天早晨她就去了电话局这点便能隐约猜出几分，但无论如何他们也说不出"把抱月的个人银行存折拿出来给我们看看"这样的话来。况且是放藏的话还好说，可那是须磨子，即使她将抱月的储蓄归己所有，别人也没有说三道四的理由。

其实，抱月自己或许也愿意将死后的遗产全都归须磨子也说不定呢。

可为什么须磨子为了买下俱乐部的房子和电话而付给岛村家六千多时，还要向松竹借钱呢？

当时须磨子发牢骚说"我没钱，这样做太难了。"过后想想，那不过是她装腔作势而已。将抱月的全部财产占为已有的须磨子不得不在表面上装一下样子。

总之，如此抱月的遗产问题得到了解决，须磨子在成为艺术俱乐部的房子所有人的同时，也成了剧团的实际负责人。

除了遗产问题，还有一个难题就是艺术座将来如何经营下去的问题。

抱月死后，艺术座的重要人物曾聚在一起，相互表示要继承抱月的遗志，大家团结一心，进一步繁荣艺术座的事业。

那时决定以须磨子为艺术座座长（即院长），以中村吉藏、楠山正雄、秋田雨雀、长田秀雄、本间久雄、川村花菱、小村光雄、山室贯一等八名剧本部人员为中心进行协商和经营等活动。

可正如失去了有力领袖后团体体制屡屡会出现混乱一样，剧本部的成员也同样有着各自不同的想法。

虽然他们承认在艺术座这一集体中以须磨子为中心这一事实，不过抱月死后，如今他们就未必再像以前那样会绝对服从了。

虽说大家嘴上是答应要团结一致，可他们心里却有着以前被须磨子的任性自私而深感苦恼的记忆。以前用一句"为了岛村先生"而压抑了自己的不满，可如今情形却不同了。即使须磨子当了座长，可她却宛如一只断了线的风筝。

他们心里一方面同情现在孤身一人的须磨子，一方面也有人怀着"你倒拿出点本事来瞧瞧"的心理而冷眼旁观的，其中也有认为艺术座的崩溃不过是时间问题的人。

无论哪种人虽然他们并未说出自己的想法，可"我们再也不会像岛村先生在时那样了"的态度却在不言中表露了出来。

更麻烦的是他们的态度与喜欢还是不喜欢须磨子的感情微妙地重叠着。因此他们有种奇妙的心理,即一边在冷眼旁观须磨子的同时,内心都在期待着她会来依靠自己。

在八个剧本部成员中,须磨子首先去依靠的是楠山正雄。

楠山是艺术座创立时最早的成员,他和坪内逍遥也走得很近,抱月死后也是他出主意并成功地让逍遥出席了葬礼的。

须磨子佩服他的办事本领,因此此后一遇到什么事就找他商量。楠山也常常帮她出主意,诚实地阐述自己的想法。于是须磨子更是觉得他亲近了。抱月死后须磨子要去他生前曾受过照顾的各位家中打招呼,在去逍遥家时她求楠山陪她一起去。

本来楠山和逍遥关系接近,所以须磨子要求楠山陪她一起去也可以说是理所当然。可本来一直是仲木贞一陪着她转的,而这次却被换了人,于是大家传出了楠山和须磨子是否关系有异样的传闻。

不过当事人却无视这些,依旧同行去了逍遥家,又一起回来。回来后楠山又呆在须磨子的房间里说了半天话。那时楠山建议须磨子说,现在实行剧本部八人协商制,领头的太多,讨论的事项反而解决不了,还不如设立常任理事制,委托主任干事和常任干事两名来负责。

"那样不错,不过你会担任主任的吧。"

"那是由大家决定的事,我也不知道。"

"你不当主任可不行啊,我可全都靠你了。"

当着面须磨子如此说,楠山不知该如何回答是好了。他不由为难地低垂了双眼,将双手揣进怀里低着头,那瘦弱的脸庞不知在哪里和抱月真有几分相似呢。如此说来,虽说他并未留有胡须,但无论是他那副似乎总在思考的眼神,还是婉转的说话方式都酷似抱月。

"肚子饿了吧?总叫鸡蛋鸡肉盖浇饭也吃腻了,今天叫寿司吧。"

时间已过了八点,须磨子到楼下让女佣去叫寿司。

爱说三道四的女人看到他们俩在一起还不知道会说些什么呢。楠山挺担心这点,可须磨子却毫不在意。

"给我要上等的松寿司,要两个人的。"

这对须磨子来说是很豁出钱去了。女佣感到很惊讶。

"你一定会被选上的。"

须磨子梦想着将来和楠山一起经营俱乐部呢。

可两天后的剧本部会议上,须磨子的想法完全落空了。楠山的提议是被采纳了,可主任干事却被选为中村吉藏,常任干事为秋田雨雀和川村久辅(花菱)两人。楠山连干事都没被选上。

当时剧本部所有的人都已察觉了须磨子和楠山很亲密,因此这次是他们充满嫉妒的抵抗。

从长田那里听到这个结果的须磨子大发雷霆,立刻叫来了人力车就赶到了楠山家。

当时楠山结婚第三年,住在四谷,还有年轻妻子及一个刚满一岁的孩子。

须磨子当着他妻子的面,握住了楠山的手,劝他道:"我替你去说,你一定要当干事。"

楠山对她的突然来访虽然感到诚惶诚恐,可不愧是楠山,只见他相当冷静。

"这是全体人员的意思,现在已无法改变了。"

"那让我一个人可怎么办?"

"我确实是不做干事了，可并没有从艺术座辞职。即使不是干事，我还是可以从外围给你各种帮助的。和以前一样，你有什么困难尽管找我商量好了。"

"可是如此一来的话，今后只能按中村他们的意思办事了。"

"他们也决不会无视松井先生的意见的。"

在楠山劝说下须磨子姑且先回到了俱乐部，可她去楠山家的事又在剧本部成员中传遍了。

"这两个人到底还是关系异常啊。"

他们更是对他俩的关系充满了怀疑。

在这点上，须磨子的行为正直有余，却顾虑不足。因此她的行为有过分袒护反倒害了楠山的倾向。

可对于须磨子而言，长年在抱月的庇护下工作，因此如果身边没有人给出主意什么的话简直就活不下去。

如今刚失去了抱月后的须磨子深感孤寂，因而她想依靠楠山也是自然的结果。

但剧本部的成员们已经将须磨子仅仅看作是艺术座的中坚分子了。她已经从以前的"须磨子的艺术座"变成了"艺术座的须磨子"了。

大正七年（1918年）十二月一日至八日，须磨子去了横滨座公演，接着十二日至十五日又去横须贺的荣座举行了公演。这两次公演都早在抱月生前就和松竹签订了合同的。

抱月死后，对于须磨子而言虽然发生了各种不愉快的事情，但只要一站到舞台上，她便忘记了一切，生龙活虎地表演起来。对她而言，活跃在舞台上显然比考虑剧团的经营和规划更符合本性。

在此期间，十一月五日是抱月的忌辰，须磨子从横滨的旅馆回来，和身边的人聚集在一起为抱月烧了香。

此后召开了剧本部成员会议，商量明年三月后的演出剧目。

会议以主任干事中村为中心展开了讨论。须磨子没有出席这次会议。

本来在抱月生前须磨子就不怎么出席艺术座剧本部的会议，而只是听任抱月来作决定。如今抱月去世了，即使出席会议她对于翻译啦、剧本什么的也不怎么搞得清，因此参加了会议弄不好反被人嘲笑。

结果，在须磨子缺席的这次会议上决定了演出剧目为由川村花菱编剧的《卡门》、楠山正雄翻译的《埃勒克特拉》和中村吉藏所作的《肉店》。长田将此决定向须磨子作了汇报。

"这样行了吧。"

长田的口气带着强迫的感觉，似乎在说这是我们的决定当然必须照做了。

须磨子听后沉默了半晌后回答说："让我考虑一个晚上。"

"楠山君也出席了这次剧本部的会议，你即使和他商量也不会有什么变化的。"

长田冷冷地笑着，说完便走了。

近来只要干事们来和须磨子商量事情，她总是回答"让我考虑一个晚上"，这句话几乎成了她的口头禅。她由此争取到时间，然后叫来楠山，征求他的意见。而次日须磨子的回答全是楠山传授的。

长田的话是在讽刺她这么做。

那天晚上，须磨子照例找来楠山和他商量，于是她也就应允道："就这么定了吧。"

四天后的十二月九日，举行了抱月的五七法事（死后第三十五天的祭日）。过后再次召开了剧本部会议。

议题是如何处理和松竹的关系问题。这也是决定艺术座今后方向的重大问题。

与会者中有因为抱月死后松竹座的态度有些冷淡，于是便主张应该断绝和松竹的协作关系的强硬派。其他人即使没有强硬到那种程度，但主张艺术座应该再次回到创立时的初衷，应以研究剧为中心的意见颇多。

很多人对于现在须磨子无视剧本部的意见，擅自和松竹方面进行个人接触这一比上述问题更重要的问题提出了批判。

讨论了半天，结果决定了如下三点：首先须磨子应停止无视剧本部意见的专断行为。第二，今后着力于研究剧。第三，和松竹的协作关系局限在不影响研究剧的情况下进行。

这些决定表面上继承了抱月所提倡的"二元道路"，可实际上有着微妙的分歧。虽然姑且决定同时走研究剧和与松竹协作的两条道路，可显然其深处潜藏着以研究剧为先的意向。

由此艺术座开始从坚实的现实主义者抱月的方针转向了小山内薰他们的理想主义者所提倡的艺术至上主义了。

还有他们要求须磨子行为自律等，这些都是在抱月生前谁都不会说出口的意见，而现在却成了全体的总决议。

在听说此次会议召开时，须磨子便预感到他们会做出对自己不利的决定，于是没有出席会议。

但是会议中途她却因为忐忑不安而从自己的房间突然闯进了会议室，在刚要准备说出"如果你们做出不公平的决定的话，我可绝不原谅"时，却中途转念把楠山叫了出去，打听了一下会议的情况。

她的这种做法当然有损于剧本部成员对她的印象。虽然知道这点，可须磨子还是压抑不住内心的不安。这点也可以看出须磨子是个感情用事的人，也有为人正直的一面。

　　会议结果正如须磨子所预料的对她不利。但会议到最后，楠山以平静的口气对大家说："再怎么说，我觉得艺术座是有了松井先生才得以存在的。虽说她正如大家所知晓的是个任性的人，但根子上并不是一个坏人。失去了岛村先生后，现在正是她情绪亢奋的时候。大家能否更友善一点地守护在她身边，让她多一点自由，我们能否多辅助她，多为她出谋划策呢？"

　　抱月如果活着的话，或许也会说出同样的话来，可楠山却没有那样的说服力。结果他被大家看成受了须磨子的依靠后，便摆出一副是她情夫的架势来。因此他的话只起到了在低层次上引来嫉妒的效果。

二

　　抱月死后，实际上成为座长的须磨子在经济上也掌握着实权。

　　本来吝啬的须磨子对于俱乐部的日常购物全都要让一一出示清单，她不同意的话便一分钱都不肯出。甚至对于不得不买的东西也总是迟迟不肯拿出钱来。

　　而其中引起争端的是她没有支付自十二月一日起在横滨公演的和十二日起在横须贺公演期间的演出费。

　　感到为难的经理只得找到了主办方的松竹，可松竹方面却说在公演的第一天就向须磨子付清了费用。他们这才知道须磨子拿了钱却佯装不知。

　　不满却也无奈的剧团成员们于是来到了川村花菱那里，要求他作为代表去和须磨子说理。

"岛村先生那会儿从来不会推迟发演出费的。她也太为所欲为了。"

大家非常愤慨,川村本人也没拿到编剧费。当时,川村因为《活尸》的剧本费,规定每天上演都要支付给他七日元的费用。可抱月死后,须磨子却故作不知。

受到大家委托的川村来到了座长室。这间房间以前曾是抱月的书斋,死后作为座长室归须磨子专用。

川村进去时,须磨子刚好敞着和服前胸,一边吃着零食一边在看剧本。

"你好像掌握着很多钱,不过里面也包括大家的演出费和我的剧本费等等在内的。如果剧团明天就要关门的话,那倒也算了。现在经济上很安定,只要松竹有钱进来,你难道不就应该付给大家钱吗?"

川村说罢,只见须磨子将抓在手上的零食一扔,回答说:

"哎哟,我什么时候说不付钱啦!你不要说出这种话来好吗?!"

"我不知道你是否说过不付,如果事实上没有付钱的话不就等于不付吗?如果不按时付给大家演出费的话,就会失去信用和威信的。"

"你真啰嗦,我才没有理由要听你说教呢。"

"理由不理由的没关系,总之请你付钱。"

"我付不就是了嘛,我这就付。真是个小气鬼。"

"到底谁是小气鬼?!"

川村反击道,于是须磨子粗暴地站起身,消失在隔壁的房间。接着便听到粗野的脚步声回到了房间,然后她朝着川村就扔过一叠钱来。

"扔给你不就是了。这样行了吧。"

"'扔给你',这算什么话!?"

再怎么是座长,在支付自己拖延的演出费时,将现金一把扔出去,还说什么"扔给你",这也太失敬了。

"你们这些人只要拿到钱不就行了吗?!"

"你不要把我们当傻瓜。"

"那我怎么说你才满意呢!"

"你付钱迟了,所以要道歉,当然要说声'付钱晚了,真对不起。'。"

"开什么玩笑,我为什么要说这种话。"

"不说的话,我是绝对不会收这钱的。"

"真是个麻烦的人。你这个人……"

须磨子烦躁不安地拢了拢头发,接着又轻声咂了一下嘴。

"我说就行了,对吗?只有口头上说说对吧。"

"你这是说的什么!做人要懂礼貌。"

"那我说好吧。付钱晚了,真对不起……"

须磨子像在背书似的说完,看着川村道:

"这样行了吧。你快走吧。"

"你就是这样对待我们的,现在才知道。"

川村扔下一句话后收拾起散乱在桌子上的钱,走出了房间。

就这样在横滨、横须贺的演出费和在内部工作的女佣们的工资终于付了出来。

虽然收到工资的剧团成员们一时放了心,可想到今后或许总是会如此,于是便忧虑重重起来。

随着诸如此类的小事每每发生,大家对须磨子的信任也渐渐丧失了。

其实须磨子只要稍微注意一点或者动一下脑筋就可以不必暴露这些缺陷而将事情圆满解决的。就如演出费一事,反正早晚都是要支付的,早个十天半月的并没什么影响。如果她从松竹收到钱后立刻就付给大家的话,那么作为一个名演员的座长,声望也一定会跟着上去的。

可须磨子却做不到这点。她不仅生来吝啬,而且本来就不具备笼络人心的才能。正如棒球界的著名选手未必就可以做一位名教练一样。须磨子说到底不过是个名教练手下的一员不顾一切横冲直撞的选手而已。因此硬要让如此一个选手当教练,不仅是剧团成员的不幸,同时也是被捧上教练职位的须磨子的不幸。

召开楠山正雄盘问会是在这一纠纷过后三天的事。地点在江户川的清风亭。

六年前,抱月被早稻田学派的成员们怀疑和须磨子之间的关系问题时也接受过他们的盘问。此刻被怀疑同样和须磨子之间关系不清的楠山也要接受盘问。

当时集中在清风亭的成员有中村吉藏、长田秀雄、本间久雄、川村花菱、小村光雄、秋田雨雀等艺术座剧本部的成员。他们责问的对象是楠山正雄。

会议一开始,楠山便宣布"向上帝起誓,诚实地说出一切。"接着将自己和须磨子的关系作了说明。

首先他澄清了受到怀疑的十一日那个下雪天晚上的事。从横须贺回来后他确实单独和须磨子两人谈了一晚上的话,但他们没有做出任何超出谈话范畴、设计男女关系的卑鄙行为。而且虽然有传闻说楠山有离婚的打算并已经和夫人分居了,可他明确表示不仅这些传闻毫无根据,而且他自己也根本没有这样的计划。

楠山的说明相当明确鲜明,完全没有以前抱月说的什么"现在没有关系，但将来会怎么样就不好说了"那样的微妙措辞。

由此大家断定两人之间并未发生肉体上的行为。可长田和小村依旧追问他那天晚上须磨子的态度。

"虽说你没有那份心思，但松井有没有对你表示过爱意什么的呢？"

"确实那天松井先生对我说，今后还望我代替抱月能和她商量各种事情，希望我能助她一臂之力什么的。而且还说天气太冷了，今晚你就住在这里吧。但我为了避免麻烦事的发生，于是就和她谈论了整整一个晚上关于今后艺术座方向的问题。就这些，我发誓没有发生任何超越这些东西的事。"

楠山更进一步表示今后除了正式场合绝对不再和须磨子说话。

虽说他有些软弱，决定这么做是为了讨好剧本部的成员，不过楠山自身也觉得要背上须磨子这个包袱太沉重，况且自己也没有那个责任。再则他一心以为只要自己现在远离了须磨子，剧本部就可以维持太平了。

可事情的进展却完全出乎他的预料。

会议结束了对楠山的追问后，大家算是承认了他的清白。就在这时小村光雄站起身发言说"自己从今天起打算退出艺术座。"小村是艺术座的经营顾问，在经营方面一直支援着艺术座，因此他的退出意味着对艺术座今后的独立公演将产生很大的影响。

"为什么？"中村责问道。小村回答"因为看到松井先生无视艺术座单独和松竹合作的做法，感觉她根本不打算听剧本部的意见。而且看来她的这种作风将来也没有改善的可能性。"

他一说完，长田秀雄也站起了身，说"自己也打算不再继续参与通俗的话剧演出活动了，打算重新回到书斋，因此借此机会决定退团。"

本来是针对楠山的盘问会，可途中却发展成了主要成员的退团风波。

一部分人认为既然楠山的清白得到了证实，可还为什么会掀起此种风波呢？因而他们觉得很遗憾。可其实和楠山的发言也并非毫无关系。

确实通过对楠山的追究，证明了他和须磨子之间是清白的，可相反却让大家都清楚地知晓了须磨子对楠山存有好感一事。

如此一来，其他男性便心存不满。尤其是长田和小村，本来他们就对须磨子怀有好感。长田还在抱月葬礼那天，扶住了就要往下倒的须磨子，过后他还嘟哝说"真是一个成熟女人，身体好丰满。"小村也是希望能有机会搂抱须磨子的。

对这两个人而言，当他们知道须磨子已经对自己以外的男人抱有好感后当然相当不悦了。即使楠山发誓今后不再和须磨子有个人接触，但他们也不认为须磨子因此就会对自己感兴趣。再则即使感兴趣的话，他们的自尊心也不允许和曾试图接近楠山的须磨子发展关系了。

表面上男人们想出一些正当的理由，可其实根子里却是这些中年男子内心翻腾的妒忌心在作怪。

而且不仅是小村和长田，甚至川村和殷勤又忠诚老实的秋田雨雀也都在心底对须磨子怀有淡淡的爱慕之情。

抱月在世时，须磨子对他们而言是一朵无法企及的山巅之花，因此男人们都能信服和默认这点。可随着抱月的离世，须磨子一下子就成了他们可以企及的存在了，说不定可以归己所有了。于是男人们之间突然失去了平衡，结果事态发展到了导致艺术座的分崩离析。

如此一来，盘问会陷入了一片混乱。

在大家提出了各种意见后，最后中村吉藏总结道："楠山君需自重，小村和长田两君先撤回辞职之意，反正早晚要将须磨子交给松竹的。而剧本部还是要团结合作到最后那天。"

将须磨子交给松竹的提案从抱月一去世就多次被考虑到了。

本来剧本部的成员曾发誓以须磨子为中心，将艺术座的事业繁荣发展下去的，可事实上，失去了抱月的艺术座已经失去了魅力。且不说作为演员如何，作为一个人，须磨子的欠缺实在太多。要男人们跟随着这么一个缺陷多多的须磨子，对男人而言既不屑又感到耻辱。如果要他们去协助须磨子的话，仅限于自己是她的情人或丈夫，此外要为她尽心尽力实在是不值得。干事们此时除了这类算计而外，已不再愿意为艺术座考虑什么了。

可他们在抱月的灵前刚发过誓要维护艺术座的发展，因此他们也不能就此草草地一走了事。如果要撒手不管的话，也需要得到世人的理解，必须有个正当的理由。

幸亏在松竹受到绝对欢迎的须磨子自己也希望专属于松竹，她自己也希望与其受艺术座剧本部那些七大姑八大姨的管制，还不如加入松竹，干脆一门心思专注于舞台演出。他们两者思考的共同点都在于将须磨子交给松竹，与此同时艺术座便可以光荣落幕。在这一计划上他们是共通的。

中村的这一收拾残局的提案将最后落幕的形式摆到了大家面前，试图以此结束混乱的场面。

可这次绝密举行的盘问会内容却被捅给了报社，并传出了各大报纸就要刊登有关艺术座围绕须磨子而引起新的丑闻内容的报道。

中村惊讶万分，于是调查了泄密来源，发现是长田秀雄自觉被须磨子抛弃，为了泄愤所为。从这点看，剧本部的这些兼有理性和教养的成员们，一旦揭开他们的面纱就彻底露出了男人丑陋的本性。

中村立即奔走于各大报社，总算是压住了报社将其作为社会新闻刊登的打算。同时他又提请剧本部各位要多多自重。

可这点小小的应急措施已无法恢复曾一度泄了劲的组织。

那时艺术座已决定与松竹合作进行正月公演,剧目为《肉店》和《卡门》。

公演期间为一月一日至十日,演出地点为有乐座。须磨子在《肉店》中出演御吉,中井哲扮演三次,加藤精一扮演千太。而在《卡门》中,须磨子扮演卡门,森英治郎扮演唐·何塞,中井哲扮演卢卡斯。二十日起开始了舞台排练,须磨子试图以一心沉浸于排练之中来驱散心中的不快。

虽说须磨子拖延支付演出费,开会时说些专横任性的话,可一旦站在舞台上她便会疯了一般去表演。可以说须磨子除了能做演员什么都不是。

剧本部此后又举行了多次会议,终于最后在十二月三十日晚的会议上决定解散剧本部。那天剧本部的会议记录只有如下的短短几句话:

"由岛村抱月先生所创立的剧本部,经过了各种曲折,在松竹公司和艺术座签订新的协作合同之际,决定解散。即此。"

对于剧本部的解散,须磨子并未表示特别反对。在楠山盘问会后,中村将会议的意向传达给她时,她也只是点点头,说了句"这样也不错"而已。

剧本部的解散意味着实际上将艺术座合并于松竹的旗下,而艺术座从此也就失去了自主公演的机会。可须磨子只要自己能作为主角登上舞台便心满意足了。虽说艺术座被合并于松竹旗下,可说真心话,因此须磨子再也不必和剧本部啰啰嗦嗦的成员们争斗什么了,这样反而令她感到轻松爽快。

"好啊,好啊。今天一切都结束了。"

在中村充满遗憾地感叹时,须磨子也不过点头说了声"是啊"。甚至连一声"辛苦了"都没说。

可对于中村他们而言，自艺术座创立以来剧本部就以抱月为中心，好不容易发展到了今天的地步。可却因为须磨子的恣意妄为和男人们的忌妒心而不得不中途夭折，实在太遗憾了。

一切都结束了，大家被一种虚脱感所笼罩。他们相互握手，说道："该努力的我们都努力了，以此作为安慰吧。"

"结果还是把须磨子卖给了松竹……"

一边握手，秋田一边自嘲似的嘟哝道。

所有的剧本部成员都在脑子里想着此刻如果岛村先生在的话他会如何。

他会说"你们干得不错"呢？还是说"终于还是倒闭了？"最后大家归结为"先生不在到底还是不行啊"这么一句话。大家都觉得不知该如何向先生道歉才好。

可同时大家也感到肩上似乎卸下了重担。

从今以后再也不必见那个歇斯底里的女人了，光想到这点大家就觉得好像前途光明起来了。同时他们也存有幸灾乐祸的心情，觉得在自己抽手不干后看须磨子一个人还有多大的能耐，她不久就会明白的。

事实上，须磨子再也不必听从烦人的剧本部成员的说三道四了，可与此同时对于一切的一切她也必须独自承担起责任来。她再也不能借口说"那是剧本部决定的"，以此为由转嫁责任，撒泼耍赖了。

从今往后，艺术座全权责任以及俱乐部的所有经营全都落在须磨子一个人的肩上了。

"你是一定能行的吧。"

中村夹杂着讽刺地说。

"是啊,没问题吧。"须磨子也不肯服输。

不过那时须磨子还以为自己遇到事情只要能和楠山商量,就怎么也过得去了。

自盘问会以来,楠山很介意剧本部干事们的目光,总是避着须磨子,可如今剧本部解散了,再也没有必要顾虑他们是怎么想的了。

因此自己只要去叫回楠山,他就一定会回到自己身边⋯⋯

可大年三十那晚,须磨子请楠山来一趟俱乐部,楠山却没有出现。

说好下午两点的,可到了三点,四点他始终没有来。焦急不安的须磨子让俱乐部的女佣拿着信去了楠山家。

可女佣回来报告说楠山家一片漆黑,门也上了锁,里面没有一丝动静。

和他说好来这里是两天前的事,是须磨子直接口头上对他说的,楠山当时也答应了。可现在他却独自毁了约定。

"窝囊废⋯⋯"

须磨子吐出这句话,便将目光投向暮色即临的黄昏街道。

男人为什么如此软弱,遭到周围人的一点点非议便立刻降伏了。光知道表明自己的清白,然后就卷起尾巴逃回了家。为什么对周围人的说三道四不给与正面回击呢?!

"果然还是那个人坚强⋯⋯"

此刻须磨子再次想起了抱月。生前曾觉得他虽然充满理性,却总是模棱两可、从不明确表明自己的意见,可现在才发现他根子处却如钉子般顽固而刚强。

"先生⋯⋯"

须磨子对着窗户轻轻呼唤着。此时此刻她的内心再次回想起抱月的伟大和慈爱。

三

大正八年（1919年）元旦，东京有乐座举行了《肉店》和《卡门》的首场演出。

这是艺术座和松竹的第三次合作演出。须磨子在《肉店》中出演御吉，《卡门》中当然扮演了卡门。

由于元旦休假，从首日演出到此后的三天观众持续客满。

可第四天，须磨子突然通过松竹的池田藤兵卫提出自己不想再出演《肉店》了。身为作者的中村吉藏听到此消息，立刻赶到了须磨子的后台演员休息室。

"你这是什么意思？为什么不再出演了？"

"就是不想演才不演的。"

须磨子将手放在休息室的火盆上暖着，头都没回地说。

"这种时候你这样不是让我们为难吗？没有您这个戏就没法演出了。"

"找个替角不就行了。小泽美代子就很好啊。"

"这么匆忙怎么可能！"

"没问题，我已经和她说好了。"

"你说什么……"

平时稳健的中村脸色一下子僵住了。主角无故罢演也太为所欲为了，更过分的是她居然还任意指名替角。如此所作所为根本不把作者放在眼里。

"再怎么说你是松井先生，如此放肆实在让人无法原谅。说好了是你参加演出的,你就必须演出。"

"但我不想演出了。"

"不,你必须演出。"

"真是个什么都不懂的人。"

"什么都不懂的是你吧。你好好考虑一下自己所处的位置怎么样?"

"啊,真是讨厌。先生要是活着的话绝对不会说出这种话来的。"

"先生在会怎么样我可不知道。总之你要出场,我要让你出场!"

此时开幕的铃声响起,服装管理员和床山慌忙跑来。

"总之,今天无论如何不允许。你得马上出场。"

中村说完便走出了演员休息室。须磨子一时怄气,可在周围人的劝慰下总算勉强化起妆并登上了舞台。

可舞台上的她毫无往日的灵动活跃,不仅动作迟钝,而且台词也说得张皇失措的。

本来须磨子在舞台上可以说几乎是绝对不会说错台词,或者错过说台词的时间的。虽说排练时她任性专横,可她总是反反复复不断地排练,直到自己满意了才罢休。从这点而言她是个真正过硬的演员。

在表演《卡门》时,她的表演更是糟糕。不仅台词说错,说台词的时间也掌握得相当混乱。终于在第三幕表演到纸牌占卜时,错将纸牌飞到观众席,打乱了何塞的出场契机。

谁看了都会发现须磨子的表演异常。因为表演失败,须磨子回到后台休息室就立刻开始收拾东西准备早早地回去。这时中村再次赶到休息室,将以前说过的话又重复了一遍。

"你想的过多就会出现今天的失败。你听着,不要再任性了,从明天起给我好好表演。"

"我还是不想参加演出了。"

"你要懂得分寸！……"

中村不知不觉地握紧了双拳。

"为什么不愿意，我绝不允许！"

"不允许也好，可演戏的是我，艺术座是由我负责的，是演出还是休息，这是我的自由吧。"

"艺术座是你负责，可整个这出戏是我受了松竹委托的。演出负责人是我，我绝对不允许破坏全体成员统一合作的事。"

"那我要是无论如何都不参加演出了，你能怎么办？"

"你不肯出场也得要你出场。"

"那我死了不就无法出场了吧？！"

"松井小姐！你镇定点，镇定下来冷静思考一下。"

说着中村简直想揍她一顿，可他勉强克制住了冲动，走出了休息室。

中村吉藏做梦都没想到这就是自己和须磨子最后的对话。连周围的人都以为即使再怎么大闹，第二天须磨子又会情绪一变，依旧一副若无其事的神情站在舞台上了。

实际上，当时争执的缘由实在是出于微不足道的无聊小事。

最初是须磨子提出了不想出演《肉店》，但那时她已经走进后台休息室开始在梳妆台前化妆了。如果她真的不愿意出演的话不仅不会坐在梳妆台前，甚至连后台休息室都不会去的。

说不想出演《肉店》了，可以说不过是须磨子时不时会犯的心血来潮。

当时听到须磨子说出如此任性的话时，池田藤兵卫叙述自己的感想说：

"演员嘛，对他们说的哪能都那么当真。……而且要说解决方法，真是要多少有多少……"

在团菊的全盛时期，池田是久松座（明治座的前身）附设的茶铺老板，同时他又是一位为了业余演戏和出于对歌舞伎的爱好而投入了全部家产的风流雅士，因此他说的这一意见就显得更加有趣了。

确实当时如果抱月活着的话，他也许就会听凭须磨子任性，让她充分抱怨，然后再巧妙地取悦她，最后让她登上舞台了。

抱月表面上看来似乎是被须磨子的专横跋扈搞垮了，可其实他并未输给须磨子。即使她一时胡闹专横，可只要让她说够了，最终她还是会上台演出的。可以说抱月是看透了须磨子的这个坏毛病而很好地操纵着她。

与此比较，中村却耿直又死心眼，虽说他性格温厚，可一旦发起火来却一步都不肯退让。因此他缺乏可以平息须磨子歇斯底里的灵活和圆滑。

那天须磨子任性专横正如须磨子自己所说的并没有什么特别的缘由。不愿意就是不愿意。其实那不过就像是孩子撒娇一类的东西。

当时川村和扮演《卡门》中何塞一角的森英治郎一起在回去的电车里，对那天须磨子的事议论道：

"今天的须磨子太过分了。说出这种专横无礼的要求，还和中村大吵大闹的，这怎么搞得好。"

"反正又是老毛病复发了吧。"

"老毛病？……"

"每月一次，那时须磨子总是这样的。"

长年和须磨子一起舞台演出，森英治郎能立刻发现须磨子身体状况的异常。那时他的表演始终会附和着对方来进行。事实上须磨子随着身体的生理周期变化，她的情绪波动比普通女性加倍激烈。在她的生理期和非生理期，从脸色到肌肤，还有性格都会发生突然的改变。

当然抱月很清楚这点。虽说他并未说出口，但他知道现在是她受异常情绪控制的时候，因此总忍耐着。反过来说，正是因为他很了解须磨子激烈的情绪波动，才能忍受她的吧。

可中村既不具备能看透须磨子这点的直觉，也缺乏经验。

当然或许将那天所发生的事全都归结为须磨子的身体变化也稍微有点过分了。确实那也许是主要原因，但其根子还在于当时虽然自己一人被"交售"给了松竹，可中村受了松竹的委托担任这次演出的总指挥，因此须磨子对他表现出抗拒这点也是事实。

这点从须磨子所说的那句"艺术座是由我负责的"话中表现了出来。

而且《肉店》和《卡门》中须磨子所扮演的角色最后结局都是要走向死亡的，须磨子对这点也相当在意。

虽说故事情节如此也是没办法的，但在抱月刚死不久，连续两次她都不得不在舞台上死去，这对她太沉重了。对于这点可以说剧本部想得不够周到。

而且抱月死后两个月过去了，须磨子内心的孤寂正成为一种现实向她袭来。须磨子曾一度哭得几近崩溃，过后又试图重新振奋起来，因此在楠山以后曾试图接近过几个男性，可他们全都为了避免责任，结果没有一个男人可以帮助和支持她的。那种无依无靠的感觉加上身体的变化相互作用，掀起了她内心的不安。

在舞台演出结束后再次与中村发生争执的须磨子，独自走出了后台休息室坐上了车。

当时即使像须磨子那样的大女优也没有自己的随从人员。从家里到剧院来来往往都是她一个人。

当时服装管理员和床山也在演员休息室,可他们害怕与中村发生争执后情绪不佳的须磨子,因此工作结束后便都早早地回去了。

须磨子在人力车里被摇摇晃晃着回到了艺术俱乐部。可那里也并没有令她暖心的人在等候着她。

须磨子对女佣说了声"我不吃饭"后,便回了自己的房间。可她并没有脱下和服,也没休息。

一月四日,天气寒冷难耐,她就此靠近火盆将身体倾倒上去取暖,一边想着今天发生的事。

和中村争吵确实是出于自己的任性蛮横,她也很清楚今天的一切都是出于自己的任性和胡来。可是如果是男人的话,难道不应该更胸怀宽广,更能听凭自己耍点脾气吗?!现在正是自己状态不佳的时候,多么希望有人能伸出一只大手来扶持一下。

先生在的时候,绝对不会发生这种事情。再怎么任性蛮横,他也总是会原谅我,然后引导我向新的目标出发。想到那时只要先生在身边,自己无论说什么,无论怎么埋怨都可以,完全没有必要考虑自己所说的话对周围其他人会造成什么影响,他们会作出什么反应啦等等。自己想什么就可以说什么,一切只要按自己想的去做就行了。

可如今再也没有能劝解自己,保护自己的人了。

"一切都那么讨厌……"

在嘟哝的同时突然一阵倦怠感朝须磨子袭来。这并不仅仅是因为和中村发生了争执。

抱月死后的这两个月,自己尽一切所能努力地活着,可此时此刻那种倦怠感却一下子全都涌现了出来。

"那我死了就无法出场了吧……"

在和中村吵架时所说的话此时自然而然地浮现在她的脑海里。

索性死了就再也不必登上讨厌的舞台了,也不必听任那些毫不理解女人的男人们摆布了。死了就再也不会被他们说什么"任性"啦、"自私"的了。既不需要顾忌他人,也再听不到别人的批评了。

如此再继续活下去的话,也许自己再也不会有什么好事出现了。今后再也不能遇到像先生那样能真正理解自己,帮助自己的男性了。

或许自己的人生在先生死的时候就结束了也说不定。自先生死后遇到的全是些麻烦事,全是些令自己心情沉重的事,没有一次感到快乐过。自己无论怎么发奋排练,在舞台上无论如何尽力表演,可总觉得缺少了什么。自己越是努力越觉得孤独,心中留下的只有空虚。

"先生……"

须磨子对着祭坛上抱月的照片叫了一声。

在那天要去剧院时,须磨子感到自己孤单可怜,便对女佣说不要灭了屋里点着的佛灯,可女佣却反对说:万一引起火灾就太危险了。此时的灯光是回来后须磨子自己点上的。在此刻的灯光中,抱月的脸似乎在眼前微微晃动。

本来照片上的抱月总是交叉着双臂,满脸不耐烦的样子,可却只有这张在他的脸上挂着柔和的微笑。那是他们去满洲巡回公演时当地人为他们拍的。

看着抱月那略带羞涩的笑容,须磨子再度回想起抱月的存在是如此巨大,对自己充满了如此的慈爱。此刻须磨子觉得无论自己多么任性妄为,多么胡作非为全都能够原谅的先生正在照片里呼唤着自己呢:"你来吧。"

"先生……"

须磨子又轻声呼唤了一次，于是拿起了照片。看着看着不知不觉地流下了两行眼泪。一旦哭了出来，泪水便如决了堤的洪水无法止住。渐渐地须磨子的哭声越来越大，最后她边哭边轻声说道：

"我也要去先生那里。"

此刻抱月那常有的略带羞涩又显得困惑的表情看起来宛如在轻轻地向她点头。

看到这张笑脸，须磨子突然下定了决心。

"先生，你等着我吧。"

此后须磨子陷入了和抱月手牵手一起漫步的错觉之中。她感到一会儿身处他们常常幽会的户山原野的春霞之中，一忽儿又似乎出现在艺术协会通往排练场的幽暗小道，忽而又好像在巡演途中所走过的满洲旷野。

须磨子就这样像追梦一般闭上双眼，突然她感觉到抱月正呼唤着自己。

"来吧……"

须磨子像是被这句话吸引了，于是她站起身，拿来了纸和笔。

接着她再次回到带有暖炉的矮桌边，吸了一口气。眼前放着的这支粗粗的美国制钢笔是抱月买给自己的，纸是印有纵向虚线的信笺纸。

此刻的须磨子似乎处于一种轻微的酩酊状态之中。看着白色的信笺纸，自己一生中所遇见过的一张张不同的脸浮现了出来接着又消失。在这些人中她首先给伊原青青园写下了一封遗书。

在犹豫不决中写到一半时，有人来敲门了。

她用手腕挡住遗书转过头去。平时住在俱乐部的女优小泽美代子将脸从门边探了进来。

"怎么了？"

"没什么，只是觉得您还没睡呢。"

"我还有工作要做，你去睡吧。"

"好的。"

"你等一等。"

须磨子又叫住了刚要往回走的美代子，然后从身旁的钱包里取出一些钱来，用纸包上递了过去。

"用这个买些自己喜欢的东西吧。"

"可这是……"

"行了，去睡吧。"

须磨子很少见地笑了，脸颊上却留有泪痕。

小泽觉得很奇怪，可也没有多想什么就回到了自己的房间。

刚想睡时她打开纸包发现里面居然装着十五日元。

为什么如此深更半夜要给我那么多钱呢？小泽更是一头雾水。可她想等明天再去道个谢吧，便没多想什么就睡了。

接着三十分钟后，女佣说要给她铺被子，可须磨子依旧坐在暖炉桌前回头说："我自己会铺的，你走吧。"

女佣走了，须磨子的房里依然点着灯。那时已过了三点，夜间荞麦面的叫卖声也消失了。周遭一片寂静。

在这寂静中须磨子又开始写起遗书来。

第二封是写给姐夫米山益三的。第三封是写给坪内逍遥的。

所有的遗书都写完后，她看了一眼钟，此刻时钟指向凌晨四点。

须磨子走到下面的女佣房，问睡眼蒙胧的女佣"盛饭的木桶在哪儿？"

"在厨房。"

须磨子听了女佣的回答便到了厨房，打开木桶盖，将几颗米粒放在自己的掌心。

于是她又回到了自己房间,用米粒将遗书封上。

遗书所用的信封都是粉红色的,上面各自写上了收信人的姓名。

她拿起其中的两封信再次走出房间,到了二楼外面的勤杂工房间。

她敲了敲木板门,可两个勤杂工睡得很熟,里面毫无动静。无奈须磨子只得到二楼,将侄子武昭叫醒了。

"什么事?"

看到眼前站着的须磨子,武昭十分惊讶。须磨子沉静地说:

"到六点的时候,把这个去送给坪内先生和伊原先生。是很要紧的信,记着千万不要忘记了。"

武昭很纳闷可还是答应了。于是须磨子说了声"晚安。"便关上了门。

回到自己房间时五点不到一点。

她将剩下的那封信在桌子上放好,然后给自己化了妆。

她将头发梳成当今流行的发结,穿上大岛产的盛装和服,外面又套了一件带有家徽的和服短外罩,然后系上天蓝色的素花缎和服腰带后,又戴上了抱月给的戒指和手表。最后她拿起一根绯红色绉纱绸的细腰带和一根天蓝色的细腰带。绯红色的那根是以前抱月买给她的。

一切准备就绪后,须磨子再次走到抱月的灵前,合起双掌,然后就出了房间。

一月里的凌晨五点,黑暗依然笼罩着四周。俱乐部里谁都还没起床。

须磨子穿上白色和服脚套和室内用草拖鞋,然后下了楼。她在走廊里走了一圈后来到了外边。从那里穿过观众席走到了舞台上。

须磨子在舞台上站了一会儿,又一次回头看了一眼夜深无人的观众席,终于下定了决心似的点了一下头。然后便消失在舞台背后的储物室。

四

　　艺术俱乐部的女佣龟高伊濑一月五日早晨七点起床，洗过脸后她便开始打扫房间。
　　除了伊濑以外还有其他两个女佣，但她们都是白天才来上班，加上又是元月，因此那天都还没来。
　　七点半伊濑忽然觉得担心似的，于是就去须磨子的房间看了看。
　　须磨子无论晚上睡得多晚早晨都起得很早。她生性只要一钻进被窝立刻就熟睡了，因此从来不赖床。
　　伊濑去了在二楼靠里面的须磨子房间。本来总是在门口放得整整齐齐的、上面有着红布夹脚带的室内穿草拖鞋此刻却不见了。
　　"先生，先生……"
　　她叫了几声，却没有回音。
　　伊濑觉得几分狐疑，于是轻轻打开了纸移门。可里面却不见须磨子的影子，房间却整理得干干净净的，被子也没有铺开。
　　静静的房间里唯有抱月祭坛上的佛灯亮着，灯火正微微摇晃着。桌子后面围绕着抱月照片的一侧排放着须磨子的照片，另一侧放着抱月买给她的毽球板。
　　昨天打扫房间时可没看到这些东西啊。
　　突然伊濑产生了一种不祥的预感，她立刻去旁边的座长室看了看，可果然没有须磨子的影子。
　　"先生……"
　　伊濑边喊边在二楼转了一圈，接着又跑下楼查看鞋箱，发现须磨子的木屐好好地放在那里。

去哪儿了？伊濑继续边喊边在院子里找，然后转到便门。摆放舞台装置的储物室的门正开着。

难道？她推开门，战战兢兢地往里张望，黑暗中须磨子化着淡妆，脸色雪白地垂悬在里面。

"啊……"

伊濑一下子蹲了下来，接着爬着回到了女佣房间。

被赶出去的小林放藏因为正月休息回到了俱乐部，此时他正在女佣房间旁的一间房间里睡着。

伊濑敲响了放藏的房门，颤抖着用手指着储物室方向。

放藏穿着睡衣就冲出了房间往储物间跑去。接着整个俱乐部一下子像炸开了锅似的一片混乱。

须磨子将一把椅子放在道具库房中央的桌子上，然后自己站上去，将绳子穿过房梁，然后套住自己的脖子，最后踢倒了椅子。此刻椅子正横倒在桌子一角。

"叫医生！"

放藏大声叫道。他被这突如其来的事吓得手脚都无法动弹了。十分钟后，住在附近宿舍的小林正典赶来后，一把抱住了须磨子。辻野良一爬上桌上的椅子，用刀将挂在房梁上的绯红色绳子割断，这才终于将须磨子放了下来。

须磨子大概是考虑到不要让自己的双脚乱踢乱蹬吧，在她膝盖下方有一条天蓝色腰带将双脚紧紧绑着。

因一时慌乱他们叫来了兽医，不过三十分钟后神乐坂警察局的工作人员便赶来了，接着法医也赶到了。

被安置在桌上的须磨子，身上依然留有体温，可呼吸已经停止了。法医对她进行了验尸。

警医在解开她的腰带时，怀中露出了一封给米山益三的遗书。

毫无疑问是自杀。警察只确认了一下尸体后便允许移动尸体。于是大家将遗体搬到了二楼客厅，用被子将须磨子盖上。

最初的发现者龟高伊濑之外，还有小林放藏、两个勤杂工、莘野良一、住宿徒弟小泽美代子、日本三弦琴的村冈、小林武昭等一些人。他们在八点过后才终于缓过神来，他们开始联系俱乐部的干事们以及其他主要人物。

八点过后，川村花菱被来传达告急消息的俱乐部服装管理员吵醒，他立刻大叫起来：

"什么！须磨子死了……"他坐在被子上交叉起双臂，身子无法动弹。

实在太突然了，他没法立刻相信。

"怎么会死了？"

"这个……"

作为服装管理员，他怎么可能知道这种事情呢。

"好，那我马上就去。"

花菱急急忙忙准备了一下就出了门。

正月里的风相当寒冷，天空却碧蓝如洗。隔着篱笆墙传来了做羽毛毽子的优哉游哉的声音。

须磨子死了！川村一边告诉自己，脑子里依然半信半疑。

在代代木车站坐上了轻轨电车。正月五日依然有不少美丽的盛装女性，喝了正月屠苏药酒的乘客脸还红扑扑的。大家看起来全都心情甚佳，满脸洋溢着和平安宁的节日气氛。花菱看着此情此景，突然冲动地想大叫一声："须磨子死了！"

这些人谁都不知道须磨子已经死了。他们还以为今天也像昨天一样，毫无变化的一天即将过去。想着想着，花菱觉得须磨子死了更像是一派胡言了。

这么一个大明星死了，四周的一切是不可能如此安稳平和的……

终于在牛込下了车，登上神乐坂坡道。街上一如往常那样安静，没有行人，开店的人也正一声不响地埋头干着手头的活儿。

过了毗沙门神庙往左拐，爬上横寺町的缓坡，艺术座的正门便出现在眼前。可小小正门的四周却如什么都没发生似的，一片静悄悄的。

"准是瞎说……"

花菱自己嘟哝着。接着就走进了俱乐部。

外面大门处没有任何人，于是他径直走到了二楼，打开须磨子房间的客厅移门时，突然一阵烧香的味道扑面而来。花菱刹那间退缩了身子，然后便小心翼翼地往里窥望。他看到须磨子头朝着抱月的祭坛，脸上覆盖着白色纱布，仰躺在那里。她的周围坐着四五个人。

"先生，出了了不得的大事了。"

教日本三弦琴的师傅首先回过头，接着周围的女人们好像就等着这句话似的，一起大声哭了出来。

"果然，是真的吗？！"

"已经死了。"

师傅不可置疑地说完，便揭开了须磨子脸上的纱布。

须磨子的脸微微有些浮肿，脸色雪白，圆滚滚的脸上双目静静闭着。如果只看这些的话还觉得她死时没有任何痛苦呢，可下巴下方喉结的上方却深陷着一条鲜明的紫色血斑。

花菱慌忙转移了视线，闭目合掌。

已经毫无疑问了，须磨子确实是死了。

花菱多次说给自己听似的，点了点头便到了走廊里。

"先生，出了如此大事，还望先生多多帮忙操办。"

三弦琴师傅追了出去。

"当然我会尽我所能做好一切的。不过实在太惊讶了。"

"我也一样，觉得怎么可能……"

"都和大家联系了吗？"

"知道联系方式的人都联系了。"

"接下来的事可就麻烦了……"

花菱心神不定地环顾着四周说。

"听说是在储物室……"

"是的，你去看看吧。"

师傅在前，花菱紧追在后地下了楼。他们穿过观众席到了后面的道具库房。从打开着的门里光线透了出来，里面一张大桌子微微横斜地放着。

"她将腰带悬挂在那里，然后登上椅子，再把椅子踢走的。"

此刻椅子像是完成了使命一般静静地倒在桌子的斜后方。

花菱抬头看了一眼天花板上的房梁，然后将视线收回到桌子上，发现中间有一点血痕，远看宛如涂着红色的颜料，仔细看发现那是尚未干透的血迹，还略微有些隆起。

"出血了吗？……"他刚想开口这么说，又缩了回去。

昨天从有乐座回去的轻轨里演须磨子对手戏的森英治郎曾说"须磨

子那个时候总是这样的。"

这点血无疑就是当时的那个血。也许在她悬挂着时从她的双腿之间滴落下来的。

"这里有血呢。"

"啊,果然是这么回事啊。"

琴师傅像是说她自己似的脸都红了,于是从和服袖兜里取出了纸巾将其擦掉。

"大约在几点左右?"

"听法医说大约是在今天凌晨五点左右的光景吧。"

"谁都没发现什么异常吗?"

"虽然有各种蛛丝马迹,但都是事发后才注意到的……"

听师傅说前一天,须磨子给了胜子和若子两个养女一人十一日元,还给她们一人买了一件相同的红色披风,又请她们吃了鸡蛋鸡肉盖浇饭。那天晚上她还给了小泽美代子十五日元。再有前一个晚上,有喜欢她的观众给她送了炸大虾盖浇饭,可她却连碰都没碰一下。回来后也什么都没吃。

平时总是两点就去剧院后台演员休息室了,可那天她却磨磨蹭蹭的到四点才出门,最后出门时还特意关照:"不要灭了祭坛的佛灯。"还有深夜来问女佣盛饭的木桶在哪里、凌晨时说有信要帮她送一送等等这些,现在想起来都很异常。

可这些都是她死了以后才想起来的,在这之前却很难让人预感到这点。"据说辻野君曾听到有拖鞋声往摆放道具的储藏室走去,但那时他正睡得迷迷糊糊的……"

"这把椅子在桌子上倒下时应该发出很大声响的吧。"

"是这样,但大家都在睡觉呢。"

师傅很抱歉地低下了头。当时还真有人听到了椅子倒下的声音。

那是在离道具储藏室大约十米处，隔着一片空地有一家名叫"官许浊酒屋"的店家，在那家深处的宅院里有个叫饭冢友一郎的东京大学学生借宿在那里。

凌晨时分他正朦朦胧胧地睡着，突然听到"喷咚"一声，像是什么东西倒下的声音。声音来自空地那个方向，他想大概是哪条狗将一个什么箱子弄倒了吧，他这么想着便又睡了。

关于这件事此后饭冢在一篇题为《松井须磨子的临终》的随笔中写到了，由此而为世人所知。

而且这个饭冢友一郎以后成了一名话剧研究家，并和坪内逍遥的养女邦子结了婚。

更奇妙的是，凌晨小林武昭受须磨子之托去坪内逍遥家送遗书时，出来取的正是邦子。

须磨子的死讯到了五号中午几乎所有的亲戚，还有从话剧界到报纸、杂志的有关人员全都通知到了。

举办葬礼需要有丧主，可须磨子没有亲生子女。从理论上讲应该由她的养女胜子或者若子担任，可两人都还太年幼，而且对须磨子而言也并非是多么亲近的人。虽说他的亲哥哥放藏就在身边，可他也因为和须磨子吵架而被赶出了俱乐部。

结果以艺术俱乐部的干事们为中心经过讨论后，决定由他们来主办丧礼。

正午过后，听到讣告的吊唁客逐个赶来，还有听到"须磨子死了"的传闻后而赶来凑热闹的群众，他们将俱乐部四周里三层外三层地围了个水泄不通。

川村和长田他们一些干事们分头操办起各种事情，通知各个有关部门，还有守夜、追悼会等的日程安排、葬礼的程序安排等等。

遭遇女主演突然死亡一事的松竹，立刻召集了松竹的大谷竹次郎及他手下的池田近兵卫、有乐座总经理新免、艺术座总经理山室等人开了会。讨论结果决定中止《肉店》、《卡门》的正月演出。当时戏票也已售出不少，可也只得让大家退票。虽说这对松竹是个惨重的损失，但须磨子死去的这一事件实在冲击太大，因此无法做到立刻找个替角继续演出。

一月六日的《大阪朝日新闻》报中以《松井须磨子上吊自杀》为大幅标题，并以"在牛込艺术俱乐部留下了三封遗书"、还有"在抱月氏的忌辰日"、"自杀原因为过度追慕已故的抱月氏"及记录了须磨子简历的"须磨子的一生"的小标题，作了长篇报道，同时还刊登了《卡门》的巨幅舞台照片。

五日黄昏时分，棺木搬了进来。在将须磨子遗体安置进去之前朝仓文夫带着两个助手套取了死者面模。

此后给须磨子穿上了雪白的丧服，脸上化了淡妆，然后要将她安置进棺木中。可由于须磨子在长野的母亲尚未赶到，因此暂时被安置在二楼的客厅里。

深夜十一点，须磨子的亲生母亲终于赶来了，于是开始入殓。

大概母亲接到女儿突如其来的死讯时，在赶来的车里哭个不停的缘故吧，此时她红肿着双眼，憔悴得几乎没法站立。

"为什么？为什么……"

看着女儿的遗体，母亲除了这句话什么都说不出来。她紧紧抓住女儿的遗体。

至于棺木中放些什么东西，在干事们之间引起了小小的争论，但结果决定和鲜花一起将毽球板、戒指、手表和钢笔放了进去。这些都是抱月买给她，也都是生前她最爱不释手的东西。

入殓程序结束后，本来预定就此也如同抱月时那样，搬到下面的舞台。可依然还有不少和她关系亲密的吊唁客络绎不断地来见须磨子，因此又在二楼客厅放了一段时间。

第二天，即六日一早，生前曾尖刻地批评须磨子"除了动作幅度大点就什么都不是的女优"的有岛武郎来访，他将一束鲜花放进了棺木中须磨子的脸颊旁。

经过了一夜，须磨子的脸色少许变得有些发黑，在脖子上那道深沟处用白色布条覆盖着。

七日中午，棺木和抱月的遗体同样从舞台靠里处的楼梯被垂直地抬了下来。

那楼梯是抱月曾经为了须磨子表演舞蹈而特意让人做的，演出时一次都没被使用过，结果却仅成了为搬运两人遗体所用了。

舞台背景上挂着黑色幕布，正面安置了一个很宽的阶梯，阶梯的最上段铺着一块崭新的四周有条边缘的席子，席子上放置着棺木。

遗书有三封，分别给米山益三、坪内逍遥和伊原青青园。各封遗书内容如下：

给米山益三的遗书

哥哥：

我最终还是决定去先生那里。我身后的事已经托付给了坪内先生和伊原先生了,请他们一切都随便处置。不过我对他们唯有一点请求,就是请将我的墓一定和先生的安置在一起。我的两个养女请务必让她们回到自己父母身边。

匆匆,即此。

须磨子

给坪内博士的遗书

坪内先生、夫人:

虽然我们背弃了您深厚的恩情,本来已难再求您为我们做任何什么了。可早先岛村先生去世时,您立刻就赶了过来,因此靠着这份情义,我最后求您了。

说到舞台演出,全是岛村先生从零开始手把手教我的,可我背叛了先生您而依靠的人如今却先我而去了。再怎么努力我也无法活下去了。我也请求伊原先生多多关照我的后事。虽说有件事很难说出口,但还是务必请您设法将我的遗体埋到那个人的墓里。

尚有不少想说的话,匆匆草书即此……

须磨子

给伊原青青园的遗书

伊原先生:

这段时间太给您添麻烦了。还没来得及上门给您道谢,现在却不得不又有麻烦事要求您了。我还是要追随那个人而去,去那个世界。我身后之事还望多多关照。还有一样事情求您了,就是请把我们的墓安葬在同一个地方。这点还请务必多多关照,请一定设法将我们安葬在一处。求您了。

匆草即此。

须磨子

面临死亡,须磨子在遗书中也并未提及什么特别的要求。给坪内逍遥和伊原青青园的信,主要是表达了多有添麻烦后的谢意。

三封遗书只有一个共通点就是死后希望和抱月同葬在一个墓里。

就像在给青青园的遗书中反复提到的那样,须磨子死时一心只指望着这一点。

无疑死了的抱月也是同样期盼着这点吧。

可这一愿望结果却无法实现。

无论她怎么求姐夫、青青园、还有逍遥,抱月的遗骸已经安葬在了岛村家的墓地里了。须磨子遗书中再怎么请求也是没办法将遗骸从岛村家搬出来的。

如果无论如何要这么做的话,必须将遗书拿给抱月妻子看,求得她的同意。可这种事既无法向市子夫人开口,说了也不可能得到同意的。

结果抱月的遗骨就此长眠在岛村家的墓地里,而须磨子的遗骸则被小林家带走埋葬在小林家了。

生前如此相爱的两个人,死后却两地而卧。无论他们有多么相爱,遗骨却不得不分开。

这就是正式结婚与否的差别,同时也表明了日本的户籍制的沉重。而须磨子正是因为担心这点,才在三封遗书中喋喋不休地请求将他们的遗骨安葬在一处的。

五

大正八年（1919年）一月七日，须磨子的葬礼在青山火葬场举行。

在举行葬礼前，从下午一点半起，在艺术座举行了追悼会。此后棺木被抬上了灵柩马车，从牛込横寺町向青山出发了。

听说须磨子的送葬队伍要路过，道路四周聚集了很多围观的人们。

下午三点灵柩马车终于到达了青山火葬场。入口处左右两边也都围满了人群，为了挡住从后面推涌上来的人群甚至需要工作人员来维持秩序。

天空一片晴朗，空气却相当寒冷。从高出一段的火葬场可以眺望远处树木枯萎的青山旷野。

火葬场周边悬挂着歌舞伎座、新富座、明治座、有乐座、常盘座等的半旗在空中翻飞起舞。很多来自文坛、剧团和早稻田的有关人员已经集中于此。

其中扛着须磨子棺木的是她生前曾演出过的各大剧院的接待人员及艺术座的成员。他们将棺木扛到了里面的祭坛。

在白色木制灵柩的正上方悬垂着写有大大的"已故松井须磨子之柩"字样的白布，宽阔的祭坛左右布满了鲜花。四周十二支蜡烛熠熠生辉。

须磨子的法名为"贞祥院实应须磨子大姐"。

终于时间到了,钲鼓的鸣声刚落，诵经开始了。主持的僧侣为真言宗丰山派宗主早川快亮大僧及八名手下人员。

超度过后，在川村花菱的主持下逐个读悼词。

最初由长田秀雄代读的是小村欣一侯爵的悼词。小村对文艺有很深的理解，也是艺术座的幕后援助人。接着是中村吉藏、艺术座成员代表中井哲、还有早稻田文学社代表本间久雄念了悼词。松竹董事长大谷竹次郎的悼词由松居松叶代读，木村锦花代读了舞台协会代表加藤精一和东京演员协会代表中村歌右卫门的悼词。

至于代读为何如此之多，那是因为时值正月七日，很多人都还没回到东京。

念悼词持续地进行着。其中有帝国剧院女优森律子、新派代表中尾莺蒙、小笠原伯爵、金子筑水、片上伸、谷崎润一郎、伊原青青园、市川猿之助、左团次、中车、上山草人等十多人。

当时阪井久良岐念诗一句，为"恋人和'绿色的早晨'，一切都归为尘土"，所谓"绿色的早晨"是抱月死时，在明治座演出时的舞台剧的题名。此句诗此后被刻在须磨子后来在牛込弁天町的多闻院所建立的名为"艺术比翼冢"的墓碑背面。

烧香由养女也是须磨子的侄女胜子开始，接着是养女若子、须磨子母亲、哥哥、姐姐和姐夫。

此后抱月的女儿君子站起了身。

岛村家对于须磨子的死并未有任何唁电，川村打探了一下，结果只有君子说"我去出席"，于是便来了。本来君子是岛村家唯一一个对须磨子怀有好意的，须磨子生前也见过她多次。

须磨子死后君子是用什么心情出席追悼会的，我们不得而知，不过也许她此时此刻已超越了一切恩怨，只想着代替曾如此深爱着须磨子的父亲来出席追悼会的吧。

接下去便是遗族、亲戚、朋友、知己等，还有一般吊唁客，共达九百多人。

一月的太阳落山得早，等吊唁结束后，四周已暮色降临。被烛光映照的祭坛四周鲜艳灿烂，充满着优雅而玄妙的气氛。

五点过后，如此长长的吊唁队伍也终于结束了。灵柩再次被搬上了灵柩马车，向幡之谷火葬场出发了。

第二天八日那天，骨骸被收拾好，其中三分之一被须磨子的母亲带回了故乡松代，三分之二则被埋葬在多闻院里。

葬礼的程序和抱月时差不多，只是抱月葬礼时吊唁客以早稻田有关人员、文坛人士及记者居多，与此相比须磨子的吊唁客则以歌舞伎、新派剧等舞台演出的有关人员居多。

因此她的葬礼显得尤为华美，而一般与会者及围观的群众也比抱月那时多得多。

须磨子死后，首先出现的便是遗产的处理问题。

大家都认为一向吝啬的须磨子一定留有不少钱，可遗书中却对遗产处理问题只字未提。

在给赤坂姐夫的遗书中，只写了"身后之事已托付给坪内先生和伊原先生"，其内容就是希望自己能和抱月同葬，并拜托姐夫让两个养女回到她们自己的家里。

当然遗书中既没有关于财产目录的纪录，也没有写下保险柜的所在及暗号。

也许面临死亡，她已根本无暇顾及这类俗事了吧，抑或是自己好不容易积攒下来的钱根本不愿意给任何人呢？至于这点事到如今我们也已无法知晓。

不过从她死前特意写下遗书给逍遥和伊原来看，松本克平推测或许她有意用遗产扶助话剧活动或岛村家的遗族，不过为此却需要明确的遗书和有关的法律手续证明书。

她希望将养女归还给其亲生父母,从这点可以认为她没有将遗产分给两个养女的打算,这种看法是比较恰当的。

那样看来,临死前的须磨子已经没有心思去考虑遗产的分配问题了。她只是一心想去抱月身边。也许这样的理解是最自然的了。

须磨子死后记者们也对遗产问题怀有浓厚兴趣。在同年二月《女子世界》杂志中,关于松井须磨子的遗产问题发表了如下计算表:

东京银行定期存款　活期存款合计为:一万八千六百日元
股票、国库券、公库券等估计为:一万六百日元到一万两千六百日元
抱月葬礼时收取的礼金余额为:七百十四日元
艺术俱乐部房子大约值五千日元
电话权利金额为两千三百十日元
共计约:三万七千三百十日元

其中支付给岛村家遗族养育费(艺术俱乐部和电话权利费)七千日元
从松竹借款四千一百二十日元
须磨子葬礼费一千一百二十日元
支出共计一万二千二百四十六日元

根据这份清单,所剩金额差不多为两万五千日元。

可此后尾崎宏次在《新剧》杂志102号刊和103号刊中刊登了《须

磨子老家》一文。文中他走访了须磨子的故里,拜访了她的一个亲戚(义兄)七泽清助翁,关于和此翁的谈话文中有这么一段记录。

"……须磨子死时,在赤坂的姐夫(益三)那里收藏着须磨子的生前遗物。大家一起打开了她的保险柜,……里面出来了须磨子的银行储蓄存折和公库券,还有法国国库券。将这些全部加起来后,发现为当时的价格七万日元。大家大为吃惊。可那些钱结果全被哥哥放藏独吞了……"

尾崎对于那次谈话说:七万日元对须磨子一个人而言似乎是太多了点,但他说他相信那是真的。因为其中不仅有须磨子自己的存款,还包含有她将抱月的储蓄改为须磨子自己名下的那部分,因此根据两个人存款的总额看,这个金额是比较妥当的。

确实在抱月死后的当天一大早,须磨子立刻去了邮局。虽然不了解当时抱月究竟有多少储蓄,但从他当时正计划去外国巡演,准备在市中心重建剧院等来看,可以想象应该有将近四万日元的存款吧。

抱月死后可以自由支配抱月的储蓄存折和他个人图章的只有须磨子一人。因此他的说法应该是比较准确的。

如果正如他所说的话,七万日元在当时是一笔莫大的巨款。

对于这笔遗产,艺术座的干事和成员们一个个都怀有相当的兴趣。

当然这笔钱不仅并非是他们所可以要求得到的,对于怎么处理,他们也没有发言权。从法律上而言,应该分给她的两个养女和须磨子的母亲、哥哥们的。

可须磨子死后若子只拿着两个行李和一百日元便立刻回到了木村义雄的娘家。关于这户人家前面也提到过,是此后日本象棋界名人木村义雄的老家。若子双亲均出身为淳朴正直的下层平民,他们只字未提过分割财产的要求。

听后来木村氏回忆说，当时有人煽动他父亲聘请律师要求起诉，可木村氏却对他们说："曾养育了我妹妹两年，可因为对方的不幸而发生了这种事情，所以请你们不要再这么想了，我父亲也默默地接回了若子。"

他父亲对于从未接到过任何来自须磨子遗族方面提出要和他商榷这点，他也如此说道："即使不依靠别人，靠自己下日本象棋就足够可以谋生了。这也是我努力钻研日本象棋的一个动机。"

若子走后就只剩下胜子了。她是放藏的亲生女儿。

放藏强调胜子是和须磨子有着血缘关系的侄女，也是她的第一养女，而自己又是艺术俱乐部的管理员，因此他以照顾了须磨子及俱乐部成员为由，坚持遗产应由他一人独占。

本来放藏反对将胜子给须磨子当养女，而且多次试图领回胜子。而他自己也在艺术俱乐部找不到合适的工作可做，为了混进来住宿于是当了个管理人而已。

而且抱月死后，他由于擅自将电话过户给自己而无法在俱乐部呆下去了。

须磨子死后，他又因企图将俱乐部里像样一些的家具都贴上封条一事，而遭人瞧不起。

因此艺术座的干事们对放藏当然没有好感。

他们无法理解如此一个男人居然可以继承抱月和须磨子的全部财产，可他们却并非须磨子的亲戚，因此没有权利指手画脚地说这说那的。

因此感到万分遗憾的艺术座成员们除了旁观放藏拿走所有遗产外也无能为力了。

可大家不知是痛恨还是羡慕当时放藏的贪欲，在此后所创作的关于须磨子和抱月恋爱故事的几个应时剧中，放藏均以插入两人之间的邪恶哥哥形象出现。

从这个意义看放藏也是个牺牲品。

而胜子此后则在亲属会的监护下正式继承了须磨子的衣钵,之后又结了婚领了个养子。

小林一家在须磨子死后还将艺术俱乐部改造成了住宅楼,关东大地震后搬到樱上水去住了。

另一方面,艺术俱乐部的成员中有几个人在须磨子死后以中村吉藏为中心结成了"新艺术座",不过大多数人都各走各的路了。新艺术座后来也被泽田正二郎所在的新国剧合并,不久以后也销声匿迹了。

要创造一样东西是如此艰难,可要毁坏它却是如此简单。

面临死亡的须磨子最后所希望的仅有一点,那就是身后希望和抱月同葬。三封遗书中须磨子一味争取的都是这件事。

可对于她的这个希望有着各种各样的见解,甚至发展成了社会问题。

在须磨子自杀后的翌月所出的《早稻田文学》二月号的追悼刊中,刊登了宫田修次所写的题为《作为一段罗曼史》的文章,文中他如下论述道:

"即使他们分葬两处,只要抱月对须磨子的情爱作为一个罗曼史而长留不息的话,即使他们不葬在一处,只要人们认为他们的这种关系为邪恶的话,那么在风化上的害处是终生不会消失的……我认为这件事只有岛村家族和须磨子家族之间才有权利来论定其善恶,社会上的人们是不应该来对其说三道四的。本来须磨子那几封遗书所写的方式就是个错误……如果真是如此期盼着和抱月同葬的话,我觉得首先她应该给岛村夫人写信求情才是。"

另外田中王堂也写道：

"我认为他（抱月）所应该采取的方式是承担一切责任，将法律上的名义和实际上的事实一致起来。对于他没有能够做到这点，在我看来实在是他的一大错误，或者也可以不得不说是他的一大懈怠。当然市子夫人的行动我也完全不能赞同。抱月离她而去，始终和须磨子同居，对于这点她为什么不自己主动向他提出离婚呢？……

这里没有丝毫理由说必须绝对尊重故人的遗愿。……因为即使是遗言也自然而然地被局限于一定的现实范围之内，也就是只有在合理的、合法的范围内才受到尊重。……出于这一见地，须磨子的遗言便应受到怎样的批判了。……只要抱月所安葬的墓地属于岛村家，因此毫无疑问抱月氏遗族的意愿在处理须磨子遗骨问题上有着绝对的决定权。……"

还有提倡扩展女权运动的著名人士平冢来朝氏评论道：

"……即使是须磨子充满哀怨的期盼，岛村遗孀也没有必要违背法律和侵犯社会权利敢于让他们合葬的。本来引起这个问题的原因无疑是在事实上已经断绝了夫妻关系，可却没有在法律上完成必要手续的抱月的疏漏……"

三者共同的意见均否定了须磨子的遗言，认为那是不合情理而自私的。同时他们都责备抱月对家属抚养责任的懈怠和不履行户籍手续。

确实从理论上而言正如他们所说的，一点没错。可现实中夹在妻子和情人之间的抱月，难道真的能按理论所说的那样如此妥善地安排一切吗？

最初宫田修的意见说"如果真是如此期盼着和抱月同葬的话，我觉得首先她应该给岛村夫人写信求情才是"这种看法实在是一个第三者的不负责任的意见,至少是非现实的。因为围绕抱月这一男性,须磨子此时怎么可能去求和自己敌对的人呢?况且即使去求的话,她也清楚地知道必定是会被拒绝的。

她清楚地知道理论上应该去求抱月夫人的同意,可现实情况不是她所能够去求得同意的。那也是须磨子作为一个女人的最后尊严了。

还有田中王堂说"夫人为什么在了解丈夫和其他女人同居的情况下还不主动提出离婚呢?"是不是应该说这种看法是对实情毫不了解的脑袋才会想出来的意见呢。

如果她能那么做的话,男人和女人就不会出现争夺了。无疑市子夫人抚育着五个孩子,怎么可能简单地就分手呢。其中既有她在社会上的体面,同时也有着对经济上的不安。再者她不离婚一味忍耐着至少也是她对离开自己的男人的一种报复,或许也有留恋在其中。

平冢来朝也责备抱月在手续上的懈怠。可抱月爱上了须磨子,离家出走后,心里却始终怀抱着对妻子和孩子的歉疚。

可以说正因为他清楚自己的自私,所以才无法作出离婚的这个进一步的冷酷举动。如果市子夫人自己提出离婚的话,恐怕抱月也会做得相当说得过去后才离婚的吧。我们应该看到,即使在外人看来是抱月的懈怠,可实际上背后却隐藏着一个男人的自责和温情。

这三者均不是恋爱的当事人,自己没有受过伤,因此是从袖手旁观者的立场发出了如此正儿八经的评论。

可恋爱是不会按照这种正经的意见来行动了。恋爱常常是单方面的、自私的,这种无法按常识、道理行事这点正是男人和女人关系中的难点。正因为如此,历史上人们几百年、几千年都为了同样的事情而欣喜、哭泣、悲伤,反反复复地犯着同样的错误。

虽然看起来愚蠢，可却也是人的可爱之处，令人眷恋的地方。

在须磨子死后即将四十九天的二月十七日，有人为无法合葬的两个人建立了一座刻有两人姓名的比翼冢。

地点在牛込弁天町的多闻院里。

建立此冢的人是当时嗜酒，被当作奇人的坂本红莲洞和川柳家的阪井久良岐。．

两者均为玩世不恭之人，都是被一部分人所敬而远之的人物。正是这两个不受社会欢迎的人才使他们两人的灵魂有了相依相伴的场所。不得不承认这是他们之间不可思议的命中注定的缘分啊。

单行本　后记

　　无论是谁，只要是能将自己的一生燃烧殆尽，都会令我的心迷醉。不管这个人生命的长短，在社会上的名声如何，只要他们忠实于自己，活得执着便会令我恋恋不舍。

　　松井须磨子就是作为一个如此有魅力的女性驻存于我心的。自从我有想把她的故事写出来的念头以来已经有十年了。如今在这里出版了《女优》这本书，我对须磨子的怀念也就告了一个段落。

　　长眠在地下的须磨子看了这本书后会说什么呢？如果她能笑着说："嘿，你恋上我了吗？"的话，作为作者没有比这个更能令我感到幸福了。

　　在书的写作过程中，我得到了很多人所提供的宝贵资料，尤其是让我有机会和小林久子氏、小林胜子氏、松代的斋藤勋氏等须磨子身边的人直接对话，这对我的写作有很大的帮助。还有从河竹繁俊氏、松本克平氏所写的文献中我也得到了很大程度的参考。在这里我将参考文献附表如下，以示再度感谢。

渡边淳一
一九八三年五月

参考文献

《日本新剧史》松本克平著 筑摩书房

《逍遥、抱月、须磨子的悲剧》 河竹繁俊著 每日新闻社

《随笔 松井须磨子》川村花菱著 青蛙房

《女优的谱系》尾崎宏次著 朝日新闻社

《岛村抱月》尾崎宏次著 未来社

《牡丹刷毛》松井须磨子著 春潮社

《明治大正新剧史资料》田中荣三著 话剧出版社

《早稻田文学》(抱月追悼号刊及其他)

解说

川西政明

当我正提起笔想撰写此文时,电话铃声响了。我拿起听筒,对方说"我是秋山。"我问道:"是骏君吗?"那时我已经听出那是秋山骏君的声音了。

他告诉了我一个喜讯,他说"八月我要去你那里,我们到时候见"。

从石狩湾往下看,小樽市便可在眼前一览无余。我就住在这座城市。六月初旬,丁香花、刺槐花香气扑鼻。每天我就在这条坡道上下来回地走着,全身都浸透了来自石狩湾的海雾和来自春香山的山雾。

秋山骏君是我最亲密的前辈评论家。而这位秋山君居然要和渡边淳一君一起到札幌来了。正如"有朋自远方来,不亦乐乎"所说的,这情景宛如一幅画在我眼前出现。不过札幌本来就是渡边君的故乡,因此所谓"有朋自远方来"在这里似乎有些本末倒置了。不过正如古人所讲的不必拘泥小节吧。

电话中秋山君说"他真成了个很棒的男人了","他"是指渡边君。我也有同感。听秋山的口气是说他感到作家的气质中会渐渐地呈现出他作品的风格来。这就是所谓的"作家脸"吧。

让我们从渡边君那即使耷拉着的眼帘中也能清楚地感觉出此种"作

家脸"的是在他写完《化妆》、《一片雪》、《化身》以后的事了。

我认为这些作品是继谷崎润一郎血脉之后的唯美主义的一个新发展，同时我认为这些作品也是继近松秋江、岩野泡鸣、德田秋声、里见弴流派之后所开拓的一个情痴文学的新领域。

近松秋江的《疑惑》是描写了主人公在知道从自己身边逃走的妻子和其年轻学生躲在日光后，于是到日光毫无疏漏地依次调查了所有旅店，终于发现了两人的情色之事的一部作品。在这个过程中，主人公既受到同情，也受到轻蔑，可他却毫不畏惧他人的目光。这既令人感到滑稽，又令人感到可悲。但正是在这种男人的执拗和错乱中结晶了一个活生生的人的真善美。

而到了作品《泡鸣五部作》中，主人公由于和女人的关系而导致了家庭崩溃后流浪到了北海道，在他彻底体验了"时时刻刻全身心投入的充实感"（平野谦）后，终于达到了"人世间最悲惨的滑稽"（正宗白鸟）的极致。那不得不说情痴到了极致也便是人生的极致。

文艺评论家平野谦君对于近松秋江评论说："说他痴呆也痴呆，说他执拗也执拗，可正是在其中呈现出了活生生的人性"。他还说他想把近松秋江和岩野泡鸣看作人生的冒险家。对于平野的这一说我也赞成。我还要再加一句，近松秋江和岩野泡鸣与《女优》中的主人公松井须磨子和岛村抱月都是同时代人。

从《如爱》到《化身》，在渡边君的作品中包含着两面性，即人生冒险家的一面和以美为绝对的猎人的一面。

就在我读解他的这些作品时，我有一个发现。

我发现渡边文学的根似乎就在《如爱》和《女优》两部作品中。

《如爱》中赤裸裸地描写了一个作家感到或许那就是自己最后的爱

了，因而沉溺于年轻情妇的故事。男人一边顾忌着妻子的眼光，一边不断陷于爱中不能自拔。

妻子看上去讨厌了为其他女人而疯狂的丈夫，可实际上她妒火中烧，内心静静地却宛如战争般疯狂起来。

男人往还于情妇和妻子之间，本来如掉入深渊般的日子，此后却因为男人在情妇和妻子之间难以割舍，结果变得厚颜无耻起来。男人的这种"往还"正表现了"说他痴呆也痴呆，说他执拗也执拗，可正是在其中呈现出了活生生的人性"这点。

近松秋江和岩野泡鸣的作品被认为是"自叙体小说"，如果学着这个一般称呼，也可以说渡边君的《如爱》也是部带有浓厚的"自叙体小说"色彩的作品吧。作品极其精彩，令人感到如果不是作者亲自体验过的话便无法写出来。

我认为正是因为他写了这部作品，渡边君才成为了人生的冒险家，此后才能写出《化妆》、《一片雪》、《化身》等作品来的。

从这点而言，我想把《如爱》看作是处于现在的渡边文学起源地位的作品。

这样一来便能理解《女优》是一部通过描写松井须磨子、岛村抱月和他妻子市子的故事从而描写了爱之真谛的书。

《女优》中连绵不断地翻滚着从《如爱》到《化身》里面作为一名作家源泉的感情。

这里暂时先将这一问题告一段落，谈谈渡边君作品的体系。

渡边君曾是札幌医大的讲师，因此他的初期作品描写了人类的生和死。从《死之化妆》和《雨夹雪》开始，到《雪舞》和《神灵的晚霞》等等众多作品中交织着对生和死的边界相当熟悉的科学家的眼光和站在死亡降临现场的亲人的眼光,那是用一元论者的角度无法简单下结论的复杂眼光。阅读了《死之化妆》后,井伏鳟二君感到很佩服,而三岛由纪夫却感到厌恶。三岛君的美学对于渡边君的冷静而透彻的眼光无疑会感到恐惧。这就是渡边文学中的一个支流。

　　渡边君自从在高中遇到了被称为"天才少女画家"的加清纯子(《魂归阿寒》中的人物原型)以来,从此被女性身上所潜藏的魔力吸引住了。另一方面作为医生他又对女性所具有的坚强生命力感到敬畏。两者合在一起使他沉湎于对女性肉体的实感把握和女性那变幻无穷的性的神秘之中。从《紫丁香冷的街道》、《红色》到《化身》作为一个华丽的长篇结出了硕果。这也可以说是渡边文学的又一个支流。

　　渡边君发现在历史中存在着一个应该被称为"又一个自我"的人。那个人物首先在医学史中出现。《葬花》中描写了日本最初的女医生荻野吟子的生涯,她跟随着为在北海道建设理想乡的年轻梦想而着了迷的丈夫来到了北海道,从此悄悄地埋没了自己。此书也可算作是当今的经典作品了。另外还有获得了直木奖的《光和影》和获得了吉川英治文学奖的《遥远的落日》。后者将野口英世的实像和虚像描写得淋漓尽致。但是在这里也出现了脱离医学的现象,在他的近作《静寂之声》中,讲了乃木希典夫人的故事。这是渡边文学的又一个支流。正是因为有了这一传记文学的支流,因此渡边君的艺术领域更加扩展了。

　　刚才告了一个段落,实际上我将这一个段落的前后在这里连接了起来。

　　《女优》是渡边君在传记小说领域里具有转折意义的一部值得纪念的作品。

　　出演了《复活》中的喀秋莎、《玩偶之家》中娜拉一角而风靡一世的松井须磨子的名字,成为装饰日本新剧史上的一大亮点。

这里请再允许让我的描述走一下岔道。相当于我老师辈的填谷雄高君在少年时代,据说曾在台湾带着万分激动的心情观看了来巡演的松井须磨子的演出。根据渡边君的这部小说,那是大正四年九月或十月的事情,也可从中看到那次演出是"艺术俱乐部"燃烧起建设之梦的一次雄飞。填谷君所看的当然是《复活》,其中有岛村抱月和相马御风作词,中山晋平作曲的那首歌:

喀秋莎

真可爱

离别多惆怅

无疑他为剧中须磨子的歌声所陶醉。

还是好久以前的事了,我也曾读过河竹繁俊所著的《逍遥、抱月、须磨子的悲剧》,到书库中找一找的话一定是能找到的,不过我倒是完全忘记了渡边君所引用的抱月给须磨子的情书这段了。

在抄写完这封情书后,渡边君写道:"要责备抱月软弱、自私,这样做很简单,但是现在难道还有男人能写出一封如此真心诚意、如此充满激情的情书吗?难道还有女人能让男人为她写出如此的情书吗?"

而作为对此的回礼,当我读了《如爱》和《一片雪》、《化身》后不禁发出感慨:当今难道还有"能写出如此真心诚意、如此充满热情的小说"的作家吗?不过且不说这些,让我感到佩服的是书中描写岛村的妻子市子在看了抱月写给须磨子的情书后,一边发誓要复仇,一边抄写着情书的样子。我觉得这个妻子市子实在太像《如爱》中的妻子了。至此我不禁想叫出声来:"我看出渡边淳一的'真实面目'了。"不,我抓住他的尾巴了,不是吗……

须磨子、抱月和市子的爱的争斗及悲剧被渡边君毫无保留地写透了，或许我的说明不过是画蛇添足罢了。因此下面我就写一下渡边君小说中所没写到过的东西吧。

文学史中抱月是属于"结合了逍遥现实的、客观的、纪实的文学态度和鸥外理想的、主观的、谈理的文学态度，他是作为一个带着两者的折中和调和者使命的文学青年而成长起来的"（《日本近代文学大辞典》）。因为他曾去过欧洲留学，因此他清楚地知道在欧洲自然主义文学时代已经结束，进入了一个新浪漫主义时代了。可回国后他却发现日本正将面临着一个自然主义文学的全盛时期，因此他感到不知所措。留洋归来的他所具有的知识，比日本的现实要高出好几个阶梯。而那也正是抱月作为一个先驱者的悲剧所在。

老师逍遥和弟子抱月的悲剧是日本的"近代"所不得不经历的，也是一条无法避免的道路。而抱月对于日本"近代"的理想——梦想是以须磨子这位奔放的女性为中介终于生根于日本的现实之中的。

正如渡边君所写到的，抱月的文学本身并非是在文学史上留下了不朽功绩的东西。抱月是一个处于西欧文化的理想和日本文化的落后现实之间受到指责的人物。

一个松代出身的女孩，为了追求理想在抱月的掌中化身为一名女优。抱月将话剧作为世界剧场的舞台，将须磨子这位女性化身为了"明日"日本的理想化形象。因此他抛弃了妻儿，忍受着世人的责难，又不得不受到老师、同学、朋友的背弃。

而须磨子通过抱月化身为一只华丽的蝴蝶。她通过化身后发现了自己的美和才能。而正是因为她意识到了自己的美和才能，因此更加激烈地发生了化身。

抱月看到这样的须磨子终于感到嫉妒，最后导致崇拜。渡边美学也正是因为将这点写出来后才得到了确立。从中我们已经可以看出他通往纯美主义的道路了。

须磨子宛如《化身》中的雾子，而化身后她却无法一人独自活在世上，那恐怕是因为时代的原因吧。也可以说身处时代迷茫中的抱月将理想和现实体现于一身的力量是何其伟大。

女优松井须磨子的永恒性正在于通过她追随抱月的自杀，从而使自身幻化成一支盛开于"近代"日本的绚烂无比的鲜花。

我认为渡边君既喜欢须磨子，也喜欢抱月和市子。和《如爱》一样，《女优》是渡边文学进入成熟期的源头所在，由此从此书中我体察到了他感情的源泉所在。

图书在版编目（CIP）数据

女优／［日］渡边淳一著；陈辛儿译.—上海：文汇出版社，2009.8
ISBN 978-7-80741-643-2
Ⅰ.女… Ⅱ.①渡…②陈… Ⅲ.传记小说－日本－现代
Ⅳ.I313.45

中国版本图书馆CIP数据核字（2009）第121081号

图字：09-2008-561号

女優 by 渡辺淳一
Copyrights：© 1986 by 渡辺淳一
本书简体中文版根据2007年"集英社文库"本译出。
This edition arranged through OH INTERNATIONAL CO., LTD.
Simplified Chinese edition copyright：© 2009 Wenhui Press
All rights reserved.
本书简体中文版由渡边淳一经由OH INTERNATIONAL 株式会社授权出版。

[渡边淳一自选集013]

女优

作者／［日］渡边淳一　　译者／陈辛儿
出版人／桂国强
责任编辑／季元　　装帧设计／张晋
出版发行／文匯出版社（上海市威海路755号　邮编200041）
经销／全国新华书店
照排／南京展望文化发展有限公司
彩色印刷／上海现代科技印刷有限公司
印刷／装订／江苏启东市人民印刷有限公司
版次／2009年8月第1版　　印次／2009年8月第1次印刷
开本／890×1240毫米　1/32　字数／210千
印张／13（插页2页）　　印数／1—50000
ISBN 978-7-80741-643-2　　定价／39.00元

本书采用特种防伪技术印刷，盗版必究。举报电话：021-52920271